U0634866

中华传世藏书

【图文珍藏版】

墨子诠解

[战国]墨翟⊙原著

刘凯⊙主编

第二册

线装书局

第四章 《墨子》原典释解

亲士①

【题解】

《亲士》篇着重说明亲近贤士、使用贤才的重要性，以及贤才难得，且往往受压制、屈辱；国君必须懂得识别敢于诤谏的贤人，能够容纳不同意见的大臣；要量才授官；有容乃大等等。各段颇不连属，有的段落脱离中心。学者们或疑有缺失，或以为辑缀而成。孙诒让认为："此篇所论，大抵《尚贤》篇之余义。亦似不当为第一篇，后人因其持论尚正，与儒言相近，遂举以冠首耳。"我们认为《墨子》各篇编排次序大多是随意性的，未必有尊儒之意。

【原文】

人②国而不存③其士，则亡国矣。见贤而不急④，则缓⑤其君矣。非贤无急，非士无与虑国。缓贤忘士，而能以其国存者，未曾有也。

【注释】

①亲士：亲，指接近、亲近。士，为先秦时期贵族阶级的最低层。此处指具有某种品质或才能的人。

②入：在内，意为管理。

③存：体恤，关注。

④急：赶紧。

⑤缓：怠慢，轻视。

【译文】

管理国家而又不体恤关注贤能之士，那样就会导致国家灭亡。遇到了人才但又不赶紧去任用，他们就会怠慢和轻视君王。除了贤士，没有谁能与君王共缓急；除了贤士，没有谁能和君王共商时政。怠慢忽视贤能之士。而能不使国家败亡的，这是从来也不曾有过的。

【原文】

昔者文公出走而正天下[①]；桓公去国而霸诸侯[②]；越王勾践遇吴王之丑而尚摄中国之贤君[③]。三子之能达名成功[④]于天下也，皆于其国抑而大丑[⑤]也。太上[⑥]无败，其次败而有以成，此之谓用民[⑦]。

【注释】

①文公：指晋文公重耳。出走，出逃、避难。

②桓公：指齐桓公。霸，称霸。

③丑：屈辱，羞辱。尚摄：尚，还。摄，威镇、威慑。中国：指当时中原地区的各国。

④达名成功：建功立业，成就功名。

⑤抑而大丑：抑，指压制、压抑。意为忍受了莫大的屈辱。

⑥太上：最上的。

⑦民：指人才。

【译文】

从前晋文公被迫出逃，而最终成了诸侯盟主；齐桓公被迫远离国土，其后也能称霸诸侯；越王勾践受到了吴王的莫大羞辱，但仍旧能成为威震中原的君王。这三个人之所以能建功立业，都是因为他们能够忍辱负重的原因。最上的是从来都未经历失败，其次就是先经历失败然后才成功，这就叫作善于任用人才。

【原文】

吾闻之曰："非无安居也，我无安心[①]也；非无足财也，我无足心[②]也。"是故君子自难而易彼[③]，众人自易而难彼。君子进[④]不败其志，内究其情[⑤]；虽杂庸民，终无怨心。彼有自信者也。是故为其所难者，必得其所欲焉；未闻为其所欲，而免其所恶者也。是故逼臣[⑥]伤君，谄下伤上。君必有弗弗[⑦]之臣，上必有詻詻[⑧]之下，分议者延延[⑨]，而支苟[⑩]者詻詻，焉[⑪]可以长生保国。

【注释】

①安心：安定的心。

②足心：满足的心。

③自难而易彼：自难，指对待自己严谨。易彼，指待人宽容。

④进：指事业一帆风顺。

⑤内究其情：内，失意，与"进"相对应。究，终究。

⑥逼臣：近臣，宠臣。

⑦弗弗：逆的意思，指敢进忠言。

⑧詻詻：直言争辩的意思。

⑨分议者延延：分议，有不同的意见。延，意为延长，指不断地争论。

⑩支苟：互相发难。

⑪焉：乃。

【译文】

我听说过："并不是没有安定的居所，而是自己没有一个安定的心；并不是没有足够的财产，而是自己的心得不到满足。”所以君子对待自己十分严格，而对待他人时又显得非常宽容。君子在仕途顺利之时不会改变自己的远大志向，在失意之时也保持着一份平常之心；即使是混杂在市井庸人之中，也始终没有任何抱怨。这是因为他们始终有着一份坚定的自信。因此如果做事情时先从最难的部分着手，就必定能够达到自己的目的，梦想成真；但是从来就没有听说过只去做自己想做的事，而能免受各种令人厌恶的结果的。因此，谗臣总是媚上欺下，伤害君王。所以，君王的身边应该有一些敢进忠言的臣子，有一些能直言争辩的下属，这样，不同意见的人不断地争论，互相发难，那么国家才能长治久安。

【原文】

臣下重其爵位而不言，近臣则喑①，远臣则吟②，怨结于民心。谄谀在侧，善议③障塞，则国危矣。桀纣④不以其无⑤天下之士邪？杀其身而丧天下。故曰：归⑥国宝，不若献贤而进士⑦。

【注释】

①喑：喑哑之意。
②吟：叹气，叹息。
③善议：有用的意见。
④桀纣：指夏桀和商纣，是古代的暴君。
⑤无：失去。
⑥归：通“馈”，赠送的意思。
⑦进士：进献人才。

【译文】

如果臣属都非常看重自己的爵位，而不敢直言相谏，近臣就装聋作哑，远臣又只在叹息，那么人民的心中就会积聚着怨恨。而君王的身边又都是些只懂得献媚逢迎的人，进奉忠言的道路都被阻塞，那么国家就危险了。桀纣不就是这样失去了天下的贤士吗？最后落得个身败名裂，丧失了天下。所以说：与其献赠一件瑰宝，不如推荐一个人才。

【原文】

今有五锥，此其铦[①]，铦者必先挫[②]。有五刀，此其错[③]，错者必先靡[④]。是以甘井近[⑤]竭，招木[⑥]近伐，灵龟近灼[⑦]，神蛇近暴[⑧]。是故比干之殪[⑨]，其抗[⑩]也；孟贲之杀，其勇也；西施之沉[⑪]，其美也；吴起之裂[⑫]，其事[⑬]也。故彼人者，寡[⑭]不死其所长，故曰：太盛难守[⑮]也。

【注释】

①铦：锋利，锐利。

②挫：折损。

③错：琢玉用的粗磨石，引申为“磨”，这里是“利”的意思。

④靡：糜烂，损坏。

⑤近：接近，这里是“容易”的意思。

⑥招木：高而茂盛的树木。

⑦灼：炙，烧。

⑧暴：通“曝”，阳光猛烈地照射。

⑨殪：死。

⑩抗：刚强，刚正。

⑪沉：沉埋。

⑫裂：即车裂，古代的一种酷刑。

⑬事：功业。

⑭寡：很少，少有。

⑮难守：难以保持。

【译文】

现在有五把锥子，其中一把是最锋利的，那么它就必定首先折损。有五把刀，其中一把是最利的，那么它也必然会最先损坏。所以甘甜的水井容易用至枯竭，高大茂盛的树木容易被人砍伐，灵验的龟容易被人用来烧灼卜祀，神奇的蛇容易被人用来曝晒求雨。因此比干之死，是因为他刚强不屈；孟贲的被杀，是因为他的勇猛；西施之所以被沉入江中，是因为她的美貌；吴起之所以被车裂，是因为他的功勋。他们几个人，没有一个不是因其所长而死的，所以说：事物到了极点就难以保持。

【原文】

故虽有贤君，不爱无功之臣；虽有慈父，不爱无益之子。是故不胜其任而处其位，非此位之人也；不胜其爵而处其禄，非此禄之主也。良弓难张，然可以及高入深；良马难乘，然可以任重致远；良才难令[①]，然可以致君见尊[②]。是故江河[③]不恶小谷[④]之满已也，故能大。圣人者，事无辞[⑤]也，物无违[⑥]也，故能为天下器[⑦]。是故江河之水，非一源之水也；千镒[⑧]之裘，非一狐之白[⑨]也。夫恶有同方取不取同而已者乎[⑩]？盖非兼王之道也！是故天地不昭昭[⑪]，大水不潦潦，大火不燎燎，王德不尧尧[⑫]者，乃千人之长也。

【注释】

①令：驱使，使唤。

②见尊：见，被。见尊，就是被人尊重。

③江河：这里指长江和黄河。

④小谷：指非常小的水流。

⑤辞：推搪，推辞。

⑥违：避开。

⑦器：才能，才干。

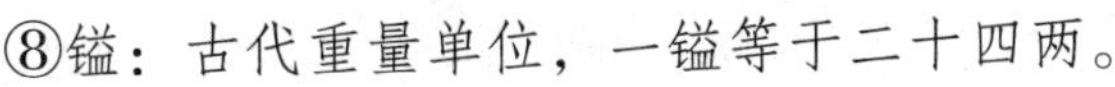

⑧镒：古代重量单位，一镒等于二十四两。

⑨白：狐狸身体下边的白毛。

⑩这句的意思是："恶有同方不取，而取同己者乎？"同方，指道路相同的人。

⑪昭昭：光明，明亮。

⑫尧尧：崇高的意思。

【译文】

因此，即使是贤能的君主，也不会宠爱一个没有功劳的臣下；即使是慈祥的父亲，也不会爱一个没有用处的儿子。所以如果不能担当起重任而又霸占着位置的，必然不会长久；不能胜任这个爵位却又享受着丰厚的俸禄的人，也不会是俸禄的真正主人。一把精良的弓虽然很难拉开，但却可以射得高、射得远；一匹好马虽然难以驾驭，但却可以背负重物，日行千里；一个好的人才虽然难以使唤，但却可以使他的君王受到别人的尊重。因此说长江黄河不嫌弃微小的水流注入体内，所以能波涛滚滚。而圣人勇于承担起自己的责任，接受别人的建议，所以才会有治理天下的才干。所以长江黄河中奔流的水，并不是从一个源头里出来的；价值连城的皮革，也不是一只狐狸身上的白毛。哪有只听和自己相同的意见而与自己相反的意见则完全不采纳的道理呢？这可不是一统天下之道啊！所以，天地不会因为明亮而拒绝万物，大水不会因为势大而拒绝接纳溪涧流水，大火不会因为猛烈而拒绝草木树枝，圣王也不会因为遍施恩德而自满，这样才可以成为千人的首领。

【原文】

其直如矢[1]，其平如砥[2]，不足以覆万物。是故溪陕[3]者速涸，逝[4]浅者速竭，墝埆其地不育。王者淳泽[6]，不出宫中，则不能流[7]国矣。

【注释】

①矢：利箭。
②砥：磨刀石。
③溪陕：陕，狭小。溪陕，狭小的溪流。
④逝：语气助词，无实义。
⑤墝埆：土地贫瘠而坚硬，不肥沃。
⑥淳泽：深厚的恩德。
⑦流：遍及。

【译文】

如果像弓箭一样的笔直，像磨刀石一样的平整，就不能够覆盖住万物。所以狭小的溪流会很快地干枯，水浅的河流会很快地枯竭，贫瘠的土地不能种养作物。同样，就算一个君王的恩德再深厚，但如果只是限于在宫廷之内的话，就不能使其遍及全国。

【评析】

《亲士》开宗明义，提倡治国应该重用贤士，让通晓历史、明辨是非的贤人智士，自由地发表意见，提出良好的建议，才能长生保国，维护长治久安。如果怠慢贤士，则会导致亡国。与其馈赠宝物，不如劝进贤士。这些思想，极具积极的现实意义。

东汉班固（32—92）《白虎通义·爵》篇说："通古今，辨然否，谓之士。"中国历代，多有通晓历史经验、辨别是非然否的贤人智士，他们是国家的瑰宝，民族的栋梁。执政者应该创造条件，提供机遇，让他们施展治国的才能，发挥知识精英促进社会进步和历史发展的重要作用。

篇中提出的"兼王之道"，是中国传统文化的重要概念。什么是"兼王之道"？《亲士》解释说，长江黄河不厌恶小川小谷来注满自己，所以能汇成巨流。圣人遇事不推辞，不违背常理，所以能成大器。长江黄河的大水，不是来自一个源头。价值千金的裘皮大衣，不是来自一只狐狸腋下的一小块白皮。哪能不听取合乎道理的意见，而只听取跟自己相同的意见呢？这不是兼王的道理。天地不经常光明，大水不永远清澈，大火不永远燃烧，王德不自居至高，只有这样才能够做众人的领导。直得像箭杆，平得像磨刀石，不能够兼容万物。

“兼王之道”的内涵，是兼容并包，兼收博采，听取不同意见。“兼”的本义，是“一手持二禾”（一手握两根稻谷），引申为兼容、兼顾。墨子的“兼王之道”，意含兼容开放的精神，是中国传统文化的固有内涵，源远流长，一脉相传，延续至今。

《亲士》比喻说，如今有五把锥子，其中一把最锐利，这一把必定先折损。有五把刀子，其中一把最锋利，这一把必定先损坏。甜水的井，先被汲干。高大的树，先被砍伐。灵验的龟，先被烧灼占卜。神奇的蛇，先被暴晒求雨。比干的死，是因为他敢于直谏。孟贲的被杀，是因为他逞勇。西施遭沉溺，是因为她美丽。吴起遭车裂，是因为他力主变法。这些人，很少有不死在自己长处上的。所以说，太过兴盛，难于久守。

《亲士》从这十个同类实例，概括出“太盛难守”的一般结论，所用逻辑方法，是典型分析式的科学归纳推理，理据充分，说服力强。

“太盛难守”，即物极必反的辩证哲理，反映事物发展的普遍规律。“太盛难守”一语，酷似老子哲学。《老子》第九章说：“揣而锐之，不可常保。”尖利锋芒，难保久长。第三十章说：“物壮则老。”第四十四章说：“多藏必厚亡。”第六十六章说：“江海之所以能为百谷王者，以其善下之。”第七十六章说：“坚强者死之徒。”“兵强则灭，木强则折。”这都是说“太盛难守”的意思。

《庄子·天道》说：“甘井先竭，招木先伐。”甜水井先被汲干，高大的树木先被砍伐。《庄子·天下》说，老子“以柔弱谦下为表”，把柔弱、谦虚和卑下，作为学说的标志。说老子有命题“坚则毁”（坚硬先被摧毁），“锐则挫”（尖锐先被挫断），这跟墨子说“太盛难守”意同。

元吴海《闻过斋集·读墨》说："锥、刀、井、木之（比）喻其所长，太盛难守，则老氏之意。"墨子"锥、刀、井、木"等比喻事例，意谓事物的长处充分发挥作用的结果，必然会转向反面。这就是《老子》四十章所说"反者道之动"的规律。

"太盛难守"是一个悖论式的命题，乍看像"奇辞怪说"，与通常见解对立，违反常识，属于似非而是的言论，而实际上却往往是真理。

"太盛"，即极盛，过盛。事物发展到极盛，必然向对立面转化，由盛而衰。"难守"，即难于久守。就社会人事而言，盛者盲目乐观，不能自制，必然会从高峰跌落，转向反面，这是不以人主观意志为转移的客观辩证法规律。

太盛难守，对立转化，这一辩证真理，先由老子表述，后为墨子传承，其他各家也有类似言论，如三国魏李康的"木秀于林，风必摧之"等。可见，诸家已从自然界和社会一些具体现象中，领悟到矛盾对立面之间相互转化的规律。

《亲士》的语言艺术，颇富特色，堪称范例。篇中屡用同类句式的排比，生动形象的比喻，列举江河、圣人、江河之水、千镒之裘、天地、大水、大火、王德、其直如矢、其平如砥、溪陕者、逝浅者、垸埆者、王者淳泽等十多个典型事例，概括"兼王之道"的政治哲学范畴，整然有序，脍炙人口，蔚为典故，传之久远。

【故事阐微】

韩信忍辱终成大事

韩信是汉初淮阴人，是我国历史上杰出的军事家，有着过人的才能。但他早年身为平民百姓时，并不得志，经历了平常人难以忍受的艰辛困苦，但他没有被困难征服，一直心存高远，立志要干一番大事业。

起初，韩信因家境贫穷又没有出众的好品行，未能被召去为官。他平时喜欢舞刀弄剑，研究兵法。不过除此之外，他没有什么其他的本事，又不懂如何谋生，实在生活不下去时，只好到别人家里吃闲饭。人们不了解他的才能，看他整日游手好闲，正事不会干，只会到处游逛、吃白饭，因此对他很是憎恶。

韩信有个朋友，在南昌亭当亭长，韩信曾帮他逐捕盗贼，维护了当地的治安，南昌亭长因此对他心怀感激。他见韩信无法谋生，就请韩信去他家吃饭。一开始亭长一家还能热情招待。可是时间一长，亭长妻子就不高兴了。一连几个月，韩信都去南昌亭长家吃饭，并且一日三餐，每餐必到，惹得亭长妻子很是不悦。一天大清早，亭长妻子就起身做好了早饭，然后招呼一家大小在韩信去之前就吃了饭。等到韩信像往常一样前去吃早饭的时候，亭长家早已收拾了碗筷，忙着做别的事情去了，没再给他准备饭食。见此情景，韩信心里也明白了他们的用意，当场拂袖而去，从此断绝了与他家的来往，不再登门。

韩信饿了整整一个上午，无处充饥。正在他不知如何打发肚子的时候，忽然想起前些日子他经过淮阴城下时，见到有几个人在水边钓鱼，心想自己不是也可以钓来几条，暂时充充饥吗？想到这里，他做了个简单的钓鱼工具，跑到淮阴城下，开始钓起鱼来。怎奈他从未钓过，不知道如何才能使鱼上钩，折腾了半天，半条鱼影也未见到。时间过得很快，转眼间天就黑下来了，韩信见再钓下去也不会有什么收获，只好空着两手回去了。这样一连几日，韩信每天都去钓鱼，可每次都是一无所获。韩信钓鱼的水边有很多妇女在漂洗丝绵，这些妇女每日来这里漂丝，为了不耽误赶工，中午也不回家，就带些饭来在水边吃。一天，有位大嫂见韩信实在饿得厉害，就把自己带的午饭分了一半给他吃。一连几十天，天天如此，直到她们漂洗完所有的丝绵。对此，韩信心中十分感激，他对那位大嫂说：“等我将来发达了，一定要重重回报大嫂。”那大嫂听了，生气地说：“身为一个男子汉却不能自食其力，我不过是可怜你，才给你饭吃，哪里是贪图你的回报？”

韩信听她这样说，更为感动。

淮阴城中有个年轻屠户，平日里也喜欢耍些拳脚，自以为很有些功夫。他见韩信经常挎着剑在城中闲逛，也没见有什么过人的本领，很是瞧不起韩信。这一天他闲着没事，正好见韩信从集市中经过，便存心要欺负欺负他。他拦住韩信的去路说："你虽然长得个子高大，又喜欢弄刀带剑，可我知道你没什么本事，不过摆出样子来，显显威风罢了，其实你内心是十分胆怯的，是个胆小鬼。"如此这般羞辱了韩信一番。这还不算，他又拿着尖刀，当众挑衅说："我谅你也不敢跟我比试，不然的话，当着大家的面，就拿剑刺我；如果你不敢，是个贪生怕死之辈，就从我胯下爬过去，让众人亲眼看看你是多么没本事！"韩信闻听，不由得满腔怒火，恨不能马上发作出来，但他转念一想，这人不过是个泼皮无赖，自己犯不上跟他斤斤计较，于是他仔细打量了一下对方，便弯下身子，从那屠户的胯下爬了过去。围观的人见状，都哈哈大笑起来，他们都讥笑韩信，说他真的是个胆小怕事之人。

胯下之辱

不久，从楚地起义的项梁率军渡过淮河，韩信见时机已到，便去投奔到项梁麾下。后来项梁兵败，韩信又投到项羽帐中，项羽任用他为郎中。他曾多次为项羽出谋划策，但无奈项羽为人刚愎自用，听不进他的劝告，所以韩信在项羽军中一直未能施展抱负。等到汉王刘邦率军入蜀，韩信闻知，连忙从项羽军中逃出，前去投奔。

韩信翻山越岭，历尽千辛万苦，终于来到汉营。刘邦不知他的才干，只让他做了小小的连敖。过了一段时间，韩信与一些人在军中饮酒，触犯了军纪，按律当斩。刘邦命夏侯婴监斩，与韩信一起的其他十几个人都被斩了头，轮到韩信时，他向天仰视，大声说道："难道汉王不想打天下了吗？为什么要杀壮士？"夏侯婴听他谈吐不俗，又见他长得威武勇猛，就将他释放了，并把他叫过来和他交谈。经过谈话，夏侯婴才知道韩信是一个难得的人才，于是就向刘邦举荐，提升他做了一名治粟都尉。其后，韩信有机会与丞相萧何接触，萧何很赞赏他的政治和军事才能，曾多次向刘邦推荐他，说他有大将之才，要刘邦委之以重任。刘邦听了，并没把此事放在心上。韩信见状，心情十分烦闷，他想自己之所以前来投奔汉王刘邦，就是要干一番大事的，可现在空有一身韬略。却无从施展，又如何能甘心呢？思来想去，决定先离开汉营，再作打算，于是他没有对任何人讲，便骑马离开了。

萧何听说韩信离营的消息，十分焦急，他来不及向刘邦汇报，就独自骑上一匹快马去追韩信。费了很长时间，终于追上了韩信，言辞恳切地把韩信劝回汉营。回来之后，萧何又在刘邦面前力荐韩信，刘邦见他如此坚持，只得同意了，并正式举行了隆重的拜将仪式，刘邦斋戒沐浴，毕恭毕敬地拜韩信为太将。

其后，刘邦对韩信说："丞相多次向我推荐将军，还请将军多多指教。"韩信说："如今能够与大王您争夺天下的，不就是项王吗？"刘邦说："是的。"韩信问刘邦道："大王您将自己和项羽比较一下，看看您在勇、悍、仁这几个方面能否比得过项王？"刘邦沉吟许久，回答说："我很惭愧，自问一样都比不过他。"韩信说："您自己承认。比不上项王，仅凭这一点，就说明您有自知之明，值得佩服。我原先曾追随项王，知道他的确很有威严，能使人镇服。但他为人刚愎自用，不能任用有才干的将领，所以他的威严不过是匹夫之勇罢了。他对人虽然恭敬仁爱，但也只是限于一些小的恩惠，临到该给人论功封赏之时，他又不能慷慨大度地行事，因而并不能真正收拢人心。项王现在虽然称霸天下，号令诸侯，但实际上并不能使各诸侯臣服，不听他命令的诸侯大有人在。再者，项王每攻到一处，就大肆烧杀抢掠，致使天下百姓都十分怨恨，总有一天他会失去民心，落个众叛亲离的下场的。"

刘邦急切地问："那么依将军之见，我们目前应该采取什么对策呢？"韩信回答说："我们所要做的就是反项王之道而行之：任用勇敢能干的人才，把攻得的城邑都分封给立有军功的部下，严明军纪，安抚百姓。若能做到这些，大王您就可以收得人心，赢来众多的支持，那时大王就拥有了比项王大得多的优势，还怕不能打败项王，赢得天下吗？"

韩信对时局的一番分析，让刘邦越听越高兴，韩信所言，他完全赞成，到现在他才意识到自己如果没听萧何的话，恐怕就失去这个难得的人才了。从此

以后，他对韩信言听计从，使韩信杰出的军事才能得以淋漓尽致地发挥。几年间，韩信攻城略地，屡建奇功，从没有打过败仗，为灭楚建汉立下了不朽功勋。刘邦曾高度评价他说："连百万之军，战必胜，攻必取，吾不如韩信。"

从这则故事中，我们可以看到：韩信早年所经历的这些坎坷和磨难，并没有使他消沉，反而更磨炼了他的意志。虽身处逆境，饱受冷遇和侮辱，他却能够隐忍苟活，不怨天尤人，把自己的精力全部用于苦读兵书、勤奋习武上，最终学有所成，实现了自己的愿望。同时，作为国君，要想国家昌盛，就必须做到"亲士"。只有这样才能招揽有志之士，也为自己的胜利奠定了基础。

修身

【题解】

《修身》篇论述自我修养的重要性，认为这是一个人安身立命的根本，待人处世的原则。这个根本树立得不牢固，就不能成就功业。提出修养的方法主要是"反之身"，即时时警诫自己；并通过身体力行来达到自我完善。君子必须明辨是非，言而有信，不求虚名，努力而不夸耀；并要长期坚持不懈，以达到心灵净化等等。反映出墨家注重实践的思想。

【原文】

君子战虽有陈[①]，而勇为本焉；丧虽有礼，而哀为本焉：士虽有学，而行为本焉。是故置本不安者，无务丰末[②]；近者不亲，无务求远；亲戚不附，无务外交；事无终始，无务多业；举物而暗[③]，无务博闻。是故先王之治天下也，必察迩来远，君子察迩而迩修者也。见不修行，见毁，而反之身者也，此以怨省而行修矣。谮慝之言[④]，无入之耳：批扞之声[⑤]，无出之口；杀伤人之孩[⑥]，无存之心，虽有诋讦之民，无所依矣。故君子力事日强，愿欲日逾，设壮日盛[⑦]。

君子之道也：贫则见廉，富则见义，生则见爱，死则见哀；四行者不可虚假，反之身者也。藏于心者，无以竭爱；动于身者，无以竭恭；出于口者，无以竭驯[8]。畅之四支，接之肌肤，华发隳颠[9]，而犹弗舍者，其唯圣人乎！

志不强者智不达；言不信者行不果；据财不能以分人者，不足与友；守道不笃，遍物不博，辩是非不察者[10]，不足与游。本不固者末必几[11]，雄而不修者[12]，其后必惰，原浊者流不清，行不信者名必惰。名不徒生而誉不自长。功成名遂，名誉不可虚假，反之身者也。务言而缓行[13]，虽辩必不听。多力而伐功[14]，虽劳必不图[15]。慧者心辩而不繁说。多力而不伐功，此以名誉扬天下。言无务为多而务为智，无务为文而务为察。故彼智无察，在身而情[16]，反其路者也。善无主于心者不留，行莫辩于身者不立；名不可简而成也，誉不可巧而立也，君子以身戴行者也[17]。思利寻焉，忘名忽焉，可以为士于天下者，未尝有也。

【注释】

①陈：同“阵”，作战时的阵法。

②无务：谈不上。末：树梢，枝节。

③暗：不明白。

④谮慝：恶意诬陷、诽谤。

⑤批扞：诋毁、谩骂。

⑥孩：王闿运云：“孩同核，意也。”即念头。

⑦设壮：修养。

⑧驯：合理。

⑨隳颠：秃顶。

⑩辩：同“辨”。

⑪几：危险。

⑫修：长久。

⑬务言：讲究言谈。

⑭伐功：夸耀自己的功劳。

⑮图：取。

⑯彼：借为“非”。情：为“惰”之形讹。

⑰戴：同“载”。

【译文】

君子指挥作战虽然要用阵法，但必以战士的勇敢为本；办丧事虽讲礼仪，但必以亲人的哀痛为本；做官虽讲才识，但必以德行为本。因此根基不牢固，就谈不上枝节的繁盛；近处的朋友都不亲近，就谈不上招徕远方之民；连亲戚也不能使之归附，就更谈不上去结纳外人；做一件事情有始无终，就谈不上从事多种事业；一件事物尚且弄不明白，就谈不上什么广见博闻。所以先王治理天下，必定要明察左右而招徕远人，君子能明察左右，左右之人也就能修养自己的品行了。发现他人不能修养自己的品行而受人诋毁，就应当自我反省，这样人们的怨悔就会减少了。不随意听取谗害诽谤之言，不乱说攻击他人的话，不藏伤害人的念头，这样，即使遇有好诋毁、攻击的人，他也就无从施展了。所以君子本身的力量一天比一大加强，志向一天比一天远大，他的品行一天比一天完善。君子之道应该包括：贫穷时表现出廉洁，富足时表现出道义，对生者表示出仁爱，对死者表示出哀痛。这四种品行不能有半点虚假，要反躬自问。藏于内心的是无穷的慈爱，举手投足是无比的谦恭，言谈论调无不符合先王的雅训，发自内心的仁爱之心，通达于四肢、肌肤，一直到白发秃顶都不舍弃，能做到这些的大概只有圣人吧！

意志不坚强的人智慧一定不高；说话不讲信用的，行动一定不果敢；拥有财富而不肯分给人的，不值得和他交友；守道不坚定，阅历事物不广博，辨别是非不清楚的，不值得和他交游。根本不牢固必然危及枝节，光勇敢而不注重品行修养的，后必懒惰。源头浊的流不清，行为无信的人名声必受损害，声誉不会无故产生和自己增长。功成了必然名就，名誉不可虚假，必须反求自己。专说而行动迟缓，虽然会说，但没人听信。出力多而自夸功劳，虽劳苦而不可取。聪明人心里明白而不多说，努力做事而不夸说自己的功劳，因此名誉扬于天下。说话不图繁多而讲究富有智慧，不图文采而讲究明白。所以既无智慧又不能审察，加上自身又懒惰，则必背离正道而行了。善不从本心生出就不能保留，行不由本身审辨就不能树立，名望不会由苟简而成，声誉不会因诈伪而立，君子是言行合一的。谋求利益，忽视名誉，这样做可以成为天下贤士的人，还不曾有过。

【评析】

《修身》论证道德修养的重要性。墨子把修身看作道德完善的根本，认为这是成就完美人生的途径。“修身”，是中国道德修养论的传统术语，即陶冶道德情操，培养优良德行。修身的关键，是反省自身，按照完美的道德标准要求自己，改过迁善，身体力行，追求道德的自我完善。

文中强调，不牢固树立修身的根本，就不能安身立命，实现对完美道德的追求。学习道德理论，要见诸行动，学用结合，言行一致，把实行放在重要地位。要明辨是非，讲究诚信，不图虚名，努力不懈，才能建功立业，完善道德品行。

墨子引导弟子修身，培育优良德行，对正面典型，给予赞扬和鼓励。《墨子·耕柱》载，墨子请学生管黔敖介绍另一学生高石子到卫国做官。卫国君任命高石子做卿士，给高石子优厚的俸禄。

高石子三次朝见卫君，每次都把意见讲透，但就是不被采纳。于是，他愤而离开卫国，到齐国后，他对墨子说：“卫君以夫子之故，致禄甚厚，设我于卿。石三朝必尽言，而言无行，是以去之也。卫君无乃以石为狂乎?”高石子担心，自己因意见没有被采纳而离开，卫君会认为自己太狂妄。

墨子回答：“去之苟道，受狂何伤?”这句话充分体现了墨子“道义胜于利禄”的价值观，只要离开符合道义，就是背上“狂”名，又有什么妨害?

墨子认为，古时周公旦讨伐管叔，辞去三公的职位，住到东方的商奄，人们都说他“狂”，但后代人都称颂他的品德，传扬他的美名，直到现在。做义事，不是为躲避别人批评，接受别人赞扬。离开，只要符合道义，虽受“狂”名，没有妨害。

高石子表白心迹说：“石去之，焉敢不道也。昔者夫子有言曰：天下无道，仁士不处厚焉。今卫君无道，而贪其禄爵，则是我为苟啖（吃）人食也。”即现在卫君无道，如果贪图爵禄，就是白吃人家的饭食。

由此看来，高石子看重道德修养，不为利禄所动，表现出仁人义士的崇高气节。墨子听了很高兴，召来大弟子禽滑厘说：“姑听之乎！夫倍义而乡禄者，我常闻之矣，倍禄而乡义者，于高石子焉见之也。”辞绝利禄，向往道义的人，今天在高石子身上见到了。

墨子有意在弟子中树立高石子的正面典型，对高石子的操行品德给予高度评价，并进行了积极鼓励。而对反面典型，则给予批评教育。他推荐弟子胜绰，到齐国将领项子牛手下做官。项子牛三次攻伐鲁国，胜绰三次跟从。墨子听到了，就派学生高孙子前去请项子牛把胜绰辞退，他对项子牛说：“我使绰也，将以济骄而正嬖也。今绰也禄厚而谲夫子，夫子三侵鲁而绰三从，是鼓鞭于马靳也。翟闻之，言义而弗行，是犯明也。绰非弗之知也，禄胜义也！”

墨子推荐胜绰，到项子牛手下做官，意图是让胜绰制止项子牛的骄横，纠正他的邪僻。现在胜绰接受项子牛的厚禄却欺骗项子牛。项三次攻伐鲁国，胜绰三次跟从。这就像在马前，用鞭子抽打马胸，马只能后退，不能前进，要使马前进，必须在马后面抽打一样。胜绰做事，跟墨子的要求相反，口说仁义，却不实行，是明知故犯，阳奉阴违。胜绰不是不懂道理，是在他心中，俸禄的价值，超过了道义。

墨子要求弟子，把修身作为终身追求，学以致用，严格遵行，不能明知故犯，阳奉阴违。

《论语·宪问》载，孔子首次提出“修己”的概念，说：“修己以敬。”提高自己的修养来敬业，工作严肃又认真。“修己以安人。”提高自己的修养，来使人安乐。“修己以安百姓。”提高自己的修养，来使所有百姓安乐。

孔子提出的“修己”概念，包含“安人”，“安百姓”的人本民本因素，为墨子提出"修身"概念，提供了可资借鉴的思想前提。《墨子·非儒》首先明确提出"修身"的概念说，认为实行仁义的人，大可以治理人民，小可以担任官职，远可以普遍施恩于百姓，近则可以修身。不合仁义，不合道理的事，坚决不做。做事，就一定要对天下有利。如果对天下不利，就坚决停止。

墨子把修身看作培育道德品质的基点。《孟子·尽心上》传承《墨子》"修身"的概念说："天寿不二，修身以俟之，所以立命也。"无论人的寿命长短，都一心一意，修养自身，等待发挥才能的机遇，这是安身立命的不二法门。《孟子·尽心下》说："君子之守（操守），修其身而天下平。"把"修身"看作"平天下"的手段。

战国末儒家大师荀子的著作，跟《墨子》一样，把《修身》作为全书排序的第二篇。《荀子·修身》说："以修身自强，则名配尧禹。"把修身自强，看作成就圣贤的必经之路。儒家经典《礼记·大学》说："修身为本。""身修而后家齐，家齐而后国治，国治而后天下平。"把修身看作齐家、治国、平天下的起点。

儒者"修齐治平"的省称，变为成语，千古传扬。墨子的修身论，跟儒家大师孔子、孟子和荀子的学说，实质相同。这些思想相互影响，相互吸收，并不断完善，最终形成了中华民族道德体系中的重要内容。

【故事阐微】

糟糠之妻不下堂

一个人要想有所成就，首先这个人必须善于做人，那怎样做人呢？修身养性是最为重要的，宋弘之所以能成为众臣中最优秀的，很大一部分得益于内心的修养。

宋弘，字仲子，东汉初期的名臣，他不仅以清节威德著称于世，在处理夫妻关系上的所作所为，也为后世称道。

汉代曾发生过王莽赶刘秀的故事。当时，刘秀力量薄弱，被王郎一路追杀，由北向南日夜奔逃。战斗中，刘秀手下有个叫宋弘的大将不幸负伤。当逃到饶阳境内时，宋弘实在走不动了，而后面追兵又紧，怎么办呢？刘秀没办法，只好将宋弘托付给郑庄一户姓郑的人家养伤。姓郑的这户人家很同情刘秀，而且非常善良，待宋弘亲如家人，端茶送水，好吃好喝，很是周到。特别是郑家女儿，长得虽不很漂亮，但为人正派，聪明大方，待宋弘像亲兄弟，煎汤熬药，问寒问暖，关情备至。宋弘非常感动。日子一长，两人建立了深厚的感情。宋弘伤好后，两人便结为夫妻。后来宋弘跟随刘秀南征北战，屡立战功，终于帮刘秀得了天下。

汉光武帝刘秀即位以后，宋弘被拜为太中大夫，后来又做了大司空，被封为侯。他将自己所有的田地租税收入和朝廷的俸禄，用来赡养九族中的人，而自己官高位显，家中却没有多少财产。

这一年，光武帝的姐姐湖阳公主的丈夫死了，光武帝念及姐弟之情，时常请她入宫见面、聊天，也想替姐姐再找一个好丈夫。

一天，两人坐在一起议论朝中大臣，光武帝想趁此机会看看姐姐态度，于是问道："看我这朝中众臣，谁是真正的贤士？"公主回答说："依我之见，宋弘为人有威望，有道德，其他人无法跟他相比。"这样一来，皇帝明白了姐姐的意思，她是看中了宋弘的人品，就宽慰姐姐说："别急，等我想个办法，慢慢找机会把这事办了。"

由于深知宋弘的为人，光武帝颇动了一番脑筋。他知道要是让人直接去说媒，而宋弘不同意，这岂不是让姐姐的面子丢尽了，自己也不好下台。于是过了几天，他找个机会召见宋弘，让公主坐在屏风后面听他们谈话。

光武帝问宋弘："我听说民间有这样的谚语，说一个人当了高官，他过去的旧相识就要被换掉，不再来往了；一个人要发了大财，他过去的妻子就会被抛弃，另寻新人，是这样的吧？这是人之常情啊！"

宋弘听了，明白了皇上的意思。他正色回答皇上的问话说："臣听说人贫贱时交的朋友，富贵的时候不能忘记他们；贫贱时同甘共苦、患难与共的妻子，也不能因为自己富裕了就休弃她，这才是一个真正的贤达之士所做的。”听了这话，皇上也就明白了宋弘的想法，更佩服他的为人了。

所染[1]

【题解】

染，就是浸染、影响。本文以染丝为喻，说明国君能否治理好一个国家，同他周围人的影响有密切关系；而要得到良好的影响，就必须善于选择贤才。文章用大量事例，证明君主受到良好影响，国家就能治理得好，王霸之业就得以成功；反之，国家就遭受危难，君主将身败名裂。对个人来说，交友的当否，亦是成败、安危、荣辱的关键所在。作者强调社会环境对个人行为和作风有重大影响。文章正反对比，层次分明，证据充足，理论坚实，是墨家运用类比推理的典范之作。

【原文】

子墨子言见染丝者而叹曰：染于苍则苍，染于黄则黄。所入[2]者变，其色亦变；五入必[3]而已则为五色矣。故染不可不慎也！

【注释】

①本篇主要是说作为君王应该注意所亲近的人。

②入：染料。

③必：通“毕”。

【译文】

墨子说他曾经因为看见染丝的人而叹息道：若是染成青色就成了青色，若是染成黄色就成了黄色。加到里面的染料变了，那么它的颜色也会跟着变化；如果五种颜色都加进去了就变成五色斑斓了。因此，染丝不能不十分慎重！

【原文】

非独染[①]丝然也，国亦有染。舜染于许由、伯阳[②]，禹染于皋陶、伯益[③]，汤染于伊尹、仲虺[④]，武王染于太公、周公[⑤]。此四王者所染当，故王天下，立为天子，功名蔽天地。举天下之仁义显人，必称此四王者。

【注释】

①染：影响。

②许由：古代的隐士。伯阳，为舜的朋友之一。

③皋陶：古代东夷的首领。伯益，尧时代的贤士。

④汤：商朝君主。伊尹、仲虺，汤的臣下。

⑤太公：指姜太公姜尚。周公，武王的弟弟。

【译文】

不仅染丝是这样，国家也是如此。舜受到许由和伯阳的影响，禹受到皋陶、伯益的感染，商汤则受到伊尹和仲虺的感化，武王就受到太公和周公的影响。这四位君王都受到了正确的感染，因此能称霸天下，贵为天子，功名盖世。所以，一旦举出普天之下的贤人圣者，就一定会说到这四个人。

【原文】

夏桀染于干辛、推哆[①]，殷纣染于崇侯、恶来[②]，厉王染于厉公长父、荣夷终[③]，幽王染于傅公夷、蔡公谷[④]。此四王者所染不当，故国残身死，为天下僇。举天下不义辱人，必称此四王者。

【注释】

①干辛、推哆：夏桀的大臣。

②崇侯、恶来：夏桀的大臣。

③厉公长父、荣夷终：周厉王的大臣。

④傅公夷、蔡公谷：周幽王的大臣。

【译文】

夏桀受到于辛和推哆的影响，纣王受到崇侯和恶来的熏陶，厉王就被厉公长父和荣夷终感染，幽王则受到傅公夷和蔡公谷的影响。这四个人受到了错误的感染，因此导致国破身死，为天下人所耻笑。所以一旦举出天下的残暴无道者，必然会说到他们四个人。

【原文】

齐桓染于管仲、鲍叔，晋文染于舅犯、高偃[①]，楚庄染于孙叔、沈尹[②]，吴阖闾染于伍员[③]、文义，越勾践染于范蠡、大夫种[④]。此五君者所染当，故霸诸侯，功名传于后世。

【注释】

①舅犯：辅助晋文公的贤臣。高偃，晋大夫。

②孙叔：即孙叔敖，楚国丞相。沈尹，楚大夫。

③伍员：即伍子胥。

④大夫种：越国大夫。

【译文】

齐桓公受到管仲和鲍叔所感染，晋文公受到了舅犯和高偃的感染，楚庄王受到孙叔和沈尹的感染，吴王阖闾受到伍员和文义的感染，越王勾践受到范蠡和大夫文种的感染。这五个人受到了正确的感染，因此能称霸诸侯，功名为后人传诵。

【原文】

范吉射[①]染于长柳朔、王胜，中行寅[②]染于籍秦、高强，吴夫差[③]染于王孙雒、太宰嚭，智伯摇[④]染于智国、张武，中山尚[⑤]染于魏义、偃长，宋康[⑥]染于唐鞅、佃不礼。此六君者所染不当，故国家残亡，身为刑戮，宗庙破灭，绝无后类，君臣离散，民人流亡。举天下之贪暴苛扰者，必称此六君也。

【注释】

①范吉射：春秋时晋国范献子士鞅之子。
②中行寅：晋国中行穆子之子。
③夫差：吴国国君。
④智伯摇：即智伯，晋国的大家族。
⑤中山尚：中山国国君。
⑥宋康：指宋国君偃。

【译文】

范吉射受到长柳朔、王胜的感染，中行寅受到籍秦和高强的感染，夫差就受感于王孙雒及太宰嚭，智伯摇就受到智国和张武的影响，中山尚则受到魏义和偃长的影响，宋康则受到唐鞅和佃不礼的影响。这六个人因为受到了坏的影响，所以导致国家灭亡，身受刑戮，连宗庙也被破坏，绝子绝孙，弄得君臣离散，百姓流离失所。因此，说到天下的贪暴之人时，就必然提起他们六个。

【原文】

凡君之所以安者何也？以其行理[①]也。行理性[②]于染当。故善为君者，劳于论人[3]而佚[4]于治官。不能为君者，伤形费神，愁心劳意；然国逾危，身逾辱。此六君者，非不重其国、爱其身也，以不知要故也。不知要者，所染不当也。

【注释】

①理：指常理，常规。

②性：通“生”，产生。

③论人：选择人才。

④佚：通“逸”。

【译文】

作为君主之所以能够得到安逸，是什么原因呢？这是因为他治理政事时能够合乎常理。之所以能够行事合乎常理，是因为他受到了正确的影响。因此，善于为人君主的人，都是在选择人才方面花费大量精力。而那些不善于做君主的人就会浪费精神，愁眉苦脸；但是国家却变得更加危险，自身也受到了侮辱。上面所说的六位君王，他们并不是不重视自己的国家、不爱惜自己的身体，而是不知道如何去治理国家。造成这样的原因，就是受到了坏的影响的缘故。

【原文】

非独国有染也，士亦有染。其友皆好仁义，淳谨[1]畏令，则家日益，身日安，名日荣，处官得其理矣，则段干木、禽子、傅说之徒是也。其友皆好矜奋[2]，创作比周[3]，则家日损，身日危，名日辱，处官失其理矣，则子西、易牙、竖刀之徒是也。诗曰：“必择所堪[4]”。必谨所堪者，此之谓也。

【注释】

①淳谨：指品行纯良。

②矜奋：盛气凌人的样子。

③比周：结党营私。

④堪：指染料。

【译文】

不仅国家会受到各种影响，士人君子也同样会受到各种影响。如果他的朋友都是仁义之士，都是品质淳朴、遵守法则的人，那么他的家业就会蒸蒸日上，身体就会越来越安康，名声就会越来越大，治理政事也会合乎常理，上面所说的段干木、禽子、傅说等就是这样的人。如果他的朋友都是盛气凌人、结党营私之人，那么他的家业就会一落千丈，身体就会越来越损伤，名声就会越来越坏，治理政事也不会合符常理了，上面所说的子西、易牙、竖刀等就是这样的人。所以，《诗经》上说："必须要选择好染料。"所谓必须谨慎地选择染料，就是上面所说的意思。

【评析】

《所染》篇的中心论点是，无论君主治国，还是士人修身，都应该做到"知要"（把握重点），即选择贤人智士，以得到良好的熏陶和积极的影响。篇中说："不知要者，所染不当也。"不知把握治国修身重点的人，不能做到选择贤士，就会导致国家败亡，身败名裂。

篇中强调为官行事，要"行理"（合乎道理）。"行理生于染当（熏染得当）"，即选择贤士，以得到良好的熏陶和积极的影响。而"处官得其理"和"处官失其理"，即为官办事是否合乎道理，正是士人熏染恰当与否的区分标准。

《所染》篇用求同求异并用的归纳法和讲道理的演绎法，列举十九个正反两面的典型事例，论证论点。正面事例，即虞舜、夏禹、商汤和周武王四位国王，以及齐桓公、晋文公、楚庄王、吴王阖闾和越王勾践五位国君，都是因为"所染当"，选择了贤人智士的辅佐，使自己受到良好的熏陶影响，所以国家就能治理好，功名蔽天地，传于后世。

墨子看到受教育的必要性和环境对教育影响的重要性。人受环境熏染，要有意识创造良好的环境，以受到良好的影响，使自己的品行朝健康的方向发展。以好仁义的人为友，会熏染自己，成为好仁义的人，就像染丝，要谨慎地选择染料浸渍熏染。

《所染》篇总结正反两面的历史经验教训说，善于做国王君主的人，劳心费力地选拔人才，充分发挥人才的积极作用，就能轻松自如地为官治官，管理国家。这里，正确揭示了“劳于选人，逸于治官”一体两面的辩证哲理。

《所染》篇列举不善于做国王君主的人，有十个反面事例，即夏桀、殷纣、厉王、幽王四位国王，以及范吉射、中行寅、吴夫差、智伯摇、中山尚和宋康六位国君，都是因为“所染不当”，没有选择贤士来辅佐和影响自己，所必尽管伤形费神，愁心劳意，其结果却是国危身辱，成为天下所不齿的不义暴人。

《所染》篇的论说技巧，引人入胜。墨子游说论学，善于运用譬喻。《所染》篇把染丝作为譬喻论证的素材，以染丝渐渍为比喻，说明国君治国，跟周围环境的熏染有关。要想受到良好的熏陶，就必须善于选贤使能。

在《所染》篇开头，墨子看到染丝工匠的染丝操作后感叹说，染丝用青色染料，就变成青色。用黄色染料，就变成黄色。投入五种染料，就能染出五种颜色。投入的染料变了，丝的颜色也变了。所以，浸染不能不谨慎。《所染》篇末尾引逸《诗》说：“必择所渐，必谨所渐。”即应该正确地选择染料，谨慎地面对染料的浸渍。

《小取》给譬喻式类比论证下定义说：“譬也者，举他物而以明之也。”染丝这个譬喻词，即定义中的举他物，是譬喻中的喻体。《所染》说：“非独染丝然也，国亦有染。”“非独国有染也，士亦有染。”国有染、士有染，是定义中“而以明之也”的对象、主体，是譬喻中的本体。这种论说技巧，酷似于印度逻辑因明“宗因喻”的论证结构。

由于《所染》篇创作内容和形式的典范意义，秦国宰相吕不韦召集六国入秦的辩士（包括墨家学者）编写《吕氏春秋》时，就直接搬用了《墨子·所染》篇的大部分文字，写成了《吕氏春秋·当染》篇。清汪中《述学补遗·吕氏春秋序》评论说：“《当染》篇全取《墨子》。”

《吕氏春秋·当染》与《墨子·所染》，两篇前段大部分文字雷同，都是论述墨子用染丝来比喻环境的熏染作用。《吕氏春秋·当染》篇在篇末才补充了一部分新意，论述儒墨两家从属弟子众多，无数后学显荣天下，并列举了墨学传授的谱系：墨子→禽滑厘→许犯→田系。

《吕氏春秋·当染》篇补充墨子后学的这些新资料，足以证明《吕氏春秋·当染》篇的写作时间，应该是在《墨子·所染》篇广泛流传以后。

《孔子家语·六本》记载孔子说：“药酒苦于口而利于病，忠言逆于耳而利于行。”《增广贤文》表述为：“忠言逆耳利于行，良药苦口利于病。”《墨子·所染》篇，列举大量事实，从正反两面总结中国历史（从虞舜时期，到前3世纪宋国末代国君宋康王）的经验教训，是治国安民的“忠言”，修身养性的“良药”，对现代国家管理和个人道德修养，都具有振聋发聩的教育启迪作用。

【故事阐微】

贤人许由

许由，字武仲，生于公元前2155年，卒年不详，是尧舜时代的贤人。帝尧在位的时候，他率领许姓部落活动在今天颍水流域的登封、许昌、禹州、汝州、长葛、鄢陵一带。这一带后来便成了许国的封地，他从而也成为许姓的始祖。

许由品德高尚，才智过人，很受部族尊崇。部落联盟领袖唐尧觉得自己年事已高，想找一个贤明的接班人，于是四处寻访贤人，最后发现了有德能的许由。据说，帝尧曾多次向许由请教，并决定把帝位禅让给他。许由认为自己的德才不如虞舜，又担心唐尧的几个儿子不服，引起内乱误了国家大事，让天下百姓受苦，便连夜奔至登封的箕山隐居起来，再也不愿意与世俗社会交往。

一日，许由沿山放牧，来到箕山西北部的山脚下，见这里山清水秀，草丰树茂，土地肥沃，一个农夫正在耕地，他便高兴地说：“此乃牛壮田肥之地也。”农夫听了觉得很有道理，便称这里为牛田村，后来不断发展形成了今天的上牛田、下牛田、中牛田三个自然村。许由住的山洞对面有座陡峭的山头，山上花草茂盛，树木葱茏。站立山头西望，尼山逶迤起伏，绵延数百里。近望群峰，巍峨峻峭，煞是迷人。许由非常喜欢这里的自然风景，早晚常到这里观赏风光，赞扬这锦绣的大好河山。因为他经常在这里逛来逛去，人们便称为逛山头，历经演变，成了今天的光山头。

后来，唐尧听说许由隐居箕山，又派人来请他做九州长官。传令官风尘仆仆来到箕山，传达唐尧的旨意后，苦口婆心劝他立即上任。许由认为自己可为良民，而不可任高官，决定不去就任，便到山下河里洗耳朵，表示不愿听，这条河就是现在清澈明丽、水质甘洌的洗耳河。

许由死后葬于箕山之巅，尧帝封其为“箕山公神，配食五岳，后世祀之”，故后人称箕山为许由山。许由以自己淡泊名利的崇高节操赢得了后世的尊敬，被奉为隐士的鼻祖。战国时代的思想家荀子就曾称赞说：“许由善卷，重义轻利行显明。”

法仪

【题解】

《法仪》篇论述百工皆有法度，故治理天下国家亦必须遵循一定的法度。文章认为，父母、老师、国君都不足取法，只有天是效法的榜样。文章借天意以宣传“兼爱”，赋予“天”人格化的意志，认为“爱人利人者，天必富之；恶人贼人者，天必祸之”，人的行为受到天意的监督和制约，内容与《天志》篇互相补充。文章虽表现出墨子天命观的局限性，但劝人去恶向善，还是可取的。

【原文】

子墨子曰："天下从事者，不可以无法仪。无法仪而其事能成者，无有也。虽至士之为将相者，皆有法；虽至百工从事者[①]，亦皆有法。百工为方以矩，为圆以规，直以绳，正以县[②]。无巧工不巧工，皆以此五者为法[③]。巧者能中之，不巧者虽不能中，放依以从事[④]，犹逾己。故百工从事，皆有法所度[⑤]。今大者治天下，其次治大国，而无法所度，此不若百工辩也。"

【注释】

①百工：从事各种行业的工匠。

②县：同"悬"，即用悬垂的方法来测是否垂直于地面。

③五者：文中只提了四种，据《考工记》，应该还有"平以水"一种。

④放依：仿效。放，仿效，模仿。

⑤所：意为"可"。

⑥辩：聪明。

【译文】

墨子说："全天下做事情的人，都不能没有法度。没有法度而能把事情做成功的人，是没有的。即使很高明的士人做了将相，也都有法度；即使最灵巧的百工干活，也都有法度。百工用矩来画方形，用规来画圆形，用墨绳来画直线，用悬垂的方法来测偏正。无论灵巧的工匠还是不灵巧的工匠，都以这五种方法作为法度。灵巧的人能做得非常合适，不灵巧的人虽然不能这么合适，但仿效着这个法度来做，还是会超过自以为是去做的。所以说百工干事，都有法规可以衡量。现在大到治理天下，其次治理大国，却没有法度来衡量，这就是还不如百工聪明了。"

【原文】

然则奚以为治法而可？当皆法其父母奚若[1]？天下之为父母者众，而仁者寡，若皆法其父母，此法不仁也。法不仁，不可以为法。当皆法其学奚若[2]？天下之为学者众，而仁者寡，若皆法其学，此法不仁也。法不仁，不可以为法。当皆法其君奚若？天下之为君者众，而仁者寡，若皆法其君，此法不仁也。法不仁，不可以为法。故父母、学、君三者，莫可以为治法。

【注释】

①当：相当于"傥"，倘若。下同。奚若：怎么样。

②学：指老师。

【译文】

那么，以什么为做事的法度才行呢？倘若都效法父母会怎么样呢？天下做父母的很多，但是仁爱的人很少，如果都效法自己的父母，就是效法不仁爱的人。效法不仁爱的人，是不可以作为法度的。如果都效法自己的老师会怎么样呢？天下做老师的很多，但是仁爱的人很少，如果都效法自己的老师，就是效法不仁爱的人。效法不仁爱的人，是不可以作为法度的。如果都效法自己的国君会怎么样呢？天下做国君的人很多，但是仁爱的人很少，如果都效法自己的国君，就是效法不仁爱的人。效法不仁爱的人，是不可以作为法度的。所以，父母、老师、国君三者，都不能当作做事的法度。

【原文】

然则奚以为治法而可？故曰：莫若法天。天之行广而无私[1]，其施厚而不德，其明久而不衰，故圣王法之。既以天为法，动作有为，必度于天。天之所欲则为之，天所不欲则止。然而天何欲何恶者也？天必欲人之相爱相利，而不

欲人之相恶相贼也。奚以知天之欲人之相爱相利，而不欲人之相恶相贼也？以其兼而爱之、兼而利之也。奚以知天兼而爱之、兼而利之也？以其兼而有之、兼而食之也。今天下无大小国，皆天之邑也。人无幼长贵贱，皆天之臣也。此以莫不犓牛羊、豢犬猪[2]，絜为酒醴粢盛[3]，以敬事天，此不为兼而有之、兼而食之邪？天苟兼而有食之，夫奚说以不欲人之相爱相利也。故曰："爱人利人者，天必福之；恶人贼人者，天必祸之。"曰："杀不辜者，得不祥焉。"夫奚说人为其相杀而天与祸乎[4]。是以知天欲人相爱相利，而不欲人相恶相贼也。

【注释】

①行：道的意思。

②犓牛羊：饲养牛羊。原文脱"牛"字，据《墨子·天志上》补。豢：养。

③絜：通"洁"。酒醴粢盛：代指祭品。粢，祭祀用的谷物。盛，放在祭器中的祭品。

④天与祸：当作"天不与祸"。

【译文】

那么，以什么为做事的法度才行呢？可以说，不如效法天。天道博大而无私，它施恩深厚却不自以为有德，它永久光明永不衰竭，所以，圣明的君王都效法它。既然把天作为法度，一举一动，都必须用天理来衡量。天希望做的就做，天不希望做的就停止。但是天喜欢什么厌恶什么呢？天肯定希望人们互相关爱互相帮助，而不希望人们互相憎恶互相残害。怎么知道天希望人们互相关爱互相帮助，而不希望人们互相憎恶互相残害呢？因为天对天下所有的人都关爱，对所有的人都有利。怎么知道天对所有的人都关爱，对所有的人都有利呢？因为天容纳了所有的人，供养了所有的人。现在天下不论大国还是小国，都是天的领地，人不论老少贵贱，都是天的臣民。所以没有人不饲牛羊、喂猪狗，把美酒和供品收拾干净，恭敬地献给上天，这难道不是容纳所有的人、供养所有的人吗？天既然容纳和供养了所有的人，怎么能说不希望人们互相关爱互相帮助呢。所以说："关爱别人、帮助别人的人。天必定会赐福给他；憎恶别人、残害别人的人，天必定会降祸给他。"因此说："杀害无辜的人，会得到不祥的后果。"谁说有人互相残杀天不降灾祸给他呢？因此可以知道，天是希望人们互相关爱互相帮助，而不希望人们互相憎恶互相残害的。

【原文】

昔之圣王禹汤文武①，兼爱天下之百姓，率以尊天事鬼，其利人多，故天福之，使立为天子，天下诸侯皆宾事之②。暴王桀纣幽厉③，兼恶天下之百姓，率以诟天侮鬼，其贼人多，故天祸之，使遂失其国家，身死僇于天下，后世子孙毁之，至今不息。故为不善以得祸者，桀纣幽厉是也。爱人利人以得福者，禹汤文武是也。爱人利人以得福者有矣，恶人贼人以得祸者亦有矣。

【注释】

①禹汤文武：夏禹、商汤、周文王、周武王，是夏商周三代的开国贤君。
②宾：尊敬。
③桀纣幽厉：夏桀、商纣、周幽王、周厉王，是夏商周三代的暴君。

【译文】

古代的圣王夏禹、商汤、周文王、周武王，关爱天下所有的百姓，带领他们尊敬上天、敬事鬼神，他们给人的利益多，所以天赐福给他们，让他们成为天子，天下的诸侯也都恭敬地服侍他们。残暴的君主夏桀、商纣、周幽王、周厉王，憎恶天下所有的百姓，并带领他们咒骂上天、侮辱鬼神，他们残害的人多，所以上天降灾祸给他们，让他们丧失了自己的国家，遭到杀身之祸还被天下人所辱骂，后世的子孙也诅咒他们，到现在还没有停止。所以，做不好的事情因而得到灾祸的，夏桀、商纣、周幽王、周厉王就是例子。而关爱别人帮助别人因而得福的，夏禹、商汤、周文王、周武王就是例子。关爱别人帮助别人因而得福的人有，而憎恶别人残害别人因而得祸的人也有啊！

烽火戏诸侯

【评析】

墨子从手工业工匠亿万次重复的实践经验中概括法则、规律的概念。这里首先列举“百工为方以矩，为圆以规，直以绳，正以悬，平以水”这五个典型事例，从中分析归纳“百工从事，皆有法所度”的规律性，然后推广扩及“虽至士之为将相者”，“天下从事者”，“大者治天下，其次治大国”，无不遵从法则，按照规律办事。

遵从法则，按照规律办事，胜过一切主观臆测。这是劳动人民亿万次实践经验证实的永恒法则，颠扑不破的客观真理。墨子对法则、规律客观性、绝对性的论述，在《墨经》中被大力发展、深化和提升，造就了《墨经》的科学知识体系，成为《墨经》科学方法的核心及科学精神的支柱。

“法”的一个含义，是“标准”。篇中说：“百工为方以矩。”即各种工匠做方形的东西，都要用矩尺做标准。《经上》第60条说：“方，柱、隅四权也。”即方是四边、四角相等的平面图形。《经说上》解释说：“方，矩写交也。”即方是用矩尺画出的首尾相交的封闭图形。

《经下》166条，发挥《法仪》“法即标准”的思想说。跟一个共同标准相合的东西，都属于一类，这就像与标准的方形相合的东西，都是属于方形一样，论证的事例在于分析方形的相同和不同。

《经说下》举例解释说，所有方形的东西，都是属于一类，它们都合乎方形的法则，而又有所不同，或者是木质的方，或者是石质的方，都不妨害其方形边角的相合。一切同类的事物，都与方形的道理一样，所有事物都是如此。

“法”的一个含义，是“法则、规律”。篇中说，从各种工匠、士人，到将军、宰相，都要遵循法则、规律办事。《经上》第71、72条说：“法，所若而然也。循，所然也。”即法则（规律）是人们遵循着它而能得一确定结果的东西。

《经说上》举例解释说，按照圆的定义，使用圆规或拿一个圆形来模仿，都可以作为画圆的法则。人的行动，之所以能取得预想结果的原因，是由于人们遵循着规律办事。

“法”的本义为标准，引申为法则、规律。“若”，即遵循，依照，符合。《广雅·释言》：“若，顺也。”《释名·释言语》：“顺，循也。”“然”，即结果，特指人遵循一定的法则行动所造成的结果、效果。如：“圆，一中同长也。”“圆，规写交也。”这是关于“圆”的定义，是制圆的法则与规律。

这种解释发挥，精到深刻，是从各种工匠亿万次操作实践中总结出来的理论，至今都是正确规范的自然哲理。无视客观规律，跨越历史阶段，一味盲目蛮干，定要受到惩罚，吃尽苦头。这虽是简单易晓的真理，却常被遗忘忽略。墨子关于“天下从事者”，都要按照规律办事的教导，言之谆谆，情真意切，细读重温，倍感亲切。

【故事阐微】

赵绰依法办事

隋文帝统一全国以后，采取了各种巩固统治的措施，像改革官制兵制，建立科举制度，选用办事能干的官员，严办贪官污吏。经过他的一番整顿改革，政局稳定，社会经济出现了繁荣的景象。

隋文帝还派人修订刑律，废除了一些残酷的刑罚。这本来是件好事，但是隋文帝本人就不完全按照这个刑律办事，往往一时气愤，不顾刑律规定，随便下令杀人。

这种情形，叫大理（管理司法的官署）的官员很为难。大理少卿赵绰觉得维护刑律是他的责任，常常跟隋文帝顶撞起来。

隋文帝曾经下令禁止使用不合标准的钱币。有一次，大兴（隋朝的都城名，今陕西西安市）大街上有人拿次币换好币，被人发现了，捉到衙门里。这件事让隋文帝得知了，隋文帝听说有人竟敢违反他下的禁令，一气之下，就下令把换钱的两个人统统砍头。

赵绰接到命令，赶忙进宫求见隋文帝。他对隋文帝说："这两个人犯了禁令，按刑律只能打板子，不该处死。"

隋文帝不耐烦地说："这是我下的命令，不干你的事。"

赵绰说："陛下不嫌我愚笨，叫我充当大理官员。现在遇到不依刑律杀人的情况，怎么能说跟我没关系呢？"

隋文帝气冲冲地说："你想撼动大树吗？撼不动你就走开吧！"

赵绰说："我只是想劝说陛下改变主意，谈不上想撼动大树。"

隋文帝又说："你想触犯天子的威严吗？"

赵绰不管隋文帝怎样威吓，还是坚持自己的意见。隋文帝怎样骂他赶他，他也不走。隋文帝没法。很不高兴地进内宫去了。

后来，由于别的官员也上奏章谏阻，隋文帝终于取消了杀人的命令。

又有一次，官员辛概被人告发搞不法的迷信活动。隋文帝又命令大理把辛概处死。

赵绰上朝对隋文帝说："辛概没有死罪，我不能接受这个命令。"

隋文帝气得浑身发抖，说："你想救辛概，就没有你自己的命。"说着，喝令左右侍从把赵绰拉下殿去。

赵绰面不改色，说："陛下可以杀我，但是不该杀辛概。"

左右侍从真的把赵绰扭下朝堂，剥了他的官服，摘掉他的官帽，准备处斩。这时候，隋文帝也想到杀赵绰太没道理，就派人跟赵绰说："你还有什么话说？"

赵绰跪在地上，挺直了腰说："臣一心执法，不怕一死。"

隋文帝并不真想杀赵绰，磨蹭了一阵子，气也平了。他想赵绰能忠于执法，毕竟是有利于他的统治的，就把赵绰放了，过了一天，还派人慰问了赵绰。

七患

【题解】

《七患》篇论述治国的七种潜在的危险，即国家在内政外交等七个方面的弊端。文章指出了造成弊端的原因和克服弊端的途径，着重论述重视农业生产，重视粮食储备对于治国安邦的决定性作用。主张在饥荒之年要从上至下尽量节省各种费用，批评统治者的奢侈浪费行为。本篇内容与《节用》篇可互为补充。

【原文】

子墨子曰："国有七患。七患者何？城郭沟池不可守[①]，而治宫室，一患也；边国至境四邻莫救[②]，二患也；先尽民力无用之功，赏赐无能之人，民力尽于无用，财宝虚于待客，三患也；仕者持禄，游者爱佼[③]，君修法讨臣，臣慑而不敢拂[④]，四患也；君自以为圣智而不问事，自以为安强而无守备[⑤]，四邻谋之不知戒[⑥]，五患也；所信者不忠，所忠者不信，六患也；畜种菽粟不足以食之[⑦]，大臣不足以事之，赏赐不能喜，诛罚不能威，七患也。以七患居国，必无社稷；以七患守城，敌至国倾。七患之所当[⑧]，国必有殃。"

凡五谷者，民之所仰也[⑨]，君之所以为养也，故民无仰则君无养，民无食则不可事[⑩]。故食不可不务也，地不可不力也，用不可不节也。五谷尽收，则五味尽御于主[⑪]，不尽收则不尽御。一谷不收谓之馑[⑫]，二谷不收谓之旱，三谷不收谓之凶，四谷不收谓之馈[⑬]，五谷不收谓之饥。岁馑，则仕者大夫以下皆损禄五分之一。旱，则损五分之二。凶，则损五分之三。馈，则损五分之四。饥，则

尽无禄禀食而已矣[14]。故凶饥存乎国，人君彻鼎食五分之五[15]，大夫彻县[16]，士不入学，君朝之衣不革制[17]，诸侯之客，四邻之使，雍食而不盛[18]，彻骖騑[19]，涂不芸[20]，马不食粟，婢妾不衣帛，此告不足之至也。

【注释】

①沟池：护城河。

②边："敌"字之误。

③佼：通"交"，交结，交游。

④拂：直谏君过。

⑤安强：安定、强大。

⑥谋：图谋，预谋。戒：警戒。

⑦畜：同"蓄"。菽粟：泛指粮食。

⑧当：存在。

⑨仰：依赖。

⑩事：使唤。

⑪御：进也。

⑫馑：歉收。

⑬馈：通"匮"，缺乏。

⑭尽无禄禀食：没有薪俸，只供饭吃。

⑮彻：撤掉。五分之五：疑作"五分之三"。

⑯县：通"悬"，此指钟磬等悬挂的乐器。

⑰革制：重新做。

⑱雍：当作"饔"，指早餐和晚餐。

⑲骖騑：古代驾车中的两旁两匹马。

⑳涂：通"途"。涂不芸：道路不加整修。

【译文】

墨子说："国家有七种祸患。这七种祸患是什么呢？内外城郭和护城河都不能守御而去大修宫室，这是第一种祸患；敌兵压境，四面邻国都不愿来救援，这是第二种祸患；把民力耗尽在无用的事情上，赏赐没有才能的人，（结果）民力因做无用的事情而耗尽，财宝因款待宾客而用空，这是第三种祸患；做官的人只求保住俸禄，游学未仕的人只顾结交党类，国君修订法律以诛戮臣下，臣下畏惧而不敢违拂君命，这是第四种祸患；国君自以为神圣聪明而不过问国事，自以为安稳强盛而不作防御准备，四面邻国在图谋攻打他而尚不知戒备，这是第五种祸患；所信任的人不忠实，而忠实的人不被信任，这是第六种祸患；家畜和粮食不够吃，大臣不足以信任，赏赐不能使人欢喜，责罚不能使人畏惧，这是第七种祸患。治国若存在这七种祸患，必定亡国；守城若存在这七种祸患，国都必定倾毁。七种祸患存在于哪个国家，哪个国家必有祸殃。”

五谷是人民所仰赖以生存的东西，也是国君用以养活自己和民众的食粮。所以如果人民失去仰赖，国君也就没有供养；人民一旦没有吃的，就不能被役使了。所以粮食不能不加紧生产，田地不能不尽力耕作，财用不可不节约使用。五谷全部丰收，国君就可尝尽五味。若不全都丰收，国君就不能尽其享受。一谷无收叫作馑，二谷无收叫作旱，三谷不收叫作凶，四谷不收叫作馈，五谷不收叫作饥。遇到馑年，做官的自大夫以下都减去俸禄的五分之一；旱年，减去俸禄的五分之二；凶年，减去俸禄的五分之三；馈年，减去俸禄的五分之四；饥年，免去全部俸禄，只供给饭吃。所以一个国家遇到凶饥，国君撤掉鼎食的五分之三，大夫撤去悬挂的乐器，不听音乐，读书人不上学而去种地，国君的朝服不制新的，诸侯的客人、邻国的使者，来时饮食都不丰盛，驷马撤掉左右两匹，道路得不到修整，马不吃粮食，婢妾不穿丝绸，这些都表明国家的财务已经困乏到了极点。

【原文】

“今有负其子而汲者，队其子于井中[①]，其母必从而道之[②]。今岁凶，民饥道饿[③]，重其子此疚于队[④]，其可无察邪[⑤]？故时年岁善，则民仁且良；时年岁凶，则民吝且恶。夫民何常此之有！为者疾[⑥]，食者众，则岁无丰。故曰：财不足，则反之时[⑦]，食不足，则反之用。故先民以时生财，固本而用财，则财足。故虽上世之圣王。岂能使五谷常收而旱水不至哉！然而无冻饿之民者，何也？其力时急而自养俭也[⑧]。故《夏书》曰：‘禹七年水。’《殷书》曰：‘汤五年旱。’此其离凶饿甚矣[⑨]。‘然而民不冻饿者，何也？其生财密，其用之节也。”

“故仓无备粟，不可以待凶饥；库无备兵，虽有义不能征无义；城郭不备全，不可以自守；心无备虑，不可以应卒[⑩]，是若庆忌无去之心[⑪]，不能轻出。夫桀无待汤之备，故放[⑫]；纣无待武之备，故杀。桀、纣贵为天子，富有天下，然而皆灭亡于百里之君者，何也？有富贵而不为备也。故备者，国之重也。食者，国之宝也；兵者，国之爪也；城者，所以自守也；此三者国之具也。故曰以其极赏，以赐无功；虚其府库，以备车马衣裘奇怪[⑬]；苦其役徒，以治宫室观乐；死又厚为棺椁[⑭]，多为衣裘。生时治台榭，死又修坟墓——故民苦于外，府库单于内[⑮]，上不厌其乐[⑯]，下不堪其苦。故国离寇敌则伤，民见凶饥则亡，此皆备不具之罪也。且夫食者，圣人之所宝也。故《周书》曰：‘国无三年之食者。国非其国也；家无三年之食者，子非其子也。’此之谓国备。”

【注释】

①队：通“坠”。

②道：通“导”，牵引。

③道饿：道路边有饿死的人。

④此句应为“此疚重于队其子”。疚：痛苦。

⑤其：难道。

⑥疾：当为“寡”，少。

⑦反：反省。

⑧力时急：按农时抓紧生产。

⑨离：通“罹”，遭受。

⑩卒：通“猝”，突发事件。

⑪庆忌：吴王僚的儿子。阖间篡位，庆忌奔卫。要离帮助阖闾杀死庆忌。

⑫放：放逐。

⑬奇怪：奇珍异品。

⑭椁：外棺。

⑮单：通“殚”，耗尽，竭尽。

⑯厌：通“餍”，满足。

【译文】

“现在有一人背着孩子到井边汲水，如果孩子掉到井里，那么这位母亲必定设法把孩子从井中救出。现在遇到饥年，路上有饿死的人，这种惨痛比孩子掉入井中更为严重，难道可以不细查吗？年成好的时候，老百姓就仁慈驯良；年成遇到凶灾，老百姓就吝啬凶恶；百姓哪有固定不变的性情呢！生产的人少，吃饭的人多，就不可能有丰年。所以说：财用不足就注重农时，粮食不足就注意节约。因此，古代贤人按农时生产财富，搞好农业基础，节省开支，财用自然就充足。所以，即使前世的圣王，岂能使五谷永远丰收，水旱之灾不至呢！但（他们那时）却从无受冻挨饿之民，这是为何呢？这时因为他们努力按农时耕种而自奉俭朴。《夏书》说：‘禹时有七年水灾。’《殷书》说：‘汤时有五年旱灾。’那时遭受的凶荒够大的了，然而老百姓却没有受冻挨饿，这是何故呢？因为他们生产的财用多，而使用很节俭。”

“所以，粮仓中没有预备粮，就不能防备闪年饥荒；兵库中没有武器，即使自己有义也不能去讨伐无义；内外城池若不完备，不可以自行防守；心中没有戒备之心，就不能应付突然的变故。这就好像庆忌没有离开卫国之意，就不可轻易将其杀死。桀没有防御汤的准备，因此被汤放逐；纣没有防御周武王的准备，因此被杀。桀和纣虽贵为天子，富有天下，然而都被方圆百里的小国之君所灭，这是为何呢？是因为他们虽然富贵，却不做好防备。所以防备是国家最重要的事情。粮食是国家的宝物，兵器是国家爪牙，城郭是用来自我守卫的。这三者是维持国家的工具。所以说拿最高的奖赏赐给无功之人；耗尽国库中的贮藏，用以置备车马、衣裘和稀奇古怪之物；使役卒和奴隶受尽苦难，去建造宫室和观赏游乐之所；死后又做厚重的棺椁，制很多陪葬衣裘。活着时修造台榭，死后又修造坟墓——因此，老百姓在外受苦，内边的国库耗尽，上面的君主不满足其享受，下面的民众不堪忍受其苦难。所以国家一遇敌寇就受损伤，人民一遭凶饥就死亡，这都是平时不做好防备的罪过。再说粮食也是圣人所宝贵的。《周书》说：'一个国家若不预备三年的粮食，国家就不可能成其为这一君主的国家了；一个家庭若不预备三年的粮食，儿子就不能做这一家的儿子了。'粮食的储备，就叫作国家的根本贮备。"

【评析】

篇名"七患"，顾名思义，是讨论国家面临的七种祸患。墨子在此篇中提出治理国家七种祸患的积极方针，用现在的话说，就是发展生产、厉行节约、备战备荒。同时，墨子也严词批判了统治者的骄奢淫逸与肆意浪费。

就发展生产来说，《七患》强调，五谷是人民赖以生存的物资。努力生产粮食，尽力利用土地。财富不够，就回到注重农时上来，寻求弥补的办法。依照农时规律，生产财物，巩固农业这个根本，合理用财，则财物丰足。

就厉行节约来说，《七患》强调，一定要注意节约。粮食不够用，就回到节用上来，从降低消费方面寻求弥补的办法。

就备战备荒来说，《七患》强调，仓库没有储备的粮食，就不能应付凶年饥荒。武器库里没有储备的兵器，正义之师就不能征伐不义之国。思想没有周密的考虑，就不可能应付突发的事变。防备是国家的重要大事，粮食是国家的宝贝，武装是保卫国家的利器。这都是治国的重要方面。反之，国家遭遇敌寇则伤，人民遭遇灾荒则亡，这都是不考虑备战备荒的过失。

《七患》严词批判统治者的骄奢淫逸，肆意浪费。批判统治者用尽府库钱财，添置车马衣裘、奇珍异宝，还役使百姓劳苦不休，修建宫殿楼阁供观赏娱乐。国君死，做厚实棺椁，用很多衣裘陪葬。活着造台榭，死后修坟墓。使人民受苦，府库空虚。君主寻欢作乐，人民痛苦不堪。统治者的昏庸侈靡，给人民带来无穷的灾难。

《七患》的语言运用，脍炙人口，颇为精彩。如："生时治台榭，死又修坟墓"（生时盖豪华宫殿，死后修奢侈陵墓），"上不厌其乐，下不堪其苦"（当官的享乐不尽，为民的痛苦不堪），"国罹寇敌则伤，民见凶饥则亡"（国家遭侵略会破败；人民遇灾荒就逃亡），其中用词：生死，上下，苦乐，国民，伤亡等，相反对称，比照鲜明，言简意赅，铿锵有力，极富感染力和说服力，读来琅琅上口。

曹耀湘《墨子笺·七患》评论说："此篇言强本节用之道，教治国者以勤俭也。"强本，就是加强农业生产。节用，就是节约开支用项。勤于劳作，俭省消费，是中华民族自古以来的传统美德，传播最久，普及最广。

司马迁《史记·太史公自序》引其父司马谈《论六家之要指》评论说："墨者俭而难遵，是以其事不可遍循。然其强本节用，不可废也。"司马迁发挥说："要曰强本节用，则人给家足之道也。此墨子之所长，虽百家弗能废也。"

墨家提倡节俭，主张发展生产，厉行节约。所谓前事不忘，后事之师，墨子论述治理国家七种祸患的方略，在今天仍具有积极的现实意义，值得借鉴。

【故事阐微】

用人不疑

"任人之道，要在不疑。宁可艰于择人，不可轻任而不信。"任何时候，人才都是胜利的决定性因素。选准了，就要信任他，放手使用他。不疑的前提是知人。多疑的人便会轻信人言而疑忌他人，常常产生误会，从而与他人离心离德，贻误大局，而开明的君主用人不疑，使谋臣忠于内，将帅战于外，都能尽心竭力，报效朝廷。

东汉末年，天下大乱，诸葛亮于隆中躬耕陇亩，后经刘备"三顾茅庐"出山为其所用；其兄诸葛瑾，避乱江东，经孙权妹婿弘咨荐于孙权，受到礼遇。初为长史，后为南郡太守，再后为大将军，领豫州牧。

诸葛瑾受到重用，引起了一些人的嫉妒，背后中伤他明保孙吴，暗通刘备，实际上是被他弟弟诸葛亮所用的。一时间谣言四起，满城风雨。孙吴名将陆逊善明是非，他听说后非常震惊，当即上表保奏，声明诸葛瑾心胸坦荡，忠心事吴，根本没有不忠之事，恳请孙权不要听信谗言，应该消除对他的疑虑。

孙权说道："子瑜与我共事多年，恩如骨肉，彼此也了解得十分透彻。对于他的为人，我是知道的，不合道义的事不做，不合道义的话不说。刘备从前派诸葛亮来东吴的时候，我曾对子瑜说过：'你与孔明是亲兄弟，而且弟弟应随兄长，在道理上也是顺理成章的，你为什么不把他留下来，他不敢违背兄意，我也会写信劝说刘备，刘备也不会不答应。'当时子瑜回答我说：'我的弟弟诸葛亮已投靠刘备，应该效忠刘备；我在你手下做事，应该效忠于你。这种归属决定了君臣之分，从道义上说，都不能三心二意。我兄弟不会留在东吴，如同我不会到蜀汉去是一个道理。'这些话，足以显示出他的高贵品格，哪能出现那种流传的事呢？子瑜是不会负我的，我也不会负子瑜。前不久，我曾看到那些文辞虚妄的奏章，当场便封起来派人交给子瑜，我并写了一封亲笔信给子瑜，很快就得到了他的回信。他的信中论述了天下君臣大节自有一定名分的道理，使我很受感动。可以说，我和子瑜已经是情投意合，而又是相知有素的朋友，绝不是外面那些流言蜚语所能挑拨得了的。我知道你和他是好朋友，也是对我一片真情实意。这样，我就把你的奏表封好，像过去一样，也交给子瑜去看，也好让他知道你的一片良苦用心。"

辞过[①]

【题解】

本文分别论述，古代圣王在修建宫室、缝制衣服、烹调饮食、制造舟车、蓄养姬妾几方面都有节制，讲究实用，不求美观，不尚虚荣，不败坏道德。同时对比并谴责当时某些统治者在这些方面的相反做法。他们横征暴敛，奢侈淫逸，以致影响到国计民生，最后导致亡国。本篇内容与《节用》篇可互为补充。

【原文】

子墨子曰："古之民，未知为宫室时，就陵阜而居，穴而处，下润湿伤民，故圣王作为宫室。为宫室之法，曰：室高足以辟[2]润湿，边足以圉[3]风寒，上足以待雪霜雨露，宫墙之高，足以别男女之礼。谨此则止，凡费财劳力，不加利者，不为也。役[4]，修其城郭，则民劳而不伤，以其常正[5]，收其租税，则民费而不病。民所苦者非此也，苦于厚作敛于百姓。是故圣王作为宫室，便于生，不以为观乐也；作为衣服带履便于身，不以为辟怪也。故节于身，诲于民，是以天下之民可得而治，财用可得而足。"

【注释】

①辞过：意思是改正错误。

②辟：通"避"，躲避。

③圉：抵抗，遮挡。

④役：指徭役。

⑤常正：正常的征战。

【译文】

墨子说："古时的人民还没有懂得修建房子的时候，都是靠近山陵和山洞居住的，因为非常潮湿，因此人民受到损害，于是圣王们就修建宫室。建房的准则是：房子要高得足以避开潮湿，四面可以抵挡风雨的侵袭，上面足以遮挡雨雪。墙壁的高度要足以分隔男女之别。这样就可以了，凡是耗费财力而又没有用处的事情，都不要去做。正常的徭役，例如修葺城池等，那么人民虽然劳累但却不会损伤，按照正常的情况去征税，人民虽然要交钱，但却不致困乏。人民所害怕的并不是这些，而是害怕横征暴敛。因此，圣王修建宫室，只是用来方便生活起居，不是用来享乐的；制作衣服是用来遮掩身体的，而不去穿一些奇装异服。因此，他们自己很节约，并用自身来感化人民，因此能够治理天下的百姓，而财物也非常充足。”

【原文】

当今之主，其为宫室，则与此异矣。必厚作敛于百姓，暴夺民衣食之财，以为宫室，台榭曲直之望，青黄刻镂之饰。为宫室若此，故左右皆法象之，是以其财不足以待凶饥、振孤寡，故国贫而民难治也。君实欲天下之治，而恶其乱也，当为宫室，不可不节。

【译文】

如今的君主们，修建宫室的时候，则是与古代圣王不同。他们必然要对百姓横征暴敛，夺取人民的衣食财物，用来修建宫室，并且要建得楼台重叠、雕梁画栋。如果像这样修建宫室的话，那么左右的人就必然仿效，因此财物就不足以应付灾荒和赈济灾民了，那么国家就会贫穷，人民就会难于治理。君主若想天下安定，而不想混乱的话，那么在修建宫室的时候，就不能不节约。

【原文】

古之民，未知为衣服时，衣皮带茭[①]，冬则不轻而温，夏则不轻而清[②]。圣王以为不中人之情，故作诲妇人，治丝麻，棞[③]布绢，以为民衣。为衣服之法，冬则练帛之中，足以为轻且暖，夏则絺绤[④]之中，足以为轻且清，谨此则止。故圣人之为衣服，适身体，和肌肤，而足矣。非荣[⑤]耳目而观愚民也。当是之时，坚车良马不知贵也，刻镂文采[⑥]，不知喜也。何则？其所道之然。故民衣食之财，家足以待旱水凶饥者，何也？得其所以自养之情，而不感于外也。是以其民俭而易治，其君用财节而易赡也。府库实满，足以待不然，兵革不顿，士民不劳，足以征不服。故霸王之业，可行于天下矣。

【注释】

①茭：绳子。

②清：凉快，清凉。

③梱：用手编织。

④絺绤：用葛布制作而成的衣物。

⑤荣：展示的意思。

⑥文采：指花纹图案。

【译文】

古代的人民不知道怎样做衣服，他们只会穿着兽皮，冬天既不轻便又不温暖，而夏天既不轻便又不凉爽。圣王认为这是不符合人之常情的，因此教导妇女种植桑麻，学习织布，用来制作衣服。制作衣服的法则是，冬天就穿着帛衣，因为这足以保温又轻便，夏天则穿着葛布，因为那足够轻便而凉爽，仅此而已。因此圣人所做的衣服，只是需要合适且舒适就足够了。这并不是用来愚弄人民的。那时候，人民并不知道坚固的马车和好马，飞扬的文采也没有人喜欢。为什么呢？这是因为君主诱导的原因。因此人民的衣物和粮食，都足以抵御饥荒的年份，为什么呢？这是因为他们明白供养自己的道理，而不受到外物的诱惑。所以他们的人民既节俭而又容易管理，他们的君主用财节约而又容易供养。国库充实，足以应付突发的情况，军备不坏，士兵和人民不疲惫。足以去征讨不顺从的人。因此可成就千秋功业。

【原文】

当今之主，其为衣服，则与此异矣，冬则轻煗，夏则轻清[①]，皆已具矣，必厚作敛于百姓，暴夺民衣食之财，以为锦绣文采靡曼之衣，铸金以为钩，珠玉以为珮[②]，女工作文采，男工作刻镂，以为身服，此非云益煗之情也。单[③]财劳力，毕归之于无用也，以此观之，其为衣服非为身体，皆为观好，是以其民淫僻而难治，其君奢侈而难谏也。夫以奢侈之君，御好淫僻之民，欲国无乱，不可得也。君实欲天下之治而恶其乱，当为衣服不可不节。

【注释】

①轻清：轻便而又凉爽。

②珮：指用玉做的佩环。

③单：通“殚”，竭尽。

【译文】

如今的君主，做衣服的时候，则与此不同，冬天又轻便又暖和，夏天又轻便又凉快，两者都有了，但是他们却必定要残酷地压榨百姓，夺取他们的衣食财物，用来做成自己华丽的衣服。用珍贵的黄金作为挂钩，用美丽的宝玉作为佩环，女工制作花饰，男工制作雕刻，用来做衣服，这已经不单只是为了穿衣保暖了。耗费大量的人力物力，用来进行一些无用的工作，这样看来，是为了衣服本身而不是为了自己的身体，是为了好看，因此，他们的臣民就非常的荒淫和难于治理，他们的君主就非常的奢侈和难于进谏。所以凭这些奢侈的君主，来统治荒淫的民众，想要国家不发生动乱，那是不可能的。做君主的如果希望天下太平而不希望见到混乱，做衣服的时候就应当节约。

【原文】

古之民未知为饮食时，素食而分处，故圣人作，诲男耕稼树艺，以为民食。其为食也，足以增气充虚，强体养腹而已矣。故其用财节，其自养俭，民富国治。今则不然，厚作敛于百姓，以为美食刍豢[①]，蒸炙鱼鳖。大国累[②]百器，小国累十器，前方丈，目不能遍视，手不能遍操，口不能遍味，冬则冻冰，夏则饰饐[③]，人君为饮食如此，故左右象之，是以富贵者奢侈，孤寡者冻馁，虽欲无乱，不可得也。君实欲天下治而恶其乱，当为食饮不可不节。

【注释】

①刍豢：指吃草的牲畜。

②累：重叠，堆积。

③饰饐：变质，腐烂。

【译文】

古代的人民还没有懂得煮食的时候，只是吃素食并且分散居住，因此，圣人们就进行耕作，并教导男人们如何从事耕种之业，用来作为食物。用这些来作为食物，只是用来增强体质、强壮体魄和充饥而已。所以只是花费很少的财物，加上又很节约，因此国家太平，人民富裕。现在则不同，君主对百姓残酷地压榨，享受各种美食，又是蒸肉又是炖鳖，大国之君有一百多个菜式，小国之君也有十多个菜式，都摆在面前方圆一丈以内的地方。眼睛不能一次看完，用手也不能每样都夹到，口也当然不能每样都尝遍，所以冬天就弄得菜肴冰冷，夏天就完全变味了，连一国之君的饮食都是这样，因此，身边的人也跟着仿效，所以有钱的人就奢侈，孤寡的人就受到冻饿，即使不希望发生动乱，那也是不可能的。所以如果君主希望天下太平而不想动乱的话，在饮食方面就不能不节约。

【原文】

古之民未知为舟车时，重任不移，远道不至，故圣王作为舟车，以便民之事。其为舟车也，全固[①]轻利，可以任重致远，其为用财少，而为利多，是以民乐而利之。故法令不急而行，民不劳而上足用，故民归之。当今之主，其为舟车，与此异矣，全固轻利皆已具，必厚作敛于百姓，以饰舟车，饰车以文采，饰舟以刻镂。女子废其纺织而修文采，故民寒；男子离其耕稼而修[②]刻镂，故民饥。人君为舟车若此，故左右象之，是以其民饥寒并至，故为奸邪。奸邪多则刑罚深，刑罚深则国乱。君实欲天下治而恶其乱，当为舟车不可不节。

【注释】

①全固：完整而又坚固。

②修：从事某项工作。

【译文】

古代的人民不懂得制作船和车的时候，不能移动很重的东西，不能去很远的地方，因此，圣王制作了船和车，用来方便人民。制作车船的原则，是要坚固和轻便，能够负载重物和到达远方，应该是少用钱而利益大，因此人民都很乐意使用。所以法令的推行不要过急，要做到人民不劳苦而君主又可以有足够的财物，因此人民才会归附他。如今的君主，在制作车船的时候，则与这完全不同，坚固和轻便的特点都有了，但是他们却仍然要压榨百姓的财物，用来装饰自己的车船，用花饰来装点车子，用雕刻来装点航船。女人们因为要做花饰而荒废了纺织，因此人民非常寒冷；男人们因为要做雕刻而离开了耕地，因此人民非常饥饿。作为君主如果这样建造车船，那么身边的人就必然会仿效，因此人民就饥寒交迫，变得阴险邪恶。阴险邪恶的人多了就导致刑法严酷，刑法严酷就会导致国家动乱。因此君主如果希望天下太平而不想动乱，建造车船的时候就应该节约。

【原文】

凡回于天地之间，包于四海之内，天壤之情，阴阳之和，莫不有也，虽至圣不能更也。何以知其然？圣人有传：天地也，则曰上下；四时也，则曰阴阳；人情也，则曰男女；禽兽也，则曰牡牝[①]雌也。真天壤之情，虽有先王不能更也。虽上世至圣，必蓄私[②]，不以伤行，故民无怨。宫无拘[③]女，故天下无寡[④]夫。内无拘女，外无寡夫，故天下之民众。当今之君，其蓄私也，大国拘女累千，小国累百，是以天下之男多寡无妻，女多拘无夫，男女失时，故民少。君实欲民之众而恶其寡，当蓄私不可不节。

【注释】

①牡牝：即雌雄两性。

②蓄私：私，指奴婢。蓄私，就是指蓄养自己的奴婢。

③拘：拘禁。

④寡：成年男子无妻叫作寡。

【译文】

凡是迂回在天地之间的，包含在四海之内的，天地之情，阴阳之和，没有一样不具备，即使是圣人也不能够改变。怎么知道会是这样的呢？圣人说过：所谓天地就叫作上下；所谓四时就叫作阴阳；而所谓人类就分为男女；禽兽就叫作牡牝雄雌。真正的天地之情，即使是圣王也不能够改变。即使是上代的贤君，他们也是有自己的奴婢，但是他们没有因此伤害自己的品行，所以人民并没有抱怨。在宫廷里没有被拘禁的妇女，因此天下就没有鳏夫。家里没有拘禁的妇女，因此外面就没有鳏夫，所以天下的百姓就十分兴旺。如今的君主，他们所拘禁的奴婢，大国的君主则有上千个，小国的君主也有一百多人，因此天下的百姓男的多是孤独无妻，女的多被拘禁而没有丈夫，男女婚姻失时，因此人口稀少。所以如果君主希望人口众多而不希望稀少的话，那么在蓄养奴婢方面就不能不节制。

【原文】

凡此五者，圣人之所俭节也，小人之所淫佚也。俭节则昌，淫佚则亡，此五者不可不节。夫妇节而天地和，风雨节而五谷熟，衣服节而肌肤和。

【译文】

对于以上这五个方面，圣人们都是非常的节俭的，而小人们却是非常的荒

淫的。节俭就能够昌盛，而荒淫则会导致灭亡，因此在这五个方面不可不节制。男女之事节制，那么天地就会和谐，风调雨顺就会五谷丰登，衣服节制就会身心康泰。

【评析】

《辞过》的宗旨，是继承夏禹的勤俭节约之道，发扬中华民族的传统美德。“辞过”二字的意思，就是避免和消除过度。篇末指出：圣人注意节俭，小人淫逸放荡。节俭能昌盛，淫逸会灭亡。夫妻节制，阴阳和顺。风雨节制，五谷丰登。穿衣调节，身体舒适。

从穿衣来说，必要消费的特征是，只要身体舒适，肌肤暖和就满足了，不是为了好看而在人前炫耀。过度消费的特征是，缝制衣服，冬天穿得轻软暖和，夏天穿得轻薄凉爽，对百姓横征暴敛，强夺人民用作衣食的钱财制作绣满文采的华丽衣服，用金铸成钩子，用珠玉做成佩饰，妇女精工绣制花纹，男人精工雕刻图案，劳民伤财。缝制衣服，是为外观华丽，这样奢侈浪费，国家必然混乱难治。要想天下太平，缝制衣服就要节俭。

从吃饭来说，必要消费的特征是，食物是用来补元气、增体力、强壮身体的。过度消费的特征是，对百姓横征暴敛，蒸烤牛羊鱼鳖，做成美味佳肴。国君饭桌，菜盘有几十个甚至上百个，摆满面前丈余地方。眼睛不能全看到，筷子不能全夹到，口不能全尝到。冬天会结冰，夏天会坏掉。富贵的人，穷奢极欲。孤寡的人，受冻挨饿。虽想天下不乱，也不可能。真想天下太平，不希望天下混乱，饮食就要节俭。

从居住方面来说，必要消费的特征是，地基高，足以避潮湿。四面墙，足以挡风寒。屋顶足以承受雪霜雨露，墙壁足以符合男女有别的礼节，就可以了。过度消费的特征是，对百姓横征暴敛，强夺百姓赖以维持温饱的钱财，修建宫室亭台楼阁，讲究曲折回转的观赏性，用各种色彩和雕刻装饰。国家贫困，人民难治。真想天下太平，不希望天下混乱，建房就要节俭。

从交通方面来说，必要消费的特征是，制造车船，方便运输。花费少，得利多，人民喜欢。过度消费的特征是，对百姓横征暴敛，用华丽的花纹修饰车子，用雕刻的图案装饰船只，妇女放弃纺纱织布而去描花纹，结果是人民挨冻。男人脱离耕作而去从事雕刻，结果是人民挨饿。人民饥寒交迫，则奸邪多，刑罚重，国家乱。真想天下太平，不希望天下混乱，造车船就要节俭。

衣食住行，这是必要消费，是基于人情和人性的需要。所有运动在天地间包容于四海内的事物，阴阳调和，自然而生，即使是圣人也不能改变。天地有上下，四季有阴阳，人性有男女，禽兽有雌雄。这是天地实情，即使是先王也不能改变。这种天经地义的人情事理，是不以人的意志为转移的客观规律。勤俭节约，是符合天理人情的传统美德。

衣食住行等消费，应该适当节制，注意分寸，不能过度。这是辩证法“适度”的观念。墨子批判的矛头，直指“当今之主”，他们对百姓横征暴敛，“暴夺民衣食之财”，导致“国贫民难治”，充分体现出墨学的批判性和浓厚的人民性。

明李贽《墨子批选》评论《辞过》说：“此正生财之要，节用爱人之大道。简而易操，约而易成者，恨未有以告之。”即勤俭节约，是生财爱人的重要原则，简约明白，易于操作，易见成效，亟待宣扬，要促成社会共识，落实行动。

李贽评论《辞过》的思想说：“此与禹俭奚殊？”即墨子的思想，跟夏禹的勤俭节约，没有区别。《尚书·大禹谟》载，虞舜赞扬大禹治水“克勤于邦，克俭于家”，被传为千古佳话。“克勤克俭”的成语，尽人皆知。

勤俭治国，勤俭持家，是中华民族的传统美德。清末儒者曹耀湘《墨子笺》评论《辞过》篇，专讲节用的道理，有衣食住行和男女五个重要节目，其批评矛头，直指国君的奢侈浪费，而要求士大夫谨慎遵守。

篇名“辞过”，意指节制，宗旨是约束统治者的过分侈靡。墨子教人勤俭。自己勤劳，不侵占别人利益，还能急人之所急，帮助别人。自己俭省，不损害别人，还能合理使用自然资源。这是传承夏禹的风范，是修养自身，治理人民，与自然和谐相处的根本道理。

前贤评论，颇中肯綮，富有启迪。墨子“俭节则昌，淫逸则亡”的教诲，对当代社会的科学发展，极具现实的警戒意义。改进国计民生，推动社会发展，亟须弘扬墨子勤俭节约之道，提倡中华民族传统美德。

【故事阐微】

石崇王恺比富

晋武帝统一全国后，志满意得，完全沉湎在荒淫生活里。在他带头提倡下，朝廷里的大臣把摆阔气当作体面的事。在京都洛阳，当时有三个出名的大富豪：一个是掌管禁卫军的中护军羊琇，一个是晋武帝的舅父、后将军王恺，还有一个是散骑常侍石崇。

羊琇、王恺都是外戚，他们的权势比石崇来得大，但是在豪富方面却比不上石崇。石崇的钱到底有多少，谁也说不清。这许多钱是哪儿来的呢？原来石崇当过几年荆州刺史，在这期间，他除了加紧搜刮民脂民膏之外，还干过肮脏的抢劫勾当。有些外国的使臣或商人经过荆州地面，石崇就派部下敲诈勒索，甚至像江洋大盗一样，公开杀人劫货。这样，他就掠夺了无数的钱财、珠宝，成了当时最大的富豪。

石崇到了洛阳，一听说王恺的豪富很出名，有心跟他比一比。他听说王恺家里洗锅子用饴糖水，就命令他家厨房用蜡烛当柴火烧。这件事一传开，人家都说石崇家比王恺家阔气。

王恺为了炫耀自己富，又在他家门前的大路两旁，夹道四十里，用紫丝编成屏障。谁要上王恺家，都要经过这四十里紫丝屏障。这个奢华的装饰，把洛阳城轰动了。

石崇成心压倒王恺。他用比紫丝贵重的彩缎，铺设了五十里屏障，比王恺的屏障更长，更豪华。王恺又输了一着。但是他还不甘心罢休，向他的外甥晋武帝请求帮忙。晋武帝觉得这样的比赛挺有趣，就把宫里收藏的一株两尺多高的珊瑚树赐给王恺，好让王恺在众人面前夸耀一番。

有了皇帝帮忙，王恺比阔气的劲头更大了。他特地请石崇和一批官员上他家吃饭。宴席上，王恺得意地对大家说："我家有一件罕见的珊瑚，请大家观赏一番怎么样？"

大家当然都想看一看。王恺命令侍女把珊瑚树捧了出来。那株珊瑚有两尺高，长得枝条匀称，色泽粉红鲜艳。大家看了赞不绝口，都说真是一件罕见的宝贝。只有石崇在一边冷笑。他看到案头正好有一支铁如意（一种器物），顺手抓起，朝着大珊瑚树正中，轻轻一砸。"克朗"一声，一株珊瑚被砸得粉碎。

周围的官员们都大惊失色。主人王恺更是满脸通红，气急败坏地责问石崇："你……你这是干什么！"石崇嬉皮笑脸地说："您不要生气，我还您就是了。"王恺又是痛心，又是生气，连声说："好，好，你还我来。"石崇立刻叫他随从的人回家去，把他家的珊瑚树统统搬来让王恺挑选。不一会，一群随从回来，搬来了几十株珊瑚树。这些珊瑚中，三四尺高的就有六七株，大的竟比王恺的高出一倍。株株条干挺秀，光彩夺目。至于像王恺家那样的珊瑚，那就更多了。周围的人都看呆了。王恺这才知道石崇家的财富，比他不知多出多少倍，也只好认输。

这场比阔气的闹剧就这样结束了。石崇的豪富就在洛阳出了名。当时有一个大臣傅咸，上了一道奏章给晋武帝。他说，这种严重的奢侈浪费，比天灾还要严重。现在这样比阔气，比奢侈，不但不被责罚，反而被认为是荣耀的事。这样下去怎么了得。晋武帝看了奏章，根本不理睬。他跟石崇、王恺一样，一面加紧搜刮，一面穷奢极侈。西晋王朝一开始就这样腐败，最后终于导致了祸乱的发生。

三辩

【题解】

墨子对音乐持否定态度，认为音乐对治理天下无益。他从历史传说出发，认为音乐虽发展了，天下却未见治理得更好。这是不符合历史实际的。这种态度，同他的“节用”思想基本是一致的，在一定程度上反映了墨子作为小手工业者的代表人物，对文化娱乐的社会功能存有偏见，这是他思想的狭隘性。本篇内容是《非乐》篇的补充。题为“三辩”，应有三番辩论；而今本仅二问二答，疑非全璧。

【原文】

程繁问于子墨子曰①：“夫子曰：圣王不为乐。昔诸侯倦于听治，息于钟鼓之乐；士大夫倦于听治，息于竽瑟之乐；农夫春耕夏耘，秋敛冬藏，息于聆缶之乐②。今夫子曰：圣王不为乐。此譬之犹马驾而不税③，弓张而不弛，无乃非有血气者之所不能至邪④？”

【注释】

①程繁：《公孟》篇作程子，兼治儒墨之学者。

②聆缶：都是瓦盆之类的东西，秦地人将其作为打击乐器。聆，当为“瓴”。

③税：释放、解脱的意思。

④不能：当衍一“不”字。

【译文】

程繁问墨子说：“先生您曾说，圣王是不设置音乐的。但以前的诸侯若处理政事疲倦了，就演奏钟鼓之乐来休息；士大夫处理政事疲倦了，就演奏竽瑟之乐来休息；农民春天耕种，夏天除草，秋天收获，冬天贮藏，也要敲击着瓦盆来休息。现在您却说：圣王不设置音乐。这就像把马驾上车后却一直不卸套，把弓拉紧了却一直没放松，这恐怕不是血肉之躯的人能做到的吧？”

【原文】

子墨子曰：“昔者尧舜有第期者[①]，且以为礼，且以为乐。汤放桀于大水，环天下自立以为王[②]，事成功立，无大后患[③]，因先王之乐，又自作乐，命曰护[④]，又修九招[⑤]。武王胜殷杀纣，环天下自立以为王，事成功立，无大后患，因先王之乐，又自作乐，命曰象[⑥]。周成王因先王之乐，又自作乐，命曰驺虞[⑦]。周成王之治天下也，不若武王；武王之治天下也，不若成汤；成汤之治天下也，不若尧舜。故其乐逾繁者，其治逾寡。自此观之，乐非所以治天下也。”

【注释】

①第期：毕沅因此二字不可解，遂据《太平御览》改为“茅茨”。俞樾以“茅茨”二字不通，认为“第期”或乐名，当存以阙疑。孙诒让则以其若为乐名则与下句“且以为礼”不合，仍从毕校。刘昶又以此二字当为人名，文义始通，惜此人于史无征耳。

②环：即“营”。

③大：当为“夫”。

④护：商汤命令伊尹制作的音乐。

⑤九招：即九韶，古代乐曲，相传是舜制作的。

⑥象：周武王伐商时制作的乐曲。

⑦驺虞：古代乐曲，《诗经》中有《驺虞》一篇，即周成王时的诗篇。

武王伐纣

【译文】

墨子说：“从前尧、舜有第期这个人来草创礼仪，聊以制乐。商汤把夏桀流放到大水，经营天下自立为王，功成名就之后，没有什么后患了，就继承先王的音乐，又自己创作音乐，命名叫《护》，又修订了古乐《九韶》。周武王战胜

了殷商，杀死商纣王，经营天下自立为王，功成名就之后，没有什么后患了，就继承先王的音乐，又自己创作音乐，命名叫《象》。周王也继承了先王的音乐，又自己创作音乐，命名叫《驺虞》。周成王治理天下不如周武王；周武王治理天下不如商汤；商汤治理天下不如尧、舜。所以，音乐越繁复，治国的成绩却越少。由此来看，音乐不是用来治理天下的啊！”

【原文】

程繁曰：“子曰圣王无乐，此亦乐已，若之何其谓圣王无乐也？子墨子曰：圣王之命也[①]，多寡之[②]。食之利也，以知饥而食之者智也，因为无智矣[③]。今圣有乐而少，此亦无也。”

【注释】

①命：即“令”。

②多寡之：即“损益之”之意。

③因：当作“固”。智：同“知”。

【译文】

程繁说：“您说圣王没有音乐，可是这些也是音乐啊！为什么说圣王没有音乐呢？墨子说：圣王的教令是，对前代的礼乐要有所增减。饮食对人是有利的，但以为知道饿了就进食算是聪明，这就是无知了。刚才说的那些圣王虽有音乐，但很少，这就像没有一样。”

【评析】

《三辩》突出表现墨子学术性格的复杂、多样和矛盾，是当时辩论状况的真实写照，从中可引出对今人有益的经验教训。《三辩》记载了程繁和墨子的反复问答。

程繁先声夺人地反驳墨子说，您说圣王不奏乐，不听音乐，可是，诸侯处理政事疲倦了，就演奏钟鼓之乐来休息。士大夫处理政事疲倦了，就演奏竽瑟之乐来休息。农民春天耕种，夏天除草，秋天收获，冬天储藏，就敲打瓶盆来休息。现在您说，圣王不听音乐，这就像只让马拉车，却总不让马卸套，只把弓拉紧，却总不松开，这是有血肉之躯的人所不能办到的。程繁的陈词，很符合人情事理。

在逻辑上，墨子说“圣王不为乐”“圣王无乐”，相当于全称否定命题“所有 S 不是 P”。但墨子同时又说：从前尧舜用茅草盖房，实行礼仪，演奏音乐。商汤把夏桀流放于大水，一统天下，自立为王，事业成功，没有后患，继承先王音乐，创作音乐，把乐章叫作《护》，又整理古代音乐《九韶》。周武王灭商，杀死商纣王，一统天下，自立为王，事业成功，没有后患，继承先王音乐，创作音乐，把乐章叫作《象》。周成王又继承先王音乐，创作音乐，把乐章叫作《驺虞》。这等于承认“有些圣王为乐”“有些圣王有乐”，相当于特称肯定命题“有 S 是 P”。这跟前面说“圣王不为乐”“圣王无乐”的命题形式“所有 S 不是 P”，是矛盾关系，同时肯定二者，导致自相矛盾，违反了逻辑学的矛盾律。

程繁紧接着批评墨子说：“您说圣王没有音乐，可是这些也是音乐，怎么能说圣王没有音乐呢?”程繁一语中的，击中要害。

反复驳辩到最后，墨子说：“圣王的法则是，事物过度了，就减少它。饮食对于人是有益的，但饿了知道进食，这种聪明不能算聪明。那些圣王虽有音乐，但却很少，就像会吃不能算聪明一样，很少的音乐，等于没有音乐。”

墨子这种“少乐无乐”的强辩，酷似公孙龙“白马非马”的诡辞，这种强词夺理的谬误论证，在程繁合乎逻辑的论辩面前，显得苍白无力，无异自我认输。

在中国古代的学术辩论中，墨子总体上处于优势。墨子所创墨家，推出中国古代辩学著作《墨经》，鲁胜称之为《墨辩》，《辩经》。墨子是中国古代逻辑的奠基人和先驱者。墨子在实际辩论的多数场合，都充当正面教师的角色。

但墨子在《三辩》篇，扮演了一次强词夺理的反面角色。程繁的辩论，合乎逻辑，论证有力。相反，墨子的议论，违反逻辑，辩技拙笨。墨子若不修正观点，改变陈述，势必左右为难，进退维谷。

在真理和逻辑面前，人人平等。对古今中外全人类都普遍适用的逻辑真理，对墨子也一视同仁，并不特别偏袒墨子。墨子坚持“圣王不为乐”“圣王无乐”的错误论调，但他的任何诡辩和强词夺理，都不能证明这一论题为正当合理。

汉代史学家刘向、刘歆，奉皇帝命，整理皇家图书馆收藏的诸子百家典籍，把《三辩》编进《墨子》，使我们得以体察墨子学术性格的复杂性、多样性和矛盾性。这种意外收获，生动有趣，启人心智。这证明人无完人，瑕不掩瑜，圣人也会有些许瑕疵。墨子强词“非乐”，就是一例。

墨子“非乐”，是一个备受争议的复杂问题。“乐”，泛指音乐等艺术活动。墨子“非乐”的用意，原本主要是非难统治者浪费民财民力而大搞奢侈享乐的音乐艺术活动。其实墨子精乐道，对音乐等艺术活动，是内行专才。

《淮南子·要略训》说：“墨子学儒者之业，习孔子之术。”“儒者之业”和“孔子之术”，包括“乐”。“乐”是儒家“六艺”的一种。墨子学过“乐”，深谙乐理，善乐技，还曾做过乐吏，善吹笙。

《礼记·祭统》说：“墨翟者，乐吏之贱者也。”《吕氏春秋·贵因》说：“墨子见荆王，锦衣吹笙，因也。”《艺文类聚》卷四十四说：“墨子吹笙，墨子非乐，而于乐有是也。”墨子见荆王，为之表演吹笙。墨子“非乐”，但对音乐等艺术活动，也有所肯定，体现出他复杂矛盾的心理性格。

墨子肯定音乐等艺术活动的美感功能。《非乐上》记载：“子墨子之所以非乐者，非以大钟鸣鼓、琴瑟竽笙之声以为不乐也。”“目知其美也，耳知其乐也。”即墨子之所以“非乐”，不是说大钟、鸣鼓、琴瑟、竽笙的声音不好听，相反眼睛看了美，耳朵听了乐。虽然如此，但是由于统治者大搞音乐等艺术活动，不符合人民利益，所以墨子说大搞音乐不对。

墨学的价值主体，是劳动人民。劳动人民急需解决的是温饱。从统治者的角度说，音乐等艺术活动可以给他们以美感享受。但墨子认为，这是统治者在挥霍劳动人民的血汗。统治者不顾人民死活，大搞音乐等艺术活动，满足私欲，耽误生产，劳民伤财，有害无利。

墨子非乐，走向极端。《淮南子·说山训》说："墨子非乐，不入朝歌之邑。"《史记·邹阳列传》说："邑号朝歌，而墨子回车。"说的是墨子带学生周游列国，听说前方地名叫朝歌，字面意思是"一大早就唱歌"，马上联想到统治者贪图享乐，便驱车返回。

音乐有重要的社会功用。音乐等艺术活动，有教育感化、陶冶品性、培养情操的功能。随着经济发展，物质生活水平提高，精神生活与文化娱乐水平也相应提高。我们现在不能学墨子继续"非乐"，而要适当发展音乐等艺术活动，让音乐跟经济、政治、伦理、教育、科学等相辅相成，协调发展。

【故事阐微】

善辩的蒯通

蒯通，本名彻，"彻"与汉武帝的名相同，后来史家为了避武帝讳，将"彻"字改为"通"。蒯通是范阳人，秦末汉初有名的辩士。

秦末，武臣奉陈胜、吴广之命攻打赵，蒯通说服范阳县令徐公迎降，又向武臣建议善待徐公，于是燕、赵一带投降的有三十余城。后来韩信破赵、代，使燕投降，蒯通遂为韩信出谋划策，对韩信说："相君之面，不过封侯，又危而不安；相君之背，贵而不可言。"煽动韩信叛汉自立。韩信没有采纳这个建议。

后来，身为淮阴侯的韩信叛乱，为他出谋划策的谋士蒯通也被抓了起来。汉高祖刘邦亲自审讯蒯通，刘邦问他："蒯通，大汉朝对你不薄，你竟然做出如此大逆之举，是你教唆淮阴侯反叛的吗?"蒯通理直气壮大声回答道："是的，我的确是叫他反叛，可惜那小子没用我的计策，所以才自取灭亡，落得如此下场。假如那小子肯采纳我的计策，陛下又怎么能抓住他并且杀了他呢?"刘邦气得暴跳如雷，火冒三丈，盛怒之下下令说："把蒯通给我放锅里蒸了!"刘邦本以为蒯通会吓得跪地求饶认罪，可蒯通不慌不忙地说："唉！陛下，您把我蒸了可是真的冤枉我呀！"高祖说："你教唆韩信背叛造反，导致战乱，使刚恢复生机的国家又重新陷入万劫不复的战争中，有什么冤枉的?"蒯通从容地回答说："陛下，秦朝法度废弛、政权瓦解的时候，天下大乱，各个诸侯国纷纷自立起兵造反，英雄豪杰们像乌鸦一样纷纷聚集。秦朝被推翻以后，天下人都来追逐帝位，但是只有有才能的人才能抢先得到皇帝的宝座。那些失败的人，并不是他们没有资格做皇帝，他们是由于各方面的原因没有成功啊！但这不能说明辅佐他们的人就都该被杀掉吧！盗跖的狗对着尧狂吠，并不是因为尧不仁德，只不过他不是狗的主人而已，您能说盗跖的狗做错了什么吗？我一直跟随韩信多年，对他是忠心耿耿，我为他出谋划策的时候，我只知道韩信，并不知道陛下您呀！况且天下养精蓄锐想要做皇帝的人很多，只是他们力所不能及罢了。难道您能把他们全部烹杀吗?"汉高祖刘邦听了蒯通的话，转怒为喜，恍然大悟。他认为蒯通是个非常有头脑有才华的人，这样的人如果轻易杀掉，岂不是大汉朝的巨大损失吗？再者，像蒯通这样的贤士，如果委以重任，他日必将成为国家的栋梁之材。于是刘邦下令赦免了蒯通的所有罪过，还任命他担当重要的职位，使得蒯通有机会为汉朝的发展做出贡献。

蒯通为韩信出谋划策，教唆他谋反是事实，但蒯通被抓之后并没有否认这个事实，但他偷换概念，把话题转移到楚汉战争上去。当时天下未定，刘邦也需要笼络人心，于是顺势放了蒯通。在某种特定的情况下，言是厉害的武器，不但能力挽狂澜，有时还能反击对方。蒯通凭借自己的智慧和能言善辩使自己转危为安，并获得了施展才能的机会。

尚贤[1]（上）

【题解】

《尚贤》篇可以说是一篇重要的人才学论文，阐明了当时比较进步的人才思想。墨子认为，尊重贤才对于治理国家是至关重要的，一个国家贤良之士多，国家政权就牢固；反之，就脆弱。尊贤是政治的根本，统治者必须把尚贤作为大事来对待，注重挑选人才，而且要在政治、经济、职权等方面提高他们的地位。国君挑选人才，应不论贵贱，排除私怨，“以德就列，以官服事，以劳殿赏，量功而分禄”，“有能则举之，无能则下之”。这些选拔人才的原则，对于打破当时“亲贵合一”和“世卿世禄”的用人制度，尤其具有进步的意义。

【原文】

子墨子言曰：“今者王公大人为政于国家者，皆欲国家之富。人民之众，刑政之治。然而不得富而得贫，不得众而得寡，不得治而得乱，则是本失其所欲，得其所恶。是其故何也?”子墨子言曰：“是在王公大人为政于国家者，不能以尚贤事能为政也。是故国有贤良之士众，则国家之治厚；贤良之士寡，则国家之治薄[2]。故大人之务，将在于众贤而已。”

【注释】

①尚贤：尚，即崇尚。尚贤，就是指崇尚和尊敬贤能之士。

②薄：少的意思，这里指没有政绩。

【译文】

墨子说道：“如今治理国家的君主和大臣们，都希望国家能够富强，人口可以众多，政治可以清明。但是国家却没有富强而是贫穷，人口没有众多而是稀少，国家没有安定而是混乱，这是失去了所希望拥有的，而得到了最为痛恨的东西。这是为什么呢？”墨子说：“这是因为当政的人没有招募贤士来治理国家。因此如果国家拥有一批贤良之士，那么就会政通人和；如果缺少了贤士，那么国家就会没有什么政绩。因此为政者的当务之急，是怎样使贤士增多。”

【原文】

曰：“然则众贤之术将奈何哉？”子墨子言曰：“譬若欲众其国之善射御①士者，必将富之、贵之、敬之、誉之，然后国之善射御之士，将可得而众也。况又有贤良之士，厚乎德行，辩乎言谈，博②乎道术者乎！此固国家之珍而社稷之佐③也，亦必且富之、贵之、敬之、誉之，然后国之良士，亦将可得而众也。”是故古者圣王之为政也，言曰：“不义不富，不义不贵，不义不亲，不义不近。”是以国之富贵人闻之，皆退而谋曰：“始我所恃者，富贵也，今上举义不辟贫贱，然则我不可不为义。”亲者闻之，亦退而谋曰：“始我所恃者，亲也，今上举义不辟疏，然则我不可不为义。”近者闻之。亦退而谋曰：“始我所恃者，近也，今上举义不辟远，然则我不可不为义。”远者闻之，亦退而谋曰：“我始以远为无恃，今上举义不辟远，然则我不可不为义。”逮至远鄙④效外之臣、门庭庶子⑤、国中之众、四鄙之萌人⑥闻之，皆竞为义。是其故何也？曰：上之所以使下者，一物也；下之所以事上者，一术也。譬之富者，有高墙深宫，墙立既，谨上为凿一门。有盗人入，阖⑦其自入而求之，盗其无自出。是其故何也？则上得要也。

【注释】

①射御：射，指射箭。御。指骑马。

②博：多。

③佐：帮手。

④鄙：指边远的地区。

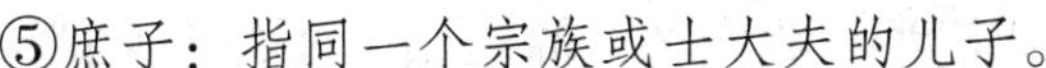

⑤庶子：指同一个宗族或士大夫的儿子。

⑥萌人：萌，通“氓”，指普通的人民。

⑦阖：把门关上。

【译文】

那么有什么方法能够使贤士增多呢？墨子说：“例如要使一个国家善于骑马射箭的能手增多，那么就必然要使掌握这些技能的人富裕起来。尊贵起来，得到尊敬，受人赞誉，然后国家中善于骑射的人就必定会增加。何况还有贤良之士，德行深厚、善于言谈之人和精于道术之人呢！这可是国家的财富、社稷的良佐啊！所以也必须使他们富裕起来、尊贵起来、得到尊敬、受人赞誉，然后国家中的贤士才可以不断地增加。”因此，古代的圣王为政时说：“不能给予不义的人富裕，不能给予不义的人尊贵的地位，不能结识不义的人，不能接近不义的人。”于是举国上下的有钱人听到后，都在私下里商议：“往日我所凭借的是“以前我所依靠的是与上面接近，但现在上面却不疏远远方的人了，那么我也不能不为义了。”远方的人听见了，也在私下里商量：“以前我以为上面没有相识的人，无所依靠，但现在上面不疏远我们了，那么我们也不能不为义。”一直传到偏僻地区的官员、官府的人员、国内的人民以及四周邻国的民众的耳中，于是他们都竞相为义。这是什么原因呢？是因为上面对下面、下面对上面都是一样。这就好像一个有钱人的房子又高又坚固，但是只在墙上开一扇门。如果有盗贼进来偷窃，那么就关上门来抓他，盗贼就跑不掉了。这是什么原因呢？这是因为得到了上面的要领。

【原文】

故古者圣王之为政，列[1]德而尚贤。虽在农与工肆[2]之人，有能则举之。高[3]予之爵，重予之禄，任之以事，断予之令。曰：爵位不高，则民弗敬；蓄禄不厚，则民不信；政令不断，则民不畏。举三者授之贤者，非为贤赐也，欲其事之成。故当是时，以德就列，以官服事，以劳殿赏[4]，量功而分禄。故官无常

贵而民无终贱。有能则举之，无能则下之。举公义，辟私怨，此若言之谓也。

【注释】

①列：按照某种次序去排列。

②工肆：指各种手工作坊。

③高：使动用法，使……高。

④殿赏：殿，通“奠”，定下的意思。

【译文】

所以古代的圣王治理政事，都是崇尚品德而尊重贤能的。即使是在田间或是作坊里的人，只要是有能力的就任用他。给他很高的官位，丰厚的爵禄，委之以重任，给予他实权。因为如果爵位不高，人民就不会尊重他；如果俸禄不厚，则人民就不会信任他；如果权利不够大，那么人民就不会畏惧他。把这三样东西授予贤士，并不是因为他们贤能，而是想把事情办好。所以当时是以德行而封官，根据官职来授予权力，以劳苦来论功行赏。因此做官的并不是终身富贵，而平民也不会终身低贱。有能力就做官，没有能力就下台。高举公义，防备私怨，就是这个意思。

【原文】

故古者尧举舜于服泽之阳[①]，授之政，天下平。禹举益于阴方之中，授之政，九州成。汤举伊尹于庖[②]厨之中，授之政，其谋得。文王举闳夭、泰颠于罝罔[③]之中，授之政，西土服。故当是时，虽在于厚禄尊位之臣，莫不敬惧而施[④]；虽在农与工肆之人，莫不竞劝而尚意。故士者，所以为辅相承嗣[⑤]也。故得士则谋不困，体不劳，名立而功成，美章[⑥]而恶不生，则由得士也。是故子墨子言：“得意，贤士不可不举；不得意，贤士不可不举。尚欲祖述[⑦]尧舜禹汤之道，将不可以不尚贤。夫尚贤者，政之本也。”

【注释】

①阳：指山的南方或水的北方。

②庖：厨房。

③罝罔：都是打猎的用具，这里指猎人。

④施：实行。

⑤承嗣：指王位的继承人。

⑥章：昭彰。

⑦祖述：继承。

【译文】

所以古时尧把舜从服泽之阳中举荐出来，让他从事政事，于是天下太平。禹从阴方之中把益发掘出来，授予政事，于是九州一统。商汤把伊尹从厨房里发掘出来，让他辅助政事，于是计谋得逞。周文王从猎人中举荐出闳夭、泰颠，并授予政事，于是西面的国家得以臣服。所以在当时，即使是高官厚禄的大臣，都没有一个不敬惧的；即使是在耕地或作坊里的人，也没有一个不崇尚道德的。因此所谓士人，是用来辅助君主管理政事的。所以得到士人就不会没有办法，身体就不会劳累，可以成名立业，扬美抑恶，这些都是拥有士人的缘故。所以墨子说："顺利的时候不可以不推举贤士；不得意的时候也不可以不推荐贤士。要想继承尧舜禹汤的大道，就不可以不发掘贤士。尚贤是为政的根本。"

【评析】

墨子心目中的贤良之士，就是德行忠厚，道术渊博的德才兼备之人。他说："贤良之士，厚乎德行，辩乎言谈，博乎道术者乎！此固国家之珍而社稷之佐也"。就是人要有好的品行，做事要有利于人民，有利于兴利除害，要有很高的思想水平，能辨析事理，通晓治国的道理和方法。他认为，贤良之能和贤良之义是统一的。也就是说，能够称得上贤良的基本素质，必须是"德行厚"和

"道术博"的统一。

墨翟提倡选拔人才，各个阶层、士农工商不分亲疏贵贱，以贤能为标准。他认为，国家各级政府中的官职，应该平等地、无条件地向农夫和手工业者等一般平民开放，只要他们具有贤能条件。他说："虽在农与工肆之人，有能则举之。"墨子还有句名言："官无常贵，而民无终贱。有能则举之，无能则下之。"意思是：做官的不能永远富贵，而民众也不会永远贫贱。对有才能的人就举拔他们，对没有才能的人就撤下来。

尚贤是墨子的社会政治理论的核心内容，其目的是让平民百姓中的贤良之士参与管理国家。墨家尚贤使能的用人原则，跟儒家基于血缘关系的"亲亲"用人原则是相对立的。墨子提出"贤"的标准，要求把那些世袭的无才无德的贵族换下来，将符合"贤"的标准的人士选拔上去，正是为了实现他建立贤人政治的愿望。

【故事阐微】

伯益

伯益亦作伯翳、柏翳、柏益等，又名大费，舜禹时期的大臣，名益，嬴姓，伯为爵称。伯益是古代东夷族首领少昊之后，据传《山海经》是伯益所作。

舜在位时，伯益与大禹同朝为官。伯益是个很能干的人，尤其善于出谋划策，据说舜想开辟土地，建设村落，正在犯难之际，伯益想出妙计，他用火挠掉一大片山林，赶走野兽，开辟了大块农田。伯益因善于狩猎与畜牧，被佥推为九官之一的虞官，负责治理山泽，管理上下草木鸟兽，并辅佐帝舜调驯鸟兽。由于他在长期狩猎实践中积累了丰富的经验，熟悉鸟兽语言和习性，鸟兽多被其驯服，因而在畜牧方面功绩卓著，被舜赐姓嬴氏，作为东夷少昊部落嬴姓的继承人，伯益又被赐给封土。伯益的势力范围位于山东省日照地区。《春秋左传正义》隐公二年下注曰："《谱》云：'莒嬴姓，少昊之后。周武王封兹於期于莒，初都计，后徙莒，今城阳莒县是也’。在大汶口文化和龙山文化时代，尧王城遗址前期有可能是少昊都城，后期有可能是伯益的都城。

大禹继承舜的帝位之后，伯益又辅佐大禹治理水土，开垦荒地，种植水稻，凿挖水井。在禹治水的时候，伯益跟随大禹跋山涉水，疏通河道。他时常在河湖附近操挖土层，发现地下也有水，后来到平地挖掘，也能挖出水来，于是有了“伯益作井”的传说。天台山上有伯益挖的井，人称“益井”。伯益在政治上也很有建树。他曾告诫大禹，凡事要有前瞻性，考虑事情要周到全面；不要违背法则、制度，不要过度游乐享受，不要违背规律去追求百姓的称誉，不要违反民意而满足自己的欲望；治国不能懈怠，政事不能荒废，谦虚会得到益处，自满将导致失败，要选贤任能、除奸去邪。在处理民族矛盾方面，伯益亦表现出远见卓识。舜时，三苗族离心离德，舜便派大禹武力征服，三苗不服，伯益提议，要恩威并举，德武相济。大禹接受了伯益的建议，撤退军队，实行文教德治，三苗族受到感化，终于归顺。伯益还将跟随大禹治水时所经历的地理山川、草木鸟兽、奇风异俗、轶闻趣事记录下来，这些资料成为《山海经》的素材。

尚贤（中）

【题解】

《尚贤》中篇的基本观点与上篇相同，但篇幅更长，论述更加充分。着重论列尚贤使能的政治成效，与不尚贤而使不肖必将带来的害处加以对比，并强调小材不堪大用。还援引《汤誓》《周颂》之言作为古圣王尚贤的佐证。举出大量历史事实，说明上天也是举贤使能，赏罚分明，不分亲疏的。文章处处体现了墨家的“三表法”。

【原文】

子墨子言曰："今王公大人之君人民①，主社稷②，治国家，欲修保而勿失③，故不察尚贤为政之本也④。何以知尚贤之为政本也？曰：自贵且智者⑤，为政乎愚且贱者⑥，则治；自愚贱者，为政乎贵且智者，则乱。是以知尚贤之为政本也。故古者圣王，甚尊尚贤而任使能，不党父兄⑦。不偏富贵，不嬖颜色⑧。贤者举而上之，富而贵之，以为官长；不肖者抑而废之，贫而贱之，以为徒役⑨。是以民皆劝其赏，畏其罚，相率而为贤者，以贤者众而不肖者寡，此谓进贤。然后圣人听其言，迹其行⑩，察其所能，而慎予官，此谓事能。故可使治国者，使治国，可使长官者使长官，可使治邑者，使治邑。凡所使治国家，官府，邑里，此皆国之贤者也。"

"贤者之治国也，蚤朝晏退⑪，听狱治政⑫，是以国家治而刑法正。贤者之长官也，夜寝夙兴，收敛关市、山林、泽梁之利，以实官府，是以官府实而财不散。贤者之治邑也，蚤出莫入⑬，耕稼、树艺、聚菽粟，是以菽粟多而民足乎食。故国家治则刑法正，官府实则万民富。上有以絜为酒醴粢盛以祭祀天鬼，外有以为皮币，与四邻诸侯交接；内有以食饥息劳⑭，将养其万民⑮，外有以怀天下之贤人。是故上者天鬼富之，外者诸侯与之⑯。内者万民亲之，贤人归之。以此谋事则得，举事则成，入守则固，出诛则强。故唯昔三代圣王尧、舜、禹、汤、文、武，之所以王天下，正诸侯者，此亦其法已。"

【注释】

①君：统治。

②主：主宰。

③修：长久。保：保持。

④故：毕沅云："'故'本作'胡'。"胡：怎么。不察：看不见。

⑤自：由。

⑥乎：于。

⑦党：偏袒。

⑧嬖：宠爱。

⑨徒役：被人役使的下人。

⑩迹：察访。

⑪蚤：通“早”。晏：晚。

⑫听狱：审理、判决案件。

⑬莫：通“暮”。

⑭食饥息劳：使饥者食、疲劳者休息。

⑮将养：保养。

⑯与之：亲善、友好。

【译文】

墨子说：“现在的王公大人统治人民，主持社稷，治理国家，希望永久保持而不失，却怎么看不到崇尚贤能是为政的根本呢！从何知道崇尚贤能是为政的根本呢？常言道：让高贵而聪明的人去治理愚蠢而低贱的人，那么，国家便能治理好；让愚蠢而低贱的人去治理高贵而聪明的人，那么，国家就会混乱。因此知道崇尚贤能是为政的根本。所以古时的圣王很尊崇贤人而任用能人，不偏袒父兄，不偏护富贵，不宠爱美色。凡是贤人便选拔上来使其处于高位，给他富贵，让他做官长；凡是不肖之人便免去职位，使之贫贱，让他做奴仆。于是人民相互劝赏而畏罚，争相做贤人，所以贤人多而不肖的人少，这便叫进贤。之后圣人听他的言语，考察他的行为，察看他的能力而谨慎地给他官职，这便叫使能。因此，可以让他治国的，就让他治国；可以让他居官的，就让他居官；可以让他治县的，就让他治县。凡是派去治理国家、官府、邑里的，都是国家的贤人。”

“贤人治理国家，早上朝而晚退朝，审理判决案件，处理政务，所以国家有治而刑法严正；贤人主持官府的工作，晚睡早起，征收关市、山林、川泽的税利，以充实官家府库，所以国库充实而财用集聚；贤人治理都邑，早出晚归，

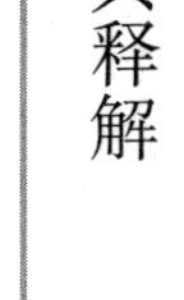

翻耕种植，多聚豆粟，所以粮食多而人民食用充足，因此国家有治而刑法严正，官府充实而万民富足。上能洁治酒食，去祭祀天帝鬼神；外能制造皮毛布帛，与四邻诸侯交往；内可以使饥者得到食物，劳者得以休息，外可以招徕天下的贤人。所以上则天帝鬼神给他赐富，外则诸侯与他结交，内则万民亲附，外则贤人归顺。因此谋事有得，做事能成，内守坚固，外征强大。因此过去三代圣王尧、舜、禹、汤、文、武之所以能统一天下，为诸侯之长，尚贤就是他们的法则。”

【原文】

“既曰若法，未知所以行之术①，则事犹若未成。是以必为置三本②。何谓三本？曰：爵位不高则民不敬也，蓄禄不厚则民不信也，政令不断则民不畏也。故古圣王高予之爵，重予之禄，任之以事，断予之令。夫岂为其臣赐哉？欲其事之成也。《诗》曰：‘告女忧恤③，诲女予爵，孰能执热，鲜不用濯④？’则此语古者国君诸侯之不可以不执善⑤，承嗣辅佐也⑥。譬之犹执热之有濯也，将休其手焉⑦。古者圣王唯毋得贤人而使之⑧，般爵以贵之⑨，裂地以封之⑩，终身不厌⑪。贤人唯毋得明君而事之，竭四肢之力以任君之事，终身不倦。若有美善则归之上，是以美善在上。而所怨谤在下，宁乐在君，忧戚在臣。故古者圣王之为政若此。”

【注释】

①行之术：实行的方法。

②三本：三项根本的措施。

③女：通“汝”，你。

④濯：洗。

⑤执善：亲善。

⑥承嗣辅佐：指王位继承人和辅佐大臣。

⑦将：应。休：保养。

⑧唯毋：语助词，无义。

⑨般："颁"之假借字，赏赐。

⑩裂：割。

⑪厌：丢弃。

【译文】

"既然有这样的法则，但如果不知道用以推行这一法则的方法，那么事情仍然没有办成。所以要立下三项根本措施。什么叫三项根本措施呢？答道：爵位不高人民不尊敬他，俸禄不厚人民不信服他，权力不大人民不惧怕他。所以古代圣王给他高的爵位，很厚的俸禄，委以重任，授予决断的权力。这难道是专门给臣下的赏赐吗？为的是要把事情办成呀！《诗经》说：'告诉你忧人之忧，教给你安排爵位，谁能拿了火热的东西，而不用冷水洗手呢？'这是说古代的国君诸侯不可不亲善那些继承人和辅佐大臣，就如同拿了热的东西后要用冷水洗濯一样，应该保养好自己的手啊！古时的圣王得到贤人而使用他，颁赐爵位使他显贵，分割土地作他封邑，终身都不丢弃。至于贤人事奉明君，也必竭尽全力来为国君服务，终身不感到疲倦。如果有了美好的功德就归之国君，而怨恨诽谤归于臣下；安宁喜乐归于国君，而忧愁归于臣下。古代圣王为政大概如此。"

【原文】

"今王公大人亦欲效人以尚贤使能为政，高予之爵，而禄不从也。夫高爵而无禄，民不信也。曰：'此非中实爱我也①，假藉而用我也②。'夫假藉之民，将岂能亲其上哉！故先王言曰：'贪于政者不能分人以事③；厚于货者不能分人以禄④。'事则不与，禄则不分，请问天下之贤人将何自至乎王公大人之侧哉？若苟贤者不至乎王公大人之侧，则此不肖者在左右也。不肖者在左右，则其所誉不当贤⑤，而所罚不当暴。王公大人尊此以为政乎国家⑥，则赏亦必不当贤，而罚亦必不当暴。若苟赏不当贤而罚不当暴，则是为贤者不劝而为暴者不沮矣⑦。

是以入则不慈孝父母[8]，出则不长弟乡里[9]，居处无节[10]，出入无度[11]，男女无别[12]。使治官府则盗窃[13]，守城则倍畔[14]，君有难则不死，出亡则不从。使断狱则不中，分财则不均，与谋事不得，举事不成，入守不固，出诛不强。故虽昔者三代暴王桀纣幽厉之所以失措其国家[15]，倾覆其社稷者，已此故也[16]。何则？皆以明小物而不明大物也[17]。"

【注释】

①中实：诚心诚意。

②籍：同"借"。

③贪于政者：权力独揽的人。

④厚于货者：看重钱财的人。

⑤当：符合。

⑥尊：通"遵"。

⑦沮：阻止。

⑧慈：王引之云："《贾子·道术》篇云：'亲爱利子谓之慈，子爱利亲谓之孝，孝与慈不同，而同取爱利之义，故孝于父母亦可谓之孝慈。"即爱利孝顺。

⑨长弟：即"长悌"，敬重的意思。乡里：同乡的父老乡亲。

⑩无节：无度，即无法度、无规则、无节制。

⑪无度：没有法度。

⑫无别：没有界限区别。

⑬盗窃：指贪赃枉法。

⑭倍畔：通"背叛"。

⑮失措：丧失。

⑯已：通"已"。

⑰小物：小事，生活琐事。大物：指尚贤使能治理国家。

【译文】

“现在王公大人也想效法古人尊敬贤者，任用能者为政，给他们高的爵位，但俸禄却不随着增加。爵位高而没有相应的俸禄，人民不会相信的。人们会说：‘这不是真正地爱我，不过是假借虚名来使用我罢了。’像这样既然被假借利用，人民怎能亲附君上呢？所以先王说：‘贪于权位的不能把政事分给别人；看重钱财的不肯把俸禄分给别人。’政事既不让人参与，俸禄又不分给别人，请问天底下的贤人，怎么会到王公大人的身边来呢？如果贤人不来到王公大人的身边，那就会有奸邪小人在左右了，奸邪小人在左右，那么他们所称赞的不会是真贤，所惩罚的也不会是真暴。王公大人遵从这些人以治理国家，那么所赏的也一定不会是真贤，所罚的也一定不会是真暴。如果奖赏的不是真贤、惩罚的不是真暴，那么做贤人的得不到勉励而作恶的人也得不到阻止了。所以在家不知道孝顺父母，出外不懂得敬重乡里，居处没有节制，出入没有限度，男女没有界限，让他治理官府就会贪赃枉法，让他守城就会背叛投敌，君主有难不会誓死相救，君主逃亡则不会紧紧相从。让他判案则不合理，分财则不均，和他谋事不得当，让他办事无所成，让他防守不坚固，让他征伐不坚强。所以从前三代暴君桀、纣、幽、厉等所以损失其国家，倾覆其社稷，就是这个缘故。为什么呢？他们都只明了小事而不明了大事。”

【原文】

今王公大人，有一衣裳不能制也，必藉良工[①]：有一牛羊不能杀也，必藉良宰。故当若之二物者[②]，王公大人未知以尚贤使能为政也[③]。逮至其国家之乱，社稷之危，则不知使能以治之，亲戚则使之，无故富贵、面目佼好则使之。夫无故富贵、面目佼好则使之，岂必智且有慧哉！若使之治国家，则此使不智慧者治国家也。国家之乱既可得而知已。且夫王公大人有所爱其色而使[④]，其心不察其知而与其爱[⑤]。是故不能治百人者，使处乎千人之官，不能治千人者，使处乎万人之官，此其故何也？曰处若官者爵高而禄厚，故爱其色而使之焉。夫不能治千人者，使处乎万人之官，则此官什倍也[⑥]。夫治之法将日至者也[⑦]，日以治之，日不什修[⑧]，知以治之，知不什益。而予官什倍，则此治一而弃其九矣。虽日夜相接以治若官，官犹若不治。此其故何也？则王公大人不明乎以尚贤使能为政也。故以尚贤使能为政而治者。夫若言之谓也。以下贤为政而乱者[⑨]。若吾言之谓也[⑩]。

【注释】

①良工：有高明技术的裁缝。

②当若之：如像这。二物：指借助良工做衣裳和依靠屠夫宰牛羊这两件事。

③未知：未尝不知。

④且夫：递进连词。

⑤知：通“智”也。

⑥官什倍：官位超过他的才能十倍了。

⑦治之法：治国之法。日至：与日俱至。

⑧日不什修：一天的时间，不能长十倍。

⑨下贤：不崇高的贤人。

⑩若无言：指我现在所说的。

【译文】

现在的王公大人有一件衣裳不能制作，一定要借助技艺高超的裁缝。有一只牛羊不能宰杀，必定要借助好的屠夫。所以遇着上面这两种事情，王公大人也未尝不知道尚贤使能的重要性。但是一到国家丧乱，社稷倾危，就不知道使用能人来治理国家了。凡是亲戚就任用他，凡是无缘无故得到富贵的、面目生得美丽的就任用他。那些无缘无故得到富贵的，面目生得美丽的就任用，难道这些人都很有智慧吗？如果使他们治理国家，那是使不聪明的人治理国家呀！国家的混乱也就可想而知了。再说王公大人因爱一个人的美貌而任用他，心中并不察知他的智慧而给他以宠爱，所以不能治理百人的，竟让他做一千个人的官，不能治理千人的，竟让他做一万个人的官。这是为什么呢？回答说做这种官的人，爵位高而俸禄厚，只因爱其美色而给他这个职位。不能治理一千人的，让他做一万人的官，这是授予的官职超过其能力的十倍了。治理国家的原则是，每天都必须去治理。一天的时间不能延长十倍，而其治事的智能也不能增加十倍，这样一来，他就只能治理其中的一份而放弃其他九份了。即使日夜不停地治理官事，官事仍然治不好。这是什么原因呢？是王公大人不明白尚贤使能的缘故呀！所以，因尚贤使能为政而大治的，就像我前面所讲的。因下贤不使能为政而混乱的，就像我上面所说的一样。

【原文】

"今王公大人中实将欲治其国家。欲修保而勿失，胡不察尚贤为政之本也？且以尚贤为政之本者。亦岂独子墨子之言哉！此圣王之道，先王之书距年之言也[①]。传曰[②]：'求圣君哲人，以裨辅而身[③]。'《汤誓》曰：'聿求元圣[④]。与之勠力同心，以治天下。'则此言圣之不失以尚贤使能为政也。故古者圣王唯能审以尚贤使能为政，无异物杂焉，天下皆得其利。古者舜耕历山，陶河濒，渔雷泽。尧得之服泽之阳，举以为天子，与接天下之政。治天下之民。伊挚，有莘氏女之私臣[⑤]，亲为庖人。汤得之，举以为己相，与接天下之政，治天下之民。傅说被褐带索[⑥]，庸筑乎傅岩[⑦]。武丁得之，举以为三公，与接天下之政，治天下之民。此何故始贱卒而贵[⑧]，始贫卒而富？则王公大人明乎以尚贤使能为政。是以民无饥而不得食，寒而不得衣，劳而不得息，乱而不得治者。"

【注释】

①距年：李渔叔云："应作巨年，是说老年人。"

②传：古书。

③裨辅：辅佐。

④聿：句首语助词。元圣：大圣人。

⑤私臣：陪嫁的家奴。

⑥褐：粗布衣。带索：以绳为衣带。

⑦庸：通“佣”。

⑧卒：终。

【译文】

“现在的王公大人心中真正想治理国家，希望常保江山而不丧失，为什么不去体察尚贤为政这些根本呢？再说以尚贤使能作为政治的根本，又岂止是墨子这样说的呢？这原是圣王的道理，是先王的书里写的，是老年人说的话！古书上说：‘求圣君和哲人来辅助你。’《汤誓》说：‘求到大圣，和他勠力同心，以治天下。’这些都说明圣王是不放弃以尚贤使能作为治理国家的根本的。所以古时圣王只因能以尚贤使能治理政事，没有其他事情掺杂在内，因此天下都得其好处。古时舜在历山耕地，在河滨制陶器，在雷泽捕鱼，尧帝在服泽之北找到他，选拔他作天子，让他掌管天下的政事，治理天下的人民。伊尹本是有莘氏的陪嫁私臣，身为厨子，汤得到他，任用他为宰相，让他掌管天下的政事，治理天下的人民。傅说身穿粗布衣，围着绳索，在傅岩受佣筑墙，武丁得到他，任用他为三公，让他掌管天下的政事，治理天下的人民，他们为什么开始低贱最终显贵，开始贫穷最终富裕呢？是因为王公大人懂得以尚贤使能治国理政。所以人民没有饥饿没有食物，寒冷没有衣服，疲倦不能休息，混乱得不到治理的情况。”

【原文】

“故古圣王以审以尚贤使能为政，而取法于天。虽天亦不辩贫富、贵贱、远迩、亲疏，贤者举而尚之，不肖者抑而废之。然则富贵为贤[①]。以得其赏者谁也？曰：若昔者三代圣王尧舜禹汤文武者是也。所以得其赏何也？曰：其为政乎天下也，兼而爱之，从而利之，又率天下之万民。以尚尊天、事鬼，爱利万民。是故天鬼赏之。立为天子，以为民父母。万民从而誉之‘圣王’，至今不已。则此富贵为贤，以得其赏者也。然则富贵为暴，以得其罚者谁也？曰若昔者三代暴王桀纣幽厉者是也。何以知其然也？曰其为政乎天下也，兼而憎之，从而贼之。又率天下之民以诟天侮鬼，贼傲万民。是故天鬼罚之，使身死而为刑戮，子孙离散。室家丧灭，绝无后嗣。万民从而非之曰‘暴王’，至今不已。则此富贵为暴。而以得其罚者也。然则亲而不善，以得其罚者谁也？曰若昔者伯鲧，帝之元子，废帝之德庸[②]，既乃刑之于羽之郊，乃热照无有及也[③]，帝亦不爱。则此亲而不善以得其罚者也。然则天之所使能者谁也？曰若昔者禹、稷[④]、皋陶是也。何以知其然也？先王之书《吕刑》道之曰：‘皇帝清问下民，有辞有苗。曰群后之肆在下[⑤]，明明不常，鳏寡不盖[⑥]。德威维威[⑦]，德明维明。乃名三后，恤功于民[⑧]：伯夷降典，哲民维刑；禹平水土，主名山川；稷隆播种，农殖嘉谷。三后成功，维假于民[⑨]。’则此言三圣人者，谨其言，慎其行，精其思虑，索天下之隐事遗利。以上事天，则天乡其德[⑩]，下施之万民，万民被其利，终身无已。故先王之言曰：‘此道也，大用之天下则不窕，小用则不困，修用之则万民被其利，终身无已。’《周颂》道之曰：‘圣人之德，若天之高，若地之普，其有昭于天下也；若地之固，若山之承，下坼不崩；若日之光，若月之明，与天地同常。’则此言圣人之德章明博大，埴固[⑪]，以修久也。故圣人之德盖总乎天地者也[⑫]。”

【注释】

①富贵为贤：指据富贵而行仁政的人。

②德庸：功德。

③热照无有及：日月照不到的地方。

④稷：后稷，尧时农官，善耕种。

⑤群后：诸侯。

⑥鳏寡不盖：鳏夫、寡妇有贤德的也不被掩盖。

⑦德威维威：以德为威才是真正的威严。

⑧恤：忧虑。

⑨假：通“嘏”，受福之意。

⑩乡：通“享”。

⑪埴固：坚韧牢固。

⑫总乎天地：总合了天地的美德。

【译文】

“所以古时的圣王能审慎地以尚贤使能治国理政，而取法于天。只有天不分贫富贵贱、远近亲疏，凡贤人就选拔而重用他，不肖的人就抑制而废弃他。既然这样，那些富贵而行仁政的人，又有谁得到上天的赏赐呢？回答说：像从前的三代圣王尧、舜、禹、汤、文、武等都是。他们又怎样得到赏赐呢？回答说：他们治理天下，能够相爱互利，又率领天下万民崇尚尊天事鬼，爱利人民。所以天地鬼神赏赐他们，立他们为天子，做人民的父母，人民从而称赞他们为‘圣王’，至今不息。这就是富贵事贤而得到赏赐的。那么富贵行暴而得到惩罚的又有哪些人呢？回答说：像从前三代的暴君桀、纣、幽、厉就是。怎么知道呢？回答说：他们统治天下，互相仇恨和残害，又率领天下的人民咒骂上天，侮慢鬼神，残害万民。所以上天鬼神给他们惩罚，使他们本身被刑戮，子孙离散，家室毁灭，没有后代，万民从而毁骂他们为‘暴王’，至今不息。这就是富贵行暴得到惩罚的例子。那么，亲近的人行为不善，而得到惩罚的又有谁呢？回答说：像从前的伯鲧，尽管是舜帝的长辈，但他因败坏了舜帝的功德，不久就在羽山的郊野遭到惩处，那是日月所照不及之处，帝也不再爱他。这就是亲近的人行为不善而得到惩罚的。那么，天所使用贤能的有谁呢？回答说：像从前禹、稷、皋陶就是。怎么知道这样呢？先王之书《吕刑》说过：‘尧帝询问人民所患，人民都回答有苗为害。帝尧说：各位君主以及在下执事之人，凡是有德之人即可任用，即使是鳏夫、寡妇有贤德的也不被掩盖。出于崇高品德的威严才是真正的威严，出于崇高品德的明察才是真正的明察。于是命令伯夷、禹、稷三君替人民着想，为人民做事。伯夷制定典礼，使人民效法哲人。禹平治水土，制定山川的名称。稷教民播种，让人民努力耕种粮食。这三君的成功，使人民大受其福。”这说的是三位圣人，谨言慎行，精心考虑，去求索天下没有被发现的事物和被遗忘的利益。以此上奉于天，天即享用其德；以此下施于万民，万民即蒙受其利，终身不止。所以先王的话说：‘这种道，用到治天下这大处来说就不会缺损；用到小处来说，也不会困塞，长久用它，则万民受其利，终身不止。’《周颂》曾说过‘圣人的德行，像天一样高，像地一样广，光照于天下；像太阳一样光明，像月亮一样明朗，像天地一样长久。’这说的是圣人的德行彰明博大，坚牢而长久。所以圣人之德总是合乎天地之美德。”

【原文】

今王公大人欲王天下，正诸侯，夫无德义将何以哉？其说将必挟震威强[①]。今王公大人将焉取挟震威强哉？倾者民之死也。民生为甚欲，死为甚憎，所欲不得而所憎屡至，自古及今未有尝能有以此王天下、正诸侯者也。今大人欲王天下、正诸侯，将欲使意得乎天下[②]，名成乎后世，故不察尚贤为政之本也[③]？此圣人之厚行也[④]。

【注释】

①挟震威强：挟持自己的威势和强力。

②意：意愿。

③故：与“胡”同。

④厚行：高尚的德行。

【译文】

现在的王公大人要统治天下，为诸侯之长，没有德义，那依靠什么呢？他们说必用威力和强权。现在王公大人将会从使用威力强权中得到什么呢？他必然把人民引上倾毁死亡之路。人民对生都十分爱惜，对死都十分惧怕。他们得不到自己所希求的，而常常得到所厌恶的。从古到今绝对没有以这种方式统一天下、称霸诸侯的。现在王公大人想统一天下，称霸诸侯，将要使自己的意愿在天下实现，成名于后世，为什么不想想尚贤这一为政之根本呢？这是圣人崇

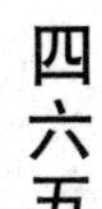

高的品行所在啊!

【评析】

墨子主张举贤应该“不避亲”“不辟疏”，要任用贤才，“高予之爵，重予之禄”，“任之以事，断予之令”，对有能者要“举而上之，富而贵之，以为官长”，对无能者要“抑而废之，贫而贱之，以为徒役”。这是对贤者的重视，对无能者的遗弃，一切都要以能力为重。所以说，使用贤能的人执政治理国家，并得到治理，就是意在其中了。

当今掌握国家政权的王公大人们实际上希望把国家治理好并达到长治久安，而不失却政权，却为什么不能够考虑到崇尚和使用贤能良好的人执政是治理国家的根本呢？何况认为崇尚和使用贤能良好的人执政是治理国家的根本的人，仅仅是墨子的独家之言吗？这是古代圣明的君王治理国家所遵循的用人规律，也是先王写在书中的记录、老年人说的话。传言说：“求得圣明的君子和有智慧的人，用来辅佐自己的事业。”《汤誓》中说：“专心求得最圣明的人，并与他同心协力，共同治理天下。”这就是说：圣明的君王并没有失去崇尚和使用贤能良好的人执政治理国家的做法。所以说，古代圣明的君王只有能够审时度势，崇尚和使用贤能良好的人执政治理国家，就不会在治理国家中假公济私，使得全天下的人都公正、公平地获得应得的利益。

【故事阐微】

三国大司马蒋琬

蒋琬（168 年—246 年），字公琰，东汉末年零陵郡人（今属湖南永州零陵人），三国时期政治家。蒋琬为人谦恭厚道，品性高洁。赤壁之战后，他随刘备入蜀，初为广都（县）长，常常觉得不能施展其才能。有一天，刘备出巡广都，看到蒋琬“众事不理，时又沉醉”，大怒，下令将之严刑处死。军师诸葛亮早就发现蒋琬是一位不可多得的将才，便对刘备说：“蒋琬乃国家栋梁之材，社稷之器，而非一般县令之辈；施政以安民为本，不拘小节，请勿严刑处置。”刘备十分敬重诸葛亮，于是平息了心中的怒火，只免去蒋琬的官职，未对他进行严惩。不久，蒋琬又任什邡县令。

蒋琬

汉献帝建安二十四年（219 年），刘备称汉中王时，蒋琬升任尚书郎。三国蜀昭烈帝章武三年（223 年），刘备驾崩，刘禅即位，诸葛亮以丞相一职主持朝政，蒋琬为东曹掾，不久蒋升任参军，参与决策军国大事。后主建兴六年（228 年），诸葛亮率军伐魏，蒋琬奉命与丞相长史张裔留守后方，处理日常政务。三年后，蒋琬代张裔为丞相长史，加抚军将军。诸葛亮率兵南征北伐，蒋琬常筹集粮草兵员，以相供应。诸葛亮曾多次对人说：“公琰忠心耿耿，是和我共同复兴汉室之人。”并密奏刘禅说：“臣若不幸，后事宜以付琬。”

后主建兴十二年（234 年），诸葛亮卒于军中，蒋琬升任尚书令，领益州刺史，迁大将军，录尚书事，主持朝政。当时，新丧主帅，朝野上下惶恐不安，蒋琬虽初总朝政，但镇定自若，“既无戚容，又无喜色，神守举止，有如平日”，因而民心迅速安定。后主延熙元年（238 年），蒋琬统帅诸军屯驻汉中、开府，加大司马。

蒋琬为政遵诸葛亮遗风，明察善断，循法治国，不喜阿谀奉承之言，不听谗言毁谤之事。所以群臣对他心悦诚服，乐于为之效命。陈寿评价说：“蒋琬方整有威重，费祎宽济而博爱，成承诸葛之成规，因循而不革，是以边境无虞，邦家和一，然犹未尽治小之宜，居静之理也。”

蒋琬在战略上大胆改革，以“防守反攻”代替“以攻为守”来进行战略布局，闭关息民，蜀汉的国力有了很大的增强。鉴于诸葛亮数出秦川伐魏，因山道阻，运粮不便，终难取胜的经验教训，蒋琬曾筹划东下由汉、沔水路袭击上庸、魏兴（今湖北陕西交界处）。他上疏后主刘禅，提出了“东西并力”“涪为本营”“姜维驻凉”三条良策。后因蒋琬旧疾复发，未能实行。后主延熙九年（246 年），一代将才蒋琬得急病卒于涪县。

尚贤（下）

【题解】

《尚贤》下篇进一步论述尚贤的重要性。文章假设各种情况加以比较：尚贤可使射御忠信之士喜，不善射御不忠不信之士惧。今王公大人治其弓、马、衣裳皆知求良工，而治国则不知尚贤，可见明于小而不明于大。文章援引尧举舜，汤举伊尹。武丁举傅说，作为从贫贱中举贤的历史的证据，还提出“为贤之道”就是“有力者疾以助人，有财者勉以分人，有道者劝以教人”三条原则，亦即墨家所谓“贤者”的道德标准。

【原文】

子墨子言曰：“天下之王公大人皆欲其国家之富也，人民之众也，刑法之治也，然而不识以尚贤为政其国家百姓[①]，王公大人本失尚贤为政之本也[②]。若苟王公大人本失尚贤为政之本也，则不能毋举物示之乎[③]？今若有一诸侯于此，为政其国家也，曰：‘凡我国能射御之士，我将赏贵之[④]，不能射御之士，我将罪贱之[⑤]。’问于若国之士，孰喜孰惧？我以为必能射御之士喜，不能射御之士惧。我赏因而诱之矣[⑥]，曰：‘凡我国之忠信之士，我将赏贵之，不忠信之士，我将罪贱之。’问于若国之士，孰喜孰惧？我以为必忠信之士喜，不忠不信之士惧。今惟毋以尚贤为政其国家百姓[⑦]，使国为善者劝[⑧]，为暴者沮[⑨]，大以为政

于天下[⑩]，使天下之为善者劝，为暴者沮。然昔吾所以贵尧舜禹汤文武之道者，何故以哉？以其唯毋临众发政而治民，使天下之为善者可而劝也[⑪]，为暴者可而沮也。然则此尚贤者也，与尧舜禹汤文武之道同矣。”

【注释】

①其：“其”上应有“于”字。王闿运校补。

②本失：王闿运本作“未知”，应是。

③毋：语助词，无义。

④赏贵之：即“赏之贵之”，意为：使之受赏，使之尊贵。

⑤罪贱之：即“罪之贱之”，意为：使之受罪，使之贫贱。

⑥赏：孙诒让说：“‘赏’当为‘尝’，尝试也。”诱：曹耀湘说：进也。即进一步。

⑦惟毋：语助词，无义。

⑧国：张纯一说：“‘国’下‘之’字旧脱，据下文补。”这句应为：使国之为善者劝。劝：劝勉、勉励。

⑨沮（举）：阻止、制止。

⑩大：王焕镳说：“‘大’下疑脱‘之’字。大之：扩大来说的意思。”

⑪可而：王念孙云：“‘可而’犹‘可以’也。”

【译文】

墨子说：“天下的王公大人，都希望他的国家富足，人口众多，刑法清明。然而不知道对本国人民以尚贤来施政。王公大人本来就失去了尚贤为政这个根本啊！如果王公大人本来就失去了尚贤为政的根本，那么，我们不能举出事例来向他说明白吗？现在假定有一位诸侯在治理一个国家，他说道：‘凡是我国能射箭和驾车的人，我将使他受赏、使他尊贵；不能射箭和驾车的人，我将使他受罪、使他贫贱。’在这种情况下，试问这个国家的人们，谁高兴谁害怕呢？我认为一定是能射御的人们高兴，不能射御的人们害怕。我曾由前一个假说而进一步推导说：‘凡是我国忠信的人士，我将使他受赏、使他尊贵；不忠信的人士，我将使他受罪、使他贫贱。’试问这个国家的人士，谁高兴谁害怕？我认为一定是忠信的人士高兴，不忠信的人士害怕。现在以尚贤为政来治理自己国家和人民，使国内行善的人们受到勉励，干坏事的人们受到制止。扩大到治理天下而言，使天下行善的人受到勉励，使天下干坏事的人受到阻遏。由此我想到过去所以看重尧、舜、禹、汤、文、武的大道，是什么缘故呢？因为他们治理百姓是面对群众发布政令，使天下为善的人可以得到勉励，干坏事的人可以受到阻止。这样的尚贤，就和尧、舜、禹、汤、文、武之道是一样的了。”

【原文】

而今天下之士君子[①]，居处言语皆尚贤[②]，逮至其临众发政而治民，莫知尚贤而使能，我以此知天下之士君子，明于小而不明于大也。何以知其然乎？今王公大人，有一牛羊之财不能杀[③]，必索良宰[④]；有一衣裳之财不能制，必索良工。当王公大人之于此也，虽有骨肉之亲，无故富贵、面目美好者，实知其不能也，不使之也，是何故？恐其败财也。当王公大人之于此也，则不失尚贤而使能。王公大人有一罢马不能治[⑤]，必索良医；有一危弓不能张[⑥]，必索良工。当王公大人之于此也，虽有骨肉之亲，无故富贵、面目美好者，实知其不能也，必不使。是何故？恐其败财也。当王公大人之于此也，则不失尚贤而使能。逮至其国家则不然，王公大人骨肉之亲，无故富贵、面目美好者，则举之，则王公大人之亲其国家也，不若亲其一危弓、罢马、衣裳、牛羊之财与。我以此知天下之士君子皆明于小，而不明于大也。此譬犹喑者而使为行人[⑦]，聋者而使为乐师。

【注释】

①士君子：士大夫君子。

②居处言语：平时居处言谈。

③财：毕沅云：“同‘材’。”

④索：求。

⑤罢（皮）马："罢"同"疲"，疲弱的马。

⑥危弓：李渔叔说："一种难开的弓。"

⑦喑（音）者：哑巴。行人：古代称派往外国的使者叫行人。

【译文】

现在天下的士大夫君子们，平时居处言谈都知道尚贤，但一到当着大众施政治民的时候，就不知道尚贤使能了，我因此看出天下的士大夫君子们，只明白小的道理而不懂得大的道理！何以知道他们是这样的呢？现在王公大人，有一只牛或羊不会宰杀，他一定会去找好的屠夫；有一件衣服不会缝制，一定会去找好的裁缝。王公大人在这种时候，虽然有骨肉之亲，或是无缘无故就得到富贵的，或是面貌长得很漂亮的那些人，他知道这些人没有这种能力，就不会叫他们去干，这是为什么呢？是恐怕损失自己的财物呀！王公大人在这种时候，尚不失为一个尚贤使能的人。王公大人有一匹疲弱的马不能治，一定会去找好的医生；有一张难拉的弓不能开，一定会去找好的工匠。王公大人在这种时候，虽然有骨肉之亲，或是无缘无故而致富贵的，或是面貌长得漂亮的那些人，他知道这些人没有这种能力，就不用他们，这是为什么呢？也是恐怕损失自己的财产呀！王公大人在这种时候，尚不失为一个尚贤使能的人。但一等到治理国家就不是这样了，王公大人对于骨肉之亲、无缘无故致富贵以及长得漂亮的，都举用他们。像这样，王公大人爱他自己的国家，还比不上一张难拉的弓、一匹疲弱的马、一件衣服、一只牛羊啊！我因此得知天下的士大夫君子们，都只懂得小道理，而不明白大道理。这正如叫一个哑巴去充当外交官员，叫一个聋子去充当乐师一样。

【原文】

是故古之圣王之治天下也，其所富，其所贵，未必王公大人骨肉之亲、无故富贵、面目美好者也。是故昔者舜耕于历山，陶于河濒，渔于雷泽，灰于常

阳[①]。尧得之服泽之阳，立为天子，使接天下之政，而治天下之民。昔伊尹为莘氏女师仆[②]，使为庖人，汤得而举之，立为三公，使接天下之政，治天下之民。昔者傅说居北海之洲[③]，圜土之上[④]，衣褐带索，庸筑于傅岩之城，武丁得而举之，立为三公，使之接天下之政，而治天下之民。是故昔者尧之举舜也，汤之举伊尹也，武丁之举傅说也，岂以为骨肉之亲、无故富贵、面目美好者哉？惟法其言[⑤]，用其谋，行其道，上可而利天，中可而利鬼，下可而利人，是故推而上之。

【注释】

①灰：俞樾云："'灰'疑'反'字之误，'反'者'贩'之假字，贩从反声，古文以声为主，故止作'反'也。"常阳：地名，无考。

②师仆：俞樾云："'师'当为'私'，声之误。仆犹臣也。"私臣，即陪嫁的家奴。

③北海之洲：古地名。

④圜（圆）土：牢狱。圜土之上，即牢狱之中。

⑤惟：发语词。法：效法。

【译文】

所以古代圣王治理天下，他们所使之富有，所使之尊贵的，未必就是王公大人的骨肉之亲和无缘无故富贵及面目漂亮的那些人。过去舜帝在历山下耕种，在黄河之濒制作陶器，在雷泽捕鱼，在常阳贩卖货物。尧帝在服泽的北边得到了他，立为天子，让他接管天下的政事，治理天下的人民。过去伊尹是有莘氏之女的陪嫁家奴，让他做厨师，后来汤得到他而推举为三公，让他接管天下的政事，治理天下的人民。过去傅说住在北海之洲，被关在牢狱之中，穿着粗布衣服，以绳索为衣带，后在傅岩当佣人以筑城为生，武丁得到了他，推举为三公，让他接管天下的政事，治理天下的人民。由此观之，过去尧推举舜帝，汤推举伊尹，武丁推举傅说，难道是因为他们是骨肉之亲、无故富贵、面目漂亮吗？那只是要效法他们的言行，利用他们的智谋，实行他们的主张，上可以有利于天，中可以有利于鬼，下可以有利于民，所以推举他们上去。

【原文】

“古者圣王既审尚贤欲以为政[①]，故书之竹帛[②]，琢之槃盂[③]，传以遗后世子孙。于先王之书《吕刑》之书然[④]，王曰[⑤]：‘於[⑥]！来！有国有士[⑦]，告女讼刑[⑧]，在今而安百姓[⑨]，女何择言人[⑩]，何敬不刑[⑪]，何度不及[⑫]。’能择人而敬为刑，尧、舜、禹、汤、文、武之道可及也。是何也？则以尚贤及之，于先王之书竖年之言然[⑬]，曰：‘晞夫圣[⑭]、武[⑮]、知人[⑯]，以屏辅而身[⑰]。’此言先王之治天下也，必选择贤者以为其群属辅佐[⑱]。曰今也天下之士君子，皆欲富贵而恶贫贱。曰然[⑲]。女何为而得富贵而辟贫贱[⑳]？莫若为贤[㉑]。为贤之道将奈何？曰有力者疾以助人，有财者勉以分人，有道者劝以教人。若此则饥者得食，寒者得衣，乱者得治。若饥则得食，寒则得衣，乱则得治，此安生生[㉒]。”

【注释】

①审：审慎、慎重。

②书：写。竹帛：竹简、丝绢。

③琢：雕。槃：古代盛水的盘。盂：古代盛食的器皿。

④此句中，前一“书”字为名词，先王之书，指《尚书》。后一“书”字为动词，书写，记载。

⑤王：指先王。

⑥於：叹词。

⑦有国：有国家的诸侯国君。有士：有封地的卿士。

⑧女：汝。讼：通“公”。公刑，即公正的刑法。

⑨而：尔。即“你”。

⑩女何择言人：言，王引之云：“‘言’当为‘否’。……‘否’与‘不’古字通。”女何择否人：意为：你不选择人才，还有什么值得选择的呢？（王焕

镳说）

⑪何敬不刑：你不敬重刑罚，还有什么可以敬重的呢？

⑫何度不及：度，思考。及，达到。这里指达到尚贤的要求。句意：你不思考达到尚贤的要求，还思考什么呢？

⑬竖年：老年人。

⑭晞：通“希”，希求。圣：圣人。

⑮武：武夫。

⑯知人：智者。

⑰屏：王焕镳说：“‘屏’通‘裨’。”裨辅，辅佐。

⑱群属：指各种高级官员。

⑲曰然：陶鸿庆说：“曰”当在下句“莫若为贤”之前。因此，这句应为：然女何为而得富贵而辟贫贱？曰莫若为贤。

⑳辟：同“避”。

㉑莫若为贤：不如做贤人。

㉒此安生生：安，李渔叔说：安与乃同。生生：生存。

【译文】

“古代圣王既然慎重对待尚贤并打算以尚贤为政，所以把它书写在竹简丝帛上，雕刻在槃盂器皿上，流传给后世子孙。在先王的典籍《尚书》吕刑篇上就有所记载，先王说：‘啊！来！有国的国君和有封地的卿士们，告诉你们公正的刑法，今天你们要安定百姓，你不选择人才，还有什么值得选择的呢？你不敬重刑罚，还有什么可以敬重的呢？你不思考达到尚贤的要求，还思考什么呢？能够选择贤才，敬用刑典，那么尧、舜、禹、汤、文、武之道就可以赶上了。为什么呢？就是以尚贤赶上他们的。在先王之书上，老年人就有这样的说法：‘希求圣人、武夫、智者，来辅佐你自己。’这就是说先王治理天下，一定要选择贤能的人，来作为各种高级官员的辅佐。有人说：现在天下士大夫君子们，都想富贵而厌恶贫贱。然而你怎样做才能得到富贵而避免贫贱呢？有人说：“莫如做贤人。”那做贤人之道又是怎样的呢？有人说：有力气的人赶快用力帮助人，有财富的人努力分给别人，有高尚品道德的人则要尽力教诲别人。像这样就能饥者得食，寒者得衣，乱者得治。假若饥饿的能得到食物，寒冷的能得到衣服，世乱能得到治理，这样就会各安其生了。”

【原文】

今王公大人其所富，其所贵，皆王公大人骨肉之亲，无故富贵、面目美好者也。今王公大人骨肉之亲，无故富贵、面目美好者，焉故必知哉[①]！若不知，使治其国家，则其国家之乱可得而知也。今天下之士君子皆欲富贵而恶贫贱。然女何为而得富贵，而辟贫贱哉？曰莫若为王公大人骨肉之亲，无故富贵、面目美好者。王公大人骨肉之亲，无故富贵、面美好者，此非可学能者也。使不知辩[②]，德行之厚若禹、汤、文、武不加得也[③]，王公大人骨肉之亲，躄[④]、喑、聋，暴为桀、纣，不加失也[⑤]。是故以赏不当贤，罚不当暴，其所赏者已无故矣，其所罚者亦无罪。是以使百姓皆攸心解体[⑥]，沮以为善[⑦]，垂其股肱之力而不相劳来也[⑧]；腐臭余财，而不相分资也[⑨]，隐慝良道，而不相教诲也。若此，则饥者不得食，寒者不得衣，乱者不得治。推而上之以[⑩]。

【注释】

①焉故：何故。知：通智。

②使不知辩：使，假使。辩：通辨。意为：假使不会辨别。

③不加得：不会得到什么。即不会得到重任。

④躄：跛足。

⑤不加失：不会失掉什么。即不会被抛弃。

⑥攸心解体：王焕镳说：“‘攸’疑为‘散’字之形误。”散心解体：人心涣散。

⑦沮：阻遏。以：其。

⑧垂其股肱之力：指不愿动手足劳动，怠惰也。不相来劳：王焕镳说：

“‘来’，通‘勑’。”“来劳”，即“劳勑”，勉励帮助。不相来劳：即不勉励帮助人。

⑨分资：分给。

⑩推而上之以：五字疑衍，应删去。张纯一云：“旧有推而上之以五字。”王云：“此五字与上下文义不相属。盖涉上文推而上之而衍。”

【译文】

现在的王公大人，他们所使之富贵者，都是王公大人的骨肉之亲，以及无故富贵、面貌漂亮的人们。这些骨肉之亲，无故富贵、面貌漂亮的人，怎么一定会有智慧呢？如果没有智慧，而让他们来治理国家，那么这个国家的混乱，是可想而知的了。现在天下的士大夫君子们，都希望富贵而厌恶贫贱。然而怎样才能得到富贵而避免贫贱呢？那就只有做王公大人的骨肉之亲和无故富贵、面貌漂亮的人了。但是王公大人的骨肉之亲、无故富贵、面貌漂亮的，却不是可以学得到和能去做的呀！假使不会辨别，尽管德行很好，像禹、汤、文、武一样，也不会得到重任的；而王公大人的骨肉之亲，即使是跛足、哑巴、聋子，乃至暴虐到和桀、纣一样，也不会被抛弃。所以所奖赏的不是贤才，所惩罚的也不是暴戾的人，他们所赏的没有什么功劳，他们所罚的也没有什么罪过了。因此，使老百姓人心涣散，这就阻遏了他们做好事，即使有健全的体魄也懒惰怠工，更不会勉励帮助别人；即使有多余的财物腐臭变质，也不会分予资助别人；隐慝着良好的道德学问，而不相互教诲啊！像这样，饥饿的人就得不到吃的，寒冷的人就得不到穿的，混乱的社会就得不到治理。

【原文】

“是故昔者尧有舜，舜有禹，禹有皋陶，汤有小臣[1]，武王有闳夭、泰颠、南宫括[2]、散宜生[3]，而天下和[4]，庶民阜[5]，是以近者安之，远者归之。日月之所照，舟车之所及，雨露之所渐[6]，粒食之所养，得此莫不劝誉。且今天下之王公大人士君子[7]，中实将欲为仁义[8]，求为上士[9]，上欲中圣王之道，下欲中国家百姓之利，故尚贤之为说，而不可不察此者也。尚贤者，天鬼百姓之利，而政事之本也。”

【注释】

①小臣：指伊尹。

②南宫括：武王臣。

③散宜生：西周初文王臣，后佐武王灭纣。

④天下和：天下太平，和乐。

⑤庶民阜：老百姓富足。

⑥渐：滋润。

⑦且：假如。

⑧中实：诚心。

⑨上士：指道德高尚的贤士。

【译文】

“所以从前尧有舜，舜有禹，禹有皋陶，汤有伊尹，武王有闳夭、泰颠、南宫括、散宜生，因而天下太平，老百姓富足。所以近处的人得到安定，远处的人都来归服。凡是日月所照到的地方，舟车能去的地方，雨露能滋润的地方，粮食养活人的地方，得到这些贤士，没有谁不劝勉和赞誉的。假如天下的王公大人及士大夫君子们，诚心想要实行仁义，追求贤士，上要符合圣王的大道，下要符合国家百姓的利益，那尚贤作为一种主张，是不可不审察的了。所谓尚贤，是天鬼百姓的利益，是政事的根本啊！”

【评析】

这篇文章同前两篇文章一样，也是从尚贤的角度来说明治理国家时，贤才的重要性。本篇通过大量的例子来阐述贤才的重要性。一般的贤才未必就是王公大人们的骨肉之亲或是富贵和面孔美丽的人，但他们有自己的真才实学。他

们能为国家繁荣富强出谋划策。许多王公大臣治理国家、选拔人才时，并不是从贤才入手，而是从亲戚、富贵、面孔美丽入手，这样的人才选拔出来，最终只能是自食其果。

贤才的获得不在于出身的卑微，而在于是否有能力处理国家事务。通过舜、伊尹、傅说这三个人的例子来说明地位卑微，而且也不是王公大人们的骨肉之亲。但只要有才，就一定能成为国家的栋梁之材。

【故事阐微】

名相傅说

傅说（约前1335年—前1246年）是殷商王武丁的大臣，因在傅岩（今山西平陆东）地方从事版筑时被武丁起用，故以傅为姓，后来成了傅氏家族的始祖。傅说是我国殷商时期卓越的政治家、军事家、思想家及建筑科学家，武丁尊他为“圣人”。

傅说从政之前，是奴隶，在傅岩做苦役。傅岩是虞、虢两地交界之处，又是交通要道，两山高耸，涧水中流，每到夏季之时，洪水暴涨，常常冲坏道路，导致行旅受阻，奴隶们就在这里以传统的方式阻拦洪水。聪明的傅说在劳动中发明了版筑术，用这个方式筑路堤，不仅效率非常高，而且坚不可摧。后人从此延用来筑路造房，甚至包括早期长城。傅说就靠从事版筑维持生计，虽有一身才干和满腔治国热情，却无从施展。

商王武丁（前1250年—前1191年在位）是一位励精图治的帝王。相传他即位之前，在少年时期，遵父（商王小乙）命行役于外，与平民一同劳作，得以了解民众疾苦和稼穑艰辛。即位以后，他“三年不语”，从旁暗中观察朝政，思索复兴殷商的方略。后来，从版筑护路的奴隶中发现了傅说，擢拔为相。

傅说担任相国之后，尽心竭力辅佐武丁，大力改革弊政，“嘉靖殷邦”，使贵族和平民都没有怨言，史称“殷国大治”，“殷道复兴”。武丁一朝，成为商代后期的极盛时期。

关于傅说与武丁君臣际会的传说，有唐代孔颖达《尚书正义》引述西晋皇甫谧的一段记载，说殷高宗武丁梦见上天赐予他一位贤人，这个人蒙着奴隶穿的衣服，说自己姓傅名说，正在做苦役。武丁醒来之后，认为这是个好兆头，觉得上天要赐给他一位治理天下的好帮手了。天亮以后，他把这个梦告诉百官，却没有一个人相信。武丁就让人把梦中人的形象画出来，在全国寻找，果然在傅岩找到傅说。武丁请教他治国平天下的办法，傅说应对如流，条条切中要害，道理极其深刻，武丁听后赞赏不已，便举为相。

傅说从政经历的传说出现于东晋时期的《伪古文尚书》，中有《说命》上中下三篇，上篇叙述傅说初见武丁的过程及劝武丁虚心纳谏的言论；中篇为傅说向武丁陈述治国方略，其中有传颂不绝的名言“非知之艰，行之惟艰”，是我国最早的朴素唯物主义史观基石，下篇为君臣共勉之辞。傅说落难时所创造的“版筑”（俗称打墙）营造技术，是我国建筑科学史上的巨大成就，同时也是人类建筑史上的巨大进步。

尚同（上）

【题解】

墨子认为，国家起源于统一道义的需要，只有统一道义才能息争止乱，于是遂有政长。而政长的任务就是同一天下之义。所以他主张尚同，强调在下位者的思想认识、言论、行为，要向上统一于在上位者。里统一于里长，乡统一于乡长，国统一于国君，天下统一于天子，从而统一全体百姓的思想和行动。下级对上级的绝对服从，并以在上位者的是非为是非。认为只要这样统一，就不会产生混乱，从而达到天下的治理。这种“尚同”的思想，反映了作为小手工业者的墨家学派重视集中统一和严格的纪律性，以及幻想通过“尚同”而实现太平的一种理想。

【原文】

子墨子言曰："古者民始生未有刑政之时，盖其语，人异义。是以一人则一义，二人则二义，十人则十义，其人兹众，其所谓义者亦兹众。是以人是其义，以非人之义，故交相非是也。以内者父子兄弟作怨恶离散不能相和合[①]。天下之百姓，皆以水火毒药相亏害。至有余力，不能以相劳；腐巧余财[②]，不以相分；隐匿良道，不以相教。天下之乱，若禽兽然。"

【注释】

①以：同"已"，即"既而"之义。作：即"乍"，开始的意思。

②巧（𦼮）：腐朽，腐烂。

【译文】

墨子说："古代人类刚刚产生还没有刑法与政治的时候，人们所说的话，每个人都有不同的意义。因此，一个人就有一种意义，两个人就有两种意义，十个人就有十种意义，人越多，这些所谓的意义也就越多。而且每个人都认为自己的意义是对的，并以此来批评别人所认为的意义，因此就互相指责。继而在家里父子兄弟之间开始互相怨恨分离而不能互相团结和睦。天下的百姓都用水火毒药互相损害。即使有余力也不能互相帮助；多余的钱财腐朽了也不能分施；隐藏起好的知识不能互相教育。天下的混乱，就像禽兽一样。"

【原文】

夫明虖天下之所以乱者[①]，生于无政长，是故选天下之贤可者，立以为天子。天子立，以其力为未足，又选择天下之贤可者，置立之以为三公。天子、三公既以立，以天下为博大，远国异土之民，是非利害之辩，不可一二而明知[②]，故画分万国，立诸侯国君。诸侯国君既已立，以其力为未足，又选择其国之贤可者，置立之以为正长。正长既已具，天子发政于天下之百姓，言曰：闻善而不善[③]，皆以告其上。上之所是，必皆是之；上之所非，必皆非之。上有过则规谏之，下有善则傍荐之[④]。上同而不下比者，此上之所赏而下之所誉也。意若闻善而不善，不以告其上，上之所是弗能是，上之所非弗能非，上有过弗规谏，下有善弗傍荐，下比不能上同者，此上之所罚，而百姓所毁也。上以此为赏罚，甚明察以审信。

【注释】

①虖：即“乎”。

②一二：当作“一一”，古书重字号讹为“二”也。

③而：即“与”。

④傍荐：访求而举荐。傍，通“访”。

【译文】

明白了天下之所以混乱的道理，是由于没有行政长官，所以就要选择天下的贤良且可任以政务的人来，拥立其为天子。天子确立了，因为他的力量还不够，又选择天下的贤良且可任以政务的人来，立为三公。天子和三公都已经确立了，又因为天下广大，远方异国的人民，对于是非利害的区别不可能一一明白，所以再划分许多国家，设立诸侯与国君。诸侯、国君确立后，因为他的力量还不够，又选择诸侯国里的贤良且可任以政务的人来，设立为行政长官。行政长官具备后，天子就向天下百姓发布政令说：你们不论听到好的和不好的意见，都要报告给自己的上级。上级认为对的，大家都一定也要认为对；上级认为不对的，大家也都必须认为不对。上级有过失就要规谏，下面有好的就要访求并举荐。与上级一致而不在下面结党营私，这是上级所称赏下面所赞誉的做法。假如听到好的和不好的意见，却不报告给上级，上级所认为对的却认为不对，上级所认为错的却认为没错，上级有过失不能规谏，下面有好的却不能访求举荐，下面结党而不能与上级一致的，这是上级所要责罚，而且百姓也要非议的做法。上级用这个原则来进行赏罚，就能明察秋毫而且符合实际。

【原文】

是故里长者[①]，里之仁人也。里长发政里之百姓，言曰：闻善而不善，必以告其乡长。乡长之所是，必皆是之；乡长之所非，必皆非之。去若不善言，学乡长之善言；去若不善行，学乡长之善行，则乡何说以乱哉？察乡之所治何也？乡长唯能壹同乡之义，是以乡治也。乡长者，乡之仁人也。乡长发政乡之百姓，言曰：闻善而不善者，必以告国君。国君之所是，必皆是之；国君之所非，必皆非之。去若不善言，学国君之善言，去若不善行，学国君之善行，则国何说以乱哉？察国之所以治者何也？国君唯能壹同国之义，是以国治也。国君者，国之仁人也。国君发政国之百姓，言曰：闻善而不善，必以告天子。天子之所是，皆是之；天子之所非，皆非之。去若不善言，学天子之善言；去若不善行，学天子之善行，则天下何说以乱哉。察天下之所以治者何也？天子唯能壹同天下之义，是以天下治也。

【注释】

①里长：一里的行政长官。里，古代地方上的行政单位。

【译文】

所以，里长是一里内的仁人。里长向一里的百姓发布政令说：不论听到好的和不好的意见，一定要报告给乡长。乡长认为对的，大家都一定也要认为对；乡长认为不对的，大家也都必须认为不对。去掉你们不正确的言论，学习乡长正确的言论；去掉你们不正确的行为，学习乡长正确的行为，那么一个乡还有什么理由混乱呢？考察一个乡之所以治理得好是什么原因呢？唯有乡长能统一全乡人的意愿，所以一乡就得到治理了。乡长是一乡内的仁人。乡长向一乡的百姓发布政令说：不论听到好的和不好的意见，一定要报告给国君。国君认为对的，大家都一定也要认为对；国君认为不对的，大家也都必须认为不对。去掉你们不正确的言论，学习国君正确的言论；去掉你们不正确的行为，学习国君正确的行为，那么一个国还有什么理由混乱呢？考察一个国之所以治理得好是什么原因呢？唯有国君能统一全国人的意愿，所以一国就得到治理了。国君是一国内的仁人。国君向一国的百姓发布政令说：不论听到好的和不好的意见。一定要报告给天子。天子认为对的，大家都一定也要认为对；天子认为不对的，大家也都必须认为不对。去掉你们不正确的言论，学习天子正确的言论；去掉你们不正确的行为，学习天子正确的行为，那么天下还有什么理由混乱呢？考察天下之所以治理得好是什么原因呢？唯有天子能统一全天下人的意愿，所以全天下就得到治理了。

【原文】

天下之百姓皆上同于天子，而不上同于天，则菑犹未去也①。今若天飘风苦雨②，溱溱而至者③，此天之所以罚百姓之不上同于天者也。是故子墨子言曰：古者圣王为五刑，请以治其民④。譬若丝缕之有纪⑤，罔罟之有纲⑥，所连收天下之百姓不尚同其上者也。

【注释】

①菑：即“灾”。

②飘风：迅疾暴烈的风。

③溱溱：当为“溱凑”，频仍的意思。

④请：通“情”，的确。

⑤纪：把丝线分开的主要线索。

⑥罔罟：渔猎所用的网。罔，同“网”。罟，网。

【原文】

天下的老百姓如果都向上统一于天子，而不向上统一于天的意志，那么灾祸就还没有完全离去。现在如果上天让大风与暴雨频频到来，这就是上天对于不向上统一于天的意志的百姓的惩罚。所以墨子说：古代圣王制定了五种刑罚，诚然是用来治理人民的，就好像丝线有头绪，渔猎的网有纲，是用来收束那些不向上统一于上级的百姓一样。

【评析】

墨子在《尚同上》阐述了民主选举产生政府的观点：由于原来的无政府状态“天下之乱，若禽兽然。”所以人们“选天下之贤可者，立以为天子。”“又选择天下之贤可者，置立之以为三公。”“立诸侯国君。”“又选择其国之贤可者，置立之以为正长”从天子到三公，从诸侯到正长，政府各级官员莫不是经民主选举产生。“尚同”同时要求全社会的思想共识和舆论达到一致，即所谓“上之所是，必皆是之；所非，必皆非之”，要求社会成员的思想都要统一于其上级，下级的思想要统一于上级，以此逐级统一思想舆论，天下大治。同时墨子十分强调自天子、三公、诸侯，直到地方上的乡长、里长都必须实行举贤良之制，自上而下建立起贤人政治的一套平民民主的体制，以保证思想舆论的统一有正确的方向，即求“兴天下之利，除天下之害”，以利万民。

值得警惕的是，尚同和尚贤是不能分离的。尚同要以尚贤为基础和前提，否则小了可能会造成“一言堂”，大了可能会形成独裁统治，希特勒也是民选上台的。这也是墨子的“尚同”最容易为人诟病的地方。虽然墨子有“天志”来警示最高统治者，但今天看来，没有制衡的权力，仍然是危险的。同时，尚贤需要以尚同来相辅，否则，无政府状态下，再贤良的人，再好的政策也是无法推行的。

【故事阐微】

孝文帝汉化改革

墨子提出“尚同”的思想是要人们把自己所看到所听到的事情报告给上

级，让上级尽快知道发生了什么事情，好进行统一的管理。“去若不善言，学天子之善言；去若不善行，学天子之善行。”学习天子好的东西。孝文帝就是这样，以身作则，才使鲜卑族很快融入了汉族之中。

北魏自从太武帝死去后，政治腐败，鲜卑贵族和大商人压迫人民，不断引起北方人民的反抗。公元471年，魏孝文帝即位后，决心采取改革的措施。

魏孝文帝规定了官员的俸禄，严厉惩办贪官污吏；实行了“均田制”，把荒地分配给农民，成年男子每人四十亩，妇女每人二十亩，让他们种植谷物，另外还分给桑地。农民必须向官府交租、服役。农民死了，除桑田外，都要归还官府。这样一来，开垦的田地多了，农民的生产和生活比较稳定，北魏政权的收入也增加了。

魏孝文帝是一个政治上有作为的人，他认为要巩固魏朝的统治，一定要吸收中原的文化，改革一些落后的风俗。

汉族文化博大精深，有许多是鲜卑民族所比不上的。孝文帝认为只要肯认真学习，接纳汉人，对于北魏的发展有极大的帮助。但汉化的最大问题在于要先改变国民的观念，让他们接受更为先进的东西。孝文帝经过深思熟虑，决定要让北魏少数民族逐渐与汉族文明相融合。

魏主想要先改革鲜卑族的旧的风俗习惯，并决定先从服饰下手。建武元年十二月二日，孝文帝下诏要求全国民众、官员学习汉族人的装束，禁止穿鲜卑族的服装。命令一公布，没有人敢不执行，也没有人敢当着他的面反对，但有许多人对此事颇为不满。

建武二年五月，魏太子在宗庙里举行了冠礼。北魏孝文帝决定趁此机会正式开始对鲜卑族的文化习俗进行改革。他召集文武百官问道：“你们是愿意我的统治超过远古时的商、周，还是希望我连汉、晋时都不如？”咸阳王拓跋禧回答：“我们当然希望您能超越他们。”孝文帝接着又问：“那么我们应该大胆改革，移风易俗，还是因循守旧，一成不变呢？”王禧回答说：“我们希望陛下治理的国家能时常更新、进步。”孝文帝又问：“我们的江山是到我这一代就结束呢，还是子子孙孙永远流传下去？”王禧回答说：“希望江山能万古长存。”孝文帝看时机已经成熟，紧接着就说："既然你们都这样认为，那么就一定要实施彻底的改革，谁都不许违抗！"群臣异口同声地回答："皇上您下的命令我们一定会遵守，怎么会敢违抗呢？"孝文帝表情严肃地说："古人说：名不正，言不顺，则礼乐不兴。现在我决定停止使用鲜卑语，一律说汉语。三十岁以上的人已经养成了习惯，要一下改过来也不容易，可以慢慢努力，暂时不做严格的要求。但三十岁以下的朝廷官员就必须马上改说汉语。不准再说鲜卑语。如果有不听诏令，执意不改的人，一律降低或罢黜官职。这一点我说到做到，希望各位都牢记在心中，认真执行。大家觉得我这样做对吗？"

众臣回答说："谨遵圣旨。"孝武帝又教训这群唯唯诺诺的臣子："如果我的决定有不对的地方，你们应当立刻指出来与我商议、争论。为什么当时不说出自己的不满，上朝时口口声声同意，退朝之后却又不照办呢？"六月初二他再次下诏："在朝廷之内不准使用鲜卑语，凡是违反了就免除他的职务。"

六月十六日，魏主下令搜集各种宫廷内从缺、但又十分有用的书籍，一律付给十分丰厚的赏赐。

不久有关官员上奏请求："广川王妃死后葬在代都平城。现在广川王死了是应该葬在平城呢，还是把王妃的墓迁过来与他一同葬在洛阳。"孝文帝想了想回答："凡是迁居到洛阳的人，死后都埋葬在洛阳东部的山上。如果丈夫在迁都前就死在了平城，那么他的妻子就可以到平城与之合葬。但如果丈夫死于洛阳，就不允许与其妻葬在平城。其他各州的人听随自便。六月十九日颁布了正式的条例，规定："迁居到洛阳的民众死后就葬在黄河以南，不得迁回黄河以北。"从此，南迁的鲜卑人才真正在洛阳扎下根来，慢慢溶入了汉族。

尚同（中）

【题解】

《尚同》中篇的文字比上篇长一倍，前半段内容与上篇基本相同，后半段的内容为上篇所无。它强调，圣王上同于天，就必须敬事天鬼。天下有政刑而乱，非刑之不善，乃用刑不善之故。古者置正长是为民兴利除害，不是为了富贵逸乐，今之为正长则与此相反。同一赏罚还必须同一舆论，如果上所赏而下非之，上所罚而下誉之，那就不起作用。同一下情可以广天子之耳目，助天子之视听，以利天子之赏罚，办事效率就大大提高。

【原文】

子墨子曰："方今之时，复古之民始生，未有正长之时，盖其语曰，天下之人异义，是以一人一义，十人十义，百人百义。其人数兹众，其所谓义者亦兹众。是以人是其义，而非人之义，故相交非也。内之父子兄弟作怨雠[1]，皆有离散之心，不能相和合。至乎舍余力，不以相劳；隐匿良道，不以相教；腐朽余财，不以相分。天下之乱也，至如禽兽然。无君臣上下长幼之节、父子兄弟之礼，是以天下乱焉。明乎民之无正长以一同天下之义，而天下乱也，是故选择天下贤良、圣知、辩慧之人，立以为天子，使从事乎一同天下之义。天子既以立矣，以为唯其耳目之请[2]，不能独一同天下之义，是故选择天下赞阅[3]贤良、圣知、辩慧之人，置以为三公，与从事乎一同天下之义。天子三公既已立矣，以为天下博大，山林远土之民，不可得而一也。是故靡分[4]天下，设以为万诸侯国君，使从事乎一同其国之义。国君既已立矣，又以为唯其耳目之请，不能一同其国之义，是故择其国之贤者，置以为左右将军大夫，以至乎乡里之长，与从事乎一同其国之义。天子、诸侯之君、民之正长，既已定矣，天子为发政施教，曰："凡闻见善者，必以告其上：闻见不善者，亦必以告其上。上之所是，亦必是之；上之所非，亦必非之。己有善，傍荐之；上有过，规谏之。尚同义其上，而毋有下比之心。上得则赏之，万民闻则誉之。意若闻见善，不以告其上；闻见不善，亦不以告其上。上之所是不能是，上之所非不能非。己有善，不能傍荐之；上有过，不能规谏之。下比而非其上者，上得则诛罚之，万民闻则非毁之。"故古者圣王之为刑政赏誉也，甚明察以审信。是以举天下之人，皆欲得上之赏誉而畏上之毁罚。"

【注释】

①怨雠：雠，仇恨。怨雠，即“怨仇”。
②请：通“情”。
③赞阅：观察，考究。
④靡分：划分。

【译文】

墨子说：“现在想到古代刚刚有人类的时候，地方长官还没有出现，所以每个人说的话都有各自的道理，这就出现了一个人有一种道理，十个人就有十种道理，一百个人有一百种道理。人越多的话意见就越多。所以每个人都认为自己对，认为别人错，都用自己的道理去攻击别人的道理。以至在家里父子兄弟互相仇恨，不能共处一室，被迫分离。以至有余力的人也不会相互帮助，又隐藏自己的知识，而不用来互相教诲；多余的财物由它腐烂，而不用来帮助别人。天下混乱不堪，人们好像禽兽一般。全然不懂得君臣、上下和长幼的区别，也不懂得父子兄弟之间的礼节，因此天下大乱。明白了因为人民没有长官来统一天下的意见，而造成天下混乱，于是就选择天下贤能、智慧的人，把他立为天子，让他来统一天下的意见。立了天子以后，因为他的力量还不足够，仅靠自己一人去听去看不能统一天下的意见，所以又要选择贤能、智慧之人立为三公，用来帮助统一天下的意见。立了天子、三公以后，因为天下广博，处在山林之中或是远地的人民，不能统一，因此又划分为许多国家，扶植诸侯国君，让他来统一国内的意见。立了诸侯国君之后，因为他的力量还不足够，仅靠自己一人去听去看，不能统一天下的意见所以又选出其国内的贤士，任命为将军和士大夫，以至于里长、乡长等，用来统一国内的意见。当天子、诸侯国君和地方长官都选定了以后，天子就对天下百姓发布命令说：“你们平时听见善和不善，都应该向上面报告。上面认为是对的，就应该认为对；上面认为不对的，就应该认为不对。自己有善行就应该举荐；统治者犯了过错就应该去规谏。和上面相同而不去与下面相比，这是上面所赏识和下面所赞誉的事情。如果平时听见善和不善都不向上面报告，上面认为对的就认为错，上面认为错的就认为对；下面有了善行又不举荐，统治者有了过错又不去规谏，与下面相比而又不与上面相一致，这是上面所要惩罚的，是百姓所诋毁的做法。”统治者根据这来进行赏罚，是非常明智的。所以普天之下的百姓，都希望得到上面的赏赐而畏惧上面的惩罚。”

【原文】

是故里长顺天子政而一同其里之义。里长既同其里之义，率其之里之万民以尚同乎乡长，曰：“凡里之万民，皆尚同乎乡长而不敢下比。乡长之所是，必亦是之；乡长之所非，必亦非之。去而[1]不善言，学乡长之善言；去而不善行，学乡长之善行。”乡长固乡之贤者也，举乡人以法乡长，夫乡何说而不治哉？察乡长之所以治乡者，何故之以也？曰：唯以[2]其能一同其乡之义，是以乡治。

【注释】

①而：通“迩”，你的意思。

②唯以：唯，只是。以，因为能够。

【译文】

所以作为里长就跟随天子的做法而统一里内的意见。里长统一了里内的意见之后，又带领乡民们使之与乡长的意见一致，说道：“凡是里内的百姓，意见都要跟乡长相一致而不能互相谋划，乡长认为对的，你们就要认为对；乡长认为不对的，你们就要认为不对。改掉你们的话语，学习乡长的话语；改掉你们的坏习惯，学习乡长的好习惯。”乡长是一个乡之中的贤能之士，如果全乡的人都去学习他的话，那么乡里又怎么会混乱呢？我们看乡长为何会把乡里治理得这么好呢？是因为乡长能够统一乡里的意见，所以治理得这么好。

【原文】

乡长治其乡而乡既已治矣，有[1]率其乡万民，以尚同乎国君，曰："凡乡之万民，皆上同乎国君而不敢下比。国君之所是，必亦是之；国君之所非，必亦非之。去而不善言，学国君之善言；去而不善行，学国君之善行。"国君固国之贤者也，举国人以法国君，夫国何说而不治哉？察国君之所以治国而国治者，何故之以也？曰：唯以其能一同其国之义，是以国治。

【注释】

①有：通"又"。

【译文】

乡长治理乡务而把乡里治理好以后，又带领乡民们使之与国君的意见相一致，说道："凡是乡里的百姓，意见都要跟国君相一致而不能互相谋划。国君认为对的，你们就要认为对；国君认为不对的，你们就要认为不对。改掉你们的话语，学习国君的话语；改掉你们的坏习惯，学习国君的好习惯。"国君是一个诸侯国之中的贤能之士，如果全国的人都去学习他的话，那么国家又怎么会混乱呢？我们看国君为何会把国家治理得这么好呢？是因为国君能够统一国家里的意见，所以治理得这么好。

【原文】

国君治其国而国既已治矣，有率其国之万民以尚同乎天子，曰："凡国之万民，上同乎天子而不敢下比。天子之所是，必亦是之；天子之所非，必亦非之。去而不善言，学天子之善言；去而不善行，学天子之善行。"天子者，固天下之仁人也，举天下之万民以法天子，夫天下何说而不治哉？察天子之所以治天下者，何故之以也？曰：唯以其能一同天下之义，是以天下治。

【译文】

国君治理国家而把政事治理好以后，又带领国民们使之与天子的意见相一致，说道："凡是国中的百姓，意见都要跟天子相一致而不能互相谋划。天子认为对的，你们就要认为对；天子认为不对的，你们就要认为不对。改掉你们的话语，学习天子的话语；改掉你们的坏习惯，学习天子的好习惯。"天子是天下的贤能之士，如果全国的人都去学习他的话，那么天下又怎么会混乱呢？我们看天子为何会把天下治理得这么好呢？是因为天子能够统一天下的意见，所以治理得这么好。

【原文】

夫既尚同乎天子，而未上同乎天者，则天灾将犹未止也。故当若天降寒热不节，雪霜雨露不时，五谷不孰①，六畜不遂②，疾灾戾疫，飘风苦雨，荐臻③而至者，此天之降罚也，将以罚下人之不尚同乎天者也。

【注释】

①孰：成熟。
②遂：兴旺，繁殖。
③荐臻：频繁，接连不断。

【译文】

但如果只是和天子相一致，而没有和上天相一致的话，那么灾祸就不会停止。因此当天气寒暑混乱，雨雪不期而至，五谷不能成熟，六畜不能兴旺，灾害疾病流行，凄风苦雨，这一切频频到来的时候，就是上天对人的惩罚，这是惩罚下面的人不与上天相一致。

【原文】

故古者圣王明天、鬼之所欲，而辟[1]天、鬼之所憎，以求兴天下之利，除天下之害，是以率天下之万民，齐戒沐浴，洁为酒醴粢盛，以祭祀天、鬼。其事鬼神也，酒醴粢盛不敢不蠲洁[2]，牺牲[3]不敢不腯肥[4]，珪璧币帛不敢不中度量，春秋祭祀不敢失时几，听狱不敢不中，分财不敢不均，居处不敢怠慢。曰：其为正长若此，是故上者天、鬼有厚乎其为正长也，下者万民有便利乎其为政长也。天、鬼之所深厚而能强从事焉，则天、鬼之福可得也。万民之所便利而能强从事焉，则万民之亲可得也。其为政若此，是以谋事得，举事成，入守固，出诛胜者，何故之以也？曰：唯以尚同为政者也。故古者圣王之为政若此。

【注释】

①辟：通“避”，避开。

②蠲洁：干净，清洁。

③牺牲：用来祭祀天地鬼神时用的牲畜。

④腯肥：腯，肥大。腯肥，是同义复指。

【译文】

所以古代的圣王明白天地、鬼神所希望的东西，而力图避开天地、鬼神所憎恶的东西，希望可以得到天下之利，祛除天下之害。因此，就带领天下的百姓们斋戒沐浴，准备干净丰盛的酒食祭品，用来祭祀天地鬼神。祭祀的时候，所用的酒食不敢不干净，牛羊等牲畜不敢不肥大，奇珍异宝不敢不足量，春秋两季的祭祀不敢不按时，审理刑狱的时候不敢不公正，分发财物的时候不敢不均匀，待人接物也不敢有所怠慢。如果这样当长官，那么天地鬼神都会厚待他，属下的人民也会给予他便利。天地鬼神厚待他，而他又能用心治理，那么就可以得到天地鬼神所赐予的福气。百姓给予他便利而他又能用心治理，那么天下的百姓都会拥护他。这样治理政事的话就能够在谋划事情时成功，坚守的时候就稳固，出征的时候就得胜，这是为什么呢？就是以尚同为根本。古代的圣王就是这样为政的。

【原文】

今天下之人曰："方今之时，天下之正长犹未废乎天下也，而天下之所以乱者，何故之以也？"子墨子曰："方今之时之以正长，则本与古者异矣。譬之若有苗之以五刑然。昔者圣王制为五刑以治天下，逮至有苗之制五刑，以乱天下，则此岂刑不善哉？用刑则不善也。是以先王之书《吕刑》之道曰：'苗民否用练[①]，折[②]则刑，唯作五杀之刑，曰法。'则此言善用刑者以治民，不善用刑者以为五杀，则此岂刑不善哉？用刑则不善，故遂以为五杀。是以先王之书《术令》之道曰：'唯口出好兴戎。'则此言善用口者出好，不善用口者以为谗贼寇戎，则此岂口不善哉？用口则不善也，故遂以为谗贼寇戎。"

【注释】

①练：命令。

②折：制服，制裁。

【译文】

如今天下的人说："现在天下的长官们并没有被罢免掉，那么天下混乱的原因又是什么呢？"墨子说："现在的长官们，根本就和以前的长官们不同。这就好像是有苗族所制定的五种刑法一样。从前先王制定五种刑法用来治理天下，但到了有苗族那里就变成制定五种刑法来扰乱天下，这难道是刑法本身不完善的缘故吗？这是因为刑法使用不恰当的缘故。所以先王所著的《吕刑》上说：'苗民不服从管理，就用刑法来惩治，所以制定了五杀的刑罚，作为刑法。'这说明善于运用刑法就可以治理百姓，不善于运用刑法就会变成了五杀之刑，这难道是刑法本身不完善的缘故吗？这是刑法使用不恰当的缘故，所以就变成了五杀之刑。因此先王所著的《术令》上说道：'用口可以说出好话，也可以引起战争。’这是说善于用口说话的人就会说出好的东西，而不善于用口说话的同样可以引起诽谤甚至战争，这难道是口的过错吗？这是使用口不恰当的缘故，所以会引起诽谤甚至战争。”

【原文】

故古者之置正长也，将以治民也。譬之若丝缕之有纪，而罔罟之有纲也，将以运役天下淫暴而一同其义也。是以先王之书、相年[①]之道曰：“夫建国设都，乃作后王君公，否用泰也。轻大夫师长，否[②]用佚[③]也。维辩[④]使治天均。”则此语古者上帝鬼神之建设国都立正长也，非高其爵，厚其禄，富贵佚而错之也。将以为万民兴利除害，富贵贫寡，安危治乱也。故古者圣王之为若此。

【注释】

①相年：大的辈分。

②否：不是，非。

③佚：指淫佚。

④辩：通“辨”。

【译文】

所以古时之所以要设置长官，是用来治理百姓的。就好像丝缕上面有纪，网上面有纲一样，是用来整治天下的淫暴之徒并使其改邪归正的。所以先王的书上和上一辈的话语中经常有这样的话：“建立国家设置都城，又设立天子诸侯，并不是叫他们去享受的。而设立大夫之类的职位，也不是叫他们去寻欢作乐的，而是要他们清楚治理天下的任务。”这说明古时候上天鬼神建立国家都城和设立长官，并不是用来抬高他们的爵位，丰厚他们的俸禄，要他们骄奢淫逸的。而是要他们为百姓除害造福，使贫穷的人富裕，安定危难，整治混乱的。古代的圣王就是这样的。

【原文】

今王公大人之为刑政则反此：政以为便譬[①]、宗于父兄故旧，以为左右，置以为正长。民知上置正长之非正以治民也，是以皆比周[②]隐匿，而莫肯尚同其上。是故上下不同义。若苟上下不同义，赏誉不足以劝善，而刑罚不足以沮暴。何以知其然也？曰：上唯毋立而为政乎国家，为民正长，曰："人可赏，吾将赏之。"若苟上下不同义，上之所赏，则众之所非。曰人众与处，于众得非，则是虽使得上之赏，未足以劝乎！上唯毋立而为政乎国家，为民正长，曰："人可罚，吾将罚之。"若苟上下不同义，上之所罚，则众之所誉。曰人众与处，于众得誉，则是虽使得上之罚，未足以沮乎！若立而为政乎国家，为民正长，赏誉不足以劝善，而刑罚不沮暴，则是不与乡吾本言"民始生未有正长之时"同乎？若有正长与无正长之时同，则此非所以治民一众之道。

【注释】

①便譬：君王宠爱的小臣。

②比周：拉帮结派。

【译文】

现在的大人们为政的时候却刚好与之相反，他们把那些自己宠幸的人，或是父亲兄弟的旧相识作为自己的左右手，任命为长官。百姓知道上面设置长官并不是用来治理人民的，因此就互相勾结、谋划，而不肯与上面相一致。因此上下就不能一致。如果上下不一致的话，那么赏赐就起不到鼓励善行的作用，而刑罚也起不到惩治罪恶的作用。怎么知道会是这样呢？如果一个作为统治者或是地方长官的人说："这个人应该奖赏，我将会奖赏他。"这时如果上下不一致的话，上面所奖赏的人，正是下面所非议的人。人们说与这个人相处，大家都对他有意见，那么即使是上面对他进行赏赐，也达不到劝善的作用。如果一个作为统治者或是地方长官的人说："这个人应该受罚，我将会惩罚他。"这时如果上下不一致的话，上面所惩罚的人，正是下面所赞誉的人。人们说与这个人相处，大家都对他赞誉有加，那么即使是上面对他进行惩罚，也起不到警示的作用。作为统治者或是地方长官，用赏赐不能劝善，用惩罚又不能阻恶，那么不就和我上面说的“在人类刚刚出现时没有长官”时一样吗？如果有长官和没有长官都是一样的话，那就不是治理百姓、统一意见的方法了。

【原文】

故古者圣王唯而审以尚同，以为正长，是故上下情请[①]为通。上有隐事遗利，下得而利之；下有蓄怨积害，上得而除之。是以数千万里之外，有为善者，其室人未遍知，乡里未遍闻，天子得而赏之；数千万里之外，有为不善者，其室人未遍知，乡里未遍闻，天子得而罚之。是以举天下之人，皆恐惧振动惕栗，不敢为淫暴，曰：“天子之视听也神！”先王之言曰：“非神也。夫唯能使人之耳目助己视听，使人之吻助己言谈，使人之心助己思虑，使人之股肱助己动作。”助之视听者众，则其所闻见者远矣；助之言谈者众，则其德音[③]之所抚循[④]者博矣；助之思虑者众，则其谈谋度速得矣；助之动作者众，即其举事速成矣。故古者圣人之所以济事成功，垂名于后世者，无他故异物焉，曰：唯能以尚同为政者也。

【注释】

①情请：请，即“情”，这里是同义复指。

②吻：口，口吻。

③德音：天子的命令。

④循：顺着抚摩。

【译文】

所以古代的圣王能够选用尚同的人来作为长官，因此上下就得到了很好的沟通。上面有什么事情遗漏了，下面就对其进行启发；下面有什么积聚的怨恨和祸害，上面也能够帮助他们消除。因此，即使是在千万里之外的地方，有人做了善事，他的家人还没有知道，他的乡亲还没有听说，但天子已经知道并且赏赐了他；同样，即使是在千万里之外的地方，有人做了坏事，他的家人还没有知道，他的乡亲还没有听说，但天子已经知道并且惩罚了他。因此天下的百姓都感到震动和惧怕，不敢作恶，说道："天子的视听真是神奇啊！"先王说："并不是什么神奇。只是能借助别人的耳朵和眼睛来帮助自己去听去看，借助别人的口来帮助自己说话，借助别人的心帮助自己思考，借助别人的手脚来帮助自己办事。"帮助自己去听去看的人多了，那么自己的所见所闻就丰富；帮助自己说话的人多了，那么自己所能安抚的人也就增多了；帮助自己思考的人多了，那么自己的所思所想就能很快实现；帮助自己办事的人多了，那么事情也就很快会完成。因此古代的圣人们之所以能够成就大业，流芳千古，并没有其他的原因，就是因为能任用尚同的人为政。

【原文】

是以先王之书《周颂》之道之曰："载[①]来见彼王，聿求厥章[②]。"则此语古者国君诸侯之以春秋来朝聘天子之廷，受天子之严教，退而治国，政之所加，莫敢不宾。当此之时，本无有敢纷[③]天子之教者，《诗》曰："我马维骆[④]，六辔[⑤]沃若[⑥]，载驰载驱，周爰[⑦]咨度。"又曰："我马维骐[⑧]，六辔若丝，载驰载驱，周爰咨谋。"即此语也。古者国君诸侯之闻见善与不善也，皆驰驱以告天子。是以赏当贤，罚当暴，不杀不辜，不失有罪，则此尚同之功也。是故子墨子曰："今天下之王公大人士君子，请将欲富其国家，众其人民，治其刑政，定其社稷，当若尚同之不可不察，此之本也。"

【注释】

①载：开始的时候。

②厥章：厥，那种。章，规章制度。

③敢纷：纷，扰乱。敢纷，就是敢于扰乱的意思。

④骆：颈上长有黑毛的马。

⑤辔：缰绳。

⑥沃若：飘散的样子。

⑦爰：语气助词，无实义。

⑧骐：一种青黑色的马。

【译文】

所以先王所著的《周颂》上说道："载来见彼王，聿求厥章。"说的就是古时候各个诸侯国的国君都要分春秋两季来朝拜天子，接受天子的教诲，回去好好地治理国家，政令所到的地方，没有人敢不遵从的。那个时候，根本就不会有谁敢改变天子的政令，《诗经》上说："我的马有黑色的鬃毛，六条缰绳十分柔美，它们在路上轻快地跑着，在所到达的地方探访。"又说："我的马有青色的鬃毛，六条缰绳十分柔美，它们在路上轻快地跑着，在所到达的地方寻访。"就是这个意思。古代的国君不论看到善还是不善，都会去报告给天子知道。因此，贤能的得到赏赐，作恶的得到惩罚，不乱杀无辜，也不会放过有罪的人，这就是尚同的功用。所以墨子说道："如今的大夫和士人们，如果希望国家富裕，人口众多，刑法严明，社稷安定的话，那么就不能不尚同，因为这是为政之本。"

【评析】

墨子以为"尚同"是上帝和鬼神的意志，是最公平合理的，但在客观上，这种尚同于天下的说法，乃是帮助当时王公大人巩固在人民面前已经动摇的威信的。

墨子说："今天下之王公大人士君子，请将欲富其国家，众其人民，治其刑狱。定其社稷，当若尚同之不可不察，此之本也。"墨子认为尚同是为政的根本，他认为尚同可以避免灾祸，使国家富强。而他所提倡的"尚同"思想乃是以天志说为基础的。认为这所有的一切都必须听从于上天的安排。他的这一思想明显具有消极的因素，不值得提倡和学习。

【故事阐微】

赵武灵王胡服骑射

公元前302年，赵武灵王决定进行军事改革，改穿胡服，学习骑射。

赵武灵王是一个眼光远、胆子大的君主。赵国的大臣楼缓、肥义、公子成，全是他的帮手。赵武灵王想改革军事已经想了很久。有一天，他对楼缓说："咱们北边有燕国，东边有东胡，西边有林胡、楼烦、秦、韩等国，中间还有中山，四面八方全是敌人。什么是咱们的保障呢？自己要是不再发愤图强，随时都可能被人家灭了。要发愤图强就得做好些事情。我打算先从改革服装着手，接着可以改变打仗的方法。你说怎么样？"

胡服骑射

楼缓说："我们的服装要怎么改呢？"

赵武灵王说："咱们穿的衣服，腰太肥，袖子太长，领口太宽，下摆太大，穿着这种长袍大褂，做事也不太方便。"楼缓把话接过去说："而且还浪费衣料。"

赵武灵王把袖子晃了晃，下摆兜了兜，说："多费衣料倒在其次，穿上长袍大褂，不但做事不方便，而且走起路来摇摇摆摆的，干起活儿来就迟慢。因此，也就减少了急起直追的精神。全国的人全都这样，国家哪儿强得起来？我打算仿照胡人的风俗，把大袖子的长袍改成小袖儿的短褂，腰里系一根皮带，脚上穿双皮靴。穿上这种衣服，做事方便，走路灵活。你再想大模大样、摇摇摆摆地走也就办不到了。"

楼缓听得很高兴地说："咱们仿照胡人的穿着，打起仗来灵便，是不是？"

赵武灵王说："是啊！咱们打仗全靠步兵，就是有马，只知道用马拉车，可不会骑着马打仗。我打算穿胡人那样的衣服，学习胡人那样骑马射箭。那可多么灵活！"

楼缓听得来劲，就去告诉肥义，肥义也很赞同。

第二天上朝的时候，赵武灵王、楼缓和肥义，都穿着小袖子的短战衣出来。一般大臣们瞧见他们这个样子，吓了一跳，他们还以为赵武灵王跟那两位大臣犯了疯病呢。赵武灵王把改变服装的事宣布了。大臣们总觉得这太丢脸了。这不是把中原的文化、礼义都扔了吗？可是赵武灵王下了决心，非实行不可。他拿种种理由把他那个最顽固的叔叔公子成说服了。大臣们一见公子成也穿上了胡服，只好随着改了。

接着，赵武灵王下了一道改革服装的命令。过了没有多少日子，全国的军队不分将军士兵，全部穿上了胡服。在民间，有的人起头觉得有点不像样，后来因为胡服比起以前的衣服实在方便得多，反倒时兴起来了。

赵武灵王第二件向胡人学习的事，就是骑马射箭。不到一年工夫，赵国大队的骑兵训练成了。军事改革后，赵武灵王亲自把临近的中山国从魏国接收过来，又收服了东胡和临近的几个部族，接着打发使者去联络秦国、韩国、齐国、楚国，赵国就这么强大起来了。到了实行胡服骑射的第七年，不但中山、林胡、楼烦都已经收服了，还扩张势力，北边一直到代郡、雁门，西边到云中、九原，一下子增加了好多土地。

接着，赵武灵王打算到秦国去摸摸底。国内的事由谁管呢？他见小儿子很能干，就把太子废了，传位给小儿子，自己改称为主父。赵主父拜肥义为相国，李兑为太傅，公子成为司马，封大儿子为安阳君。国内的政权布置妥当之后，他要动身去考察秦国的地理形势，还要去侦察一下如今在位的秦王，看他是怎样的一个人了。

赵主父打扮成个使臣，自称为"赵招"，带了几十个手下，上秦国去访问，沿路察看山水要道，画成地图。到了秦都咸阳，他以使臣的身份见了秦昭襄王，还向他报告了赵武灵王传位的事情。

秦昭襄王问他："你们的国君老了吗？"他回答说："还正在壮年。"秦昭襄王就问："那为什么要传位呢？"他回答说："我们的国君叫太子先练习练习。国家大权可仍然在主父手里。"

秦昭襄王接着说："你们怕不怕秦国？""使臣赵招"说："怕！要是不怕，就用不着改革服装，练习骑马射箭了。好在如今敝国的骑兵比起早先来增加了十多倍，大约能够跟贵国结交了吧！"秦昭襄王听了这话，还挺尊敬他。"使臣赵招"辞别了秦王，回到驿馆去了。

当天晚上，秦昭襄王想起赵国使臣的谈话，又文雅、又强硬，态度又尊严、又温和，倒是个人才。他还想跟他谈谈。第二天，秦昭襄王派人去请他。"使臣赵招"的手下人说："使臣病了，过几天再去朝见大王吧！"就这么又过了几天，秦昭襄王又派人去请赵国使臣，一定要他去。可是"使臣赵招"不见了，他的随从人员也不见了，使馆里只留下一个人，自称是赵国的使臣赵招。

秦昭襄王的手下人就把他带到秦昭襄王跟前。秦昭襄王问他："你既是使臣赵招，那么上次见我的那个使臣又是谁呢？"

真赵招说："是我们的主父。他想见一见大王，特意打扮成使臣。他嘱咐我留在这儿给大王赔罪。"

秦昭襄王咬牙切齿地说："赵主父骗了我！"立刻叫大将白起带领三千精兵，连夜去追。他们追到函谷关，守关的将士说："赵国的使臣已经出关三天了。"泾阳君白跑一趟，只好回去向秦王报告。秦昭襄王没有办法，索性大方点儿，把那个真赵招也放了回去。

赵国的改革，增强了消费综合国力，对秦国也是一种威慑。

尚同（下）

【题解】

《尚同》下篇与前两篇的主要区别在于强调下情必须上达。下级不仅要统一是非于上级，而且要把好人坏人及时报告。见“爱利者”“恶贼者”皆必告，告则有赏（即鼓励告密）。不告则有罚，甚至与“恶贼者”同罪（即后世所谓连坐法）。此外，改前两篇的里长—乡长—国君—天子四级领导体制为家君—国君—天子三级制，反映了下篇作者的地区或时代与前两篇有些不同。

【原文】

子墨子言曰：“知者之事，必计国家百姓所以治者而为之[①]，必计国家百姓之所以乱者而辟之[②]。然计国家百姓之所以治者何也？上之为政，得下之情则治，不得下之情则乱，何以知其然也？上之为政，得下之情，则是明于民之善非也[③]。若苟明于民之善非也，则得善人而赏之，得暴人而罚之也。善人赏而暴人罚，则国必治。上之为政也，不得下之情，则是不明于民之善非也。若苟不明于民之善非，则是不得善人而赏之，不得暴人而罚之。善人不赏而暴人不罚，为政若此，国众必乱[④]。故赏不得下之情，而不可不察者也。”

【注释】

①计：考虑。

②“辟”：通“避”，避免。

③善非：好与不好。

④国众：国家和人民。

【译文】

墨子说道：“智者做事，必须考虑国家百姓所以治理的原因而行事，也必须考虑国家百姓所以混乱的根源而事先回避。然而考虑国家百姓因之所以治理的原因是什么呢？处于上位的人治理政务，能得到下面的实情则治理，不能得到下面的实情则混乱。怎么知道是这样呢？处于上位的人治理政务，得到了下边实情，这就对百姓的好坏对错很清楚。假若清楚百姓的好坏对错，那么见到善人就奖赏他，见到暴人就惩罚他。善人受赏而暴人受罚，那么国家就必然治理。

处于上位的人治理政务，不能得知下面的实情，这就是对百姓的好坏对错不清楚。假若不清楚百姓的好坏对错，这就不能见到善人而赏赐他，不能见到暴人而惩罚他。善人得不到赏赐而暴人得不到惩罚，像这样施政，国家民众就必定混乱。所以赏罚若得不到下面的实情，是不可不考察其后果的。”

【原文】

然计得下之情将奈何可？故子墨子曰：“唯能以尚同一义为政，然后可矣。何以知尚同一义之可而为政于天下也？然胡不审稽古之治为政之说乎①？古者，天之始生民，未有正长也，百姓为人。若苟百姓为人，是一人一义，十人十义，百人百义，千人千义。逮至人之众不可胜计也，则其所谓义者，亦不可胜计。此皆是其义，而非人之义，是以厚者有斗②，而薄者有争③。是故天下之欲同一天下之义也，是故选择贤者，立为天子。天子以其知力为未足独治天下，是以选择其次立为三公。三公又以其知力为未足独左右天子也，是以分国建诸侯。诸侯又以其知力为未足独治其四境之内也，是以选择其次，立为卿之宰。卿之宰又以其知力为未足独左右其君也，是以选择其次立而为乡长家君④。是故古者天子之立三公、诸侯、卿之宰、乡长家君，非特富贵游佚而择之也，将使助治乱刑政也。故古者建国设都，乃立后王君公，奉以卿士师长，此非欲用说也⑤，唯辩而使助治天明也⑥。

【注释】

①胡：通“何”。审稽：考察。

②厚：严重的。

③薄：不严重的。

④家君：春秋时各国卿大夫的宗族、他的封邑及其政权组织称“家”，其封地之总管称为“家君”。

⑤说：通“悦”。

⑥天明：天下明治。

【译文】

然而考虑应该怎么样才可以获知下情呢？所以墨子说："只有用向上统一意见的方法治理天下政务，这就可以了。"怎么知道向上统一意见，就可以治理天下政务？为什么不审察古代治理天下政务的情况呢？古代上天开始生育下民，还没有行政长官的时候，百姓人各为主。如果百姓人各为主，这就一人有一个道理，十人有十个道理，百人有百个道理，千人有千人道理。及至人数多得不可胜数，那么他们所谓的道理也就多得不可胜数。这样人都认为自己的道理正确，而认为别人的道理不正确，因此严重的发生斗殴，轻微的发生争吵。所以上天希望统一天下的道理，因此就选择贤人立为天子。天子认为他的智慧能力不足单独治理天下，所以选择次于他的贤人立为三公。三公又认为自己的智慧和能力不足单独辅佐天子，所以分封建立诸侯；诸侯又认为自己的智慧和能力不足单独治理他国家的四境之内，因此又选择次于他的贤人，立为卿与宰；卿、宰又认为自己的智慧和能力不足以单独辅佐他的君主，因此选择次于他的贤人，立为乡长家君。所以古时天子设立三公、诸侯、卿、宰、乡长家君，不只是让他们富贵游乐而选择他们，而是将使他们协助自己治理刑政。所以古时建国立都，就设立了帝王君主，又辅佐以卿士师长，这不是想用来取悦自己喜欢的人，只是分授职责，使他们辅助上天明治天下。

【原文】

今此何为人上而不能治其下，为人下而不能事其上？则是上下相贼也。何故以然？则义不同也。若苟义不同者有党[①]，上以若人为善，将赏之，若人唯使得上之赏[②]，而辟百姓之毁[③]；是以为善者，必未可使劝，见有赏也。上以若人为暴，将罚之，若人唯使得上之罚，而怀百姓之誉[④]，是以为暴者必未可使沮，见有罚也。故计上之赏誉，不足以劝善，计其毁罚，不足以沮暴。此何故以然？则义不同也。"

然则欲同一天下之义，将奈何可？故子墨子言曰："然胡不赏使家君试用家君，发宪布令其家？曰：‘若见爱利家者。必以告：若见恶贼家者，亦必以告。若见爱利家以告，亦犹爱利家者也，上得且赏之，众闻则誉之，若见恶贼家不以告，亦犹恶贼家者也，上得且罚之，众闻则非之。’是以遍若家之人[⑤]，皆欲得其长上之赏誉[⑥]，辟其毁罚。是以善言之，不善言之[⑦]，家君得善人而赏之，得暴人而罚之。善人之赏，而暴人之罚，则家必治矣。然计若家之所以治者何也？唯以尚同一义为政故也。

【注释】

①党：偏私。

②唯：通“虽”。

③辟：通“避”，避免。“辟”上疑脱“不”字。

④怀：怀有，受到。

⑤遍若家之人：这全家的人。

⑥长上：家君。

⑦善言之，不善言之：好的告诉家君，不好的也告诉家君。

【译文】

现在为什么处于上位的人不能管理他的下属，处于下位的人不能侍奉他的上级？这就是上下相互残害。什么原因会这样？就是各人的道理不同。假若道理不同的人双方有所偏私，上面认为这人行善，将赏赐他。这人虽然得到了上面的赏赐，却免不了百姓的非议，因此，行善的人未必因此而得到勉励，虽然人们看到有赏赐。上面认为这人行暴，将惩罚他，此人虽得到了上司的惩罚，却怀有百姓的赞誉，因此，行暴的人未必可使停止，虽然人们看到了惩罚。所以计议上面的赏赐赞誉，不足以勉励向善，计议上面的非毁惩罚，不足以阻止暴行。这是什么缘故使之如此呢？就是各人道理不同。”

既然如此，那么想统一天下各人的道理，将怎么办呢？所以墨子说道：“为何不试着使家君对他的下属发布政令说：‘你们见到爱护和有利于家族的，必须把它报告给我，你们见到憎恨和危害家族的也必须把它报告给我。你们见到爱护和有利于家族的报告给我，也和爱护和有利家族一样，上面得知了将赏赐他，大家听到了将赞誉他。你们见到了憎害家族不拿来报告，也和憎害家族的一样，上面得知了将惩罚他，大家听到了将非议他。’以此遍告这全家的人，人们都希望得到家长的赏赐赞誉，而避免非议惩罚。所以，见了好的来报告，见了不好的也来报告。家长见到善人而赏赐他，见到暴人而惩罚他。善人得赏而暴人得罚，那么家族就会治理好。然而计议这一家治理得好的原因是什么呢？只因为能以向上统一道理的原则来治理政务。

【原文】

家既已治，国之道尽此已邪[①]？则未也[②]。国之为家数也甚多[③]，此皆是其家，而非人之家，是以厚者有乱，而薄者有争，故又使家君总其家之义[④]，以尚同于国君，国君亦为发宪布令于国之众，曰：‘若见爱利国者，必以告；若见恶贼国者，亦必以告。若见爱利国以告者，亦犹爱利国者也，上得且赏之，众闻则誉之；若见恶贼国不以告者，亦犹恶贼国者也，上得且罚之，众闻则非之。’是以遍若国之人，皆欲得其长上之赏誉，避其毁罚。是以民见善者言之，见不善者言之：国君得善人而赏之，得暴人而罚之。善人赏而暴人罚，则国必治矣。然计若国之所以治者何也？唯能以尚同一义为政故也。

【注释】

①国之道尽此已邪：治国的方法全都在这里了吗？

②未：没有，意思是还不完备。

③国之为家数也甚多：国中之家为数也很多。

④总其家之义：统一他一家的意见。

【译文】

家已经治好了，治国的办法全都在这里了吗？那还没有。国家之中的家数很多，他们都认为自己的家对而别人的家不对，所以严重的就发生动乱，轻微的就发生争执。所以又使家长统一他一家的意见，用以上同于国君。国君也对国中民众发布政令说：‘你们看到爱护和有利于国家的必定拿它来报告，你们看到憎恶和残害国家的也必定拿它来报告。你们看到爱护和有利于国家的把它上报了，也和爱护和有利国家的一样。上面得悉了将予以赏赐，大家听到了将予以赞誉。你们看到了憎恶和残害国家的不拿来上报，也和憎恶和残害国家的一样。上面得悉了将予以惩罚，大家听到了将予以非议。’以此遍告这一国的人。人们都希望得到国君的赏赐赞誉，避免他的非议惩罚，所以人民见到好的来报告，见到小好的也来报告。国君见到善人予以赏赐，见到暴人而予以惩罚。善人得赏而暴人得罚，那么国家必然治理好。然而计议这一国治理好的原因是什么呢？只因为能以向上统一道理的原则来治理政务。

【原文】

国既已治矣，天下之道尽此已邪？则未也。天下之为国数也甚多，此皆是其国，而非人之国，是以厚者有战，而薄者有争。故又使国君选其国之义[①]，以尚同于天子。天子亦为发宪布令于天下之众，曰：‘若见爱利天下者，必以告。若见恶贼天下者，亦以告。若见爱利天下以告者，亦犹爱利天下者也，上得则赏之，众闻则誉之；若见恶贼天下不以告者，亦犹恶贼天下者也，上得且罚之，众闻则非之。’是以遍天下之人，皆欲得其长上之赏誉，避其毁罚，是以见善、不善者告之。天子得善人而赏之，得暴人而罚之，善人赏而暴人罚，天下必治矣。然计天下之所以治者，何也？唯而以尚同一义为政故也[②]。

天下既已治，天子又总天下之义，以尚同于天。故当尚同之为说也[③]，尚用之天子，可以治天下矣；中用之诸侯，可而治其国矣；小用之家君，可而治其家矣。是故大用之，治天下不窕[④]，小用之，治一国一家而不横者，若道之谓也[⑤]。”

【注释】

①选：当为“总”字之误。

②而：通“能”。

③当：像。为说：作为一种主张。

④窕：不满。

⑤若道之谓：这正是说的尚同这一主张。

【译文】

国家已经治理了，治理天下的办法已经很完备了吗？那还没有。天下国家为数不少，这些国家都认为自己的国家对而别人的国家不对，所以严重的就发生动乱，轻微的就发生争执。因此又使国君统一全国人民的意见，用来上同于天子。天子也对天下民众发布政令说：‘你们看到爱护和有利于天下的必定拿它来报告，你们看到憎恶和残害天下的也必定拿它来报告。你们看到爱护和有利于天下而拿来报告的，也和爱护和有利于天下的一样。上面得悉了将予以赏赐，大家听到了将予以赞誉。你们看到了憎恶和残害天下的而不拿来上报的，也和憎恶和残害天下的一样。上面得悉了将予以惩罚，大家听到了将予以非议诋毁。’以此遍告天下的人。人们都希望得到长上的赏赐赞誉，避免他的非毁惩罚，所以看到好的来报告，看到不好的也来报告。天子见到善人予以赏赐，见到暴人而予以惩罚。天下必定治理了。然而计议天下治理好的原因是什么呢？只是能以向上统一道理的原则治政的缘故。

天下已经治理了，天子又总同天下的道理，用来上同于天。所以尚同作为一种主张，它上而用之于天子，可以用来治理天下；中而用之于诸侯，可以用来治理他的国家；小而用之于家长，可以用来治理他的家族。所以大用之治理天下不会不足，小用之治理一国一家而不会充塞阻碍，说的就是尚同这个道理。”

【原文】

故曰治天下之国若治一家，使天下之民若使一夫。意独子墨子有此[1]，而先王无此其有邪，则亦然也。圣王皆以尚同为政，故天下治。何以知其然也？于先王之书也，《大誓》之言然[2]，曰："小人见奸巧乃闻，不言也，发罪钧[3]。"此言见淫辟不以告者，其罪亦犹淫辟者也。

故古之圣王治天下也，其所差论[4]，以自左右羽翼者皆良，外为之人，助之视听者众。故与人谋事，先人得之；与人举事，先人成之；光誉令闻[5]，先人发之。唯信身而从事，故利若此。古者有语焉，曰："一目之视也，不若二目之视也；一耳之听也，不若二耳之听也：一手之操也，不若二手之强也。"夫唯能信身而从事，故利若此。是故古之圣王之治天下也，千里之外有贤人焉，其乡里之人皆未之均闻见也，圣王得而赏之。千里之内，有暴人焉，其乡里未之均闻见也，圣王得而罚之。故唯毋以圣王为聪耳明目与？岂能一视而通见千里之外哉！一听而通闻千里之外哉！圣王不往而视也，不就而听也，然而使天下之为寇乱盗贼者，周流天下无所重足者[6]，何也？其以尚同为政善也。

【注释】

①意独：难道只有。

②大誓：即《泰誓》，《尚书》篇名。言然：说的那样。

③发罪钧：其罪与奸巧者同。

④差论：选择。

⑤光誉令闻：荣誉和好名声。

⑥周流：周游、流浪。

【译文】

所以说：治理天下之国如治一家，役使今天下之民如役使一人。难道只有墨子有这个主张，而先王没有这个吗？先王也是有的啊！圣王都用尚同的原则治政，所以天下治理。从何知道这样呢？在先王的书《大誓》这样说过："小人看到奸巧之事，知而不言的，他的罪行与奸巧者均等。"这说的就是看到淫僻之事不拿来报告的，他的罪行也和淫僻者的一样。

所以古时的圣王治理天下，他所选择作为自己左右辅佐的人，都是贤良。

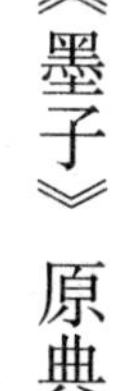

在外边做事的人，帮助他察看和听闻的人很多。所以他和大家一起谋划事情，要比别人先考虑周到；和大家一起办事，要比别人先成功，他的荣誉和美好的名声要比别人先传扬出去。只因为以诚信的态度做事，所以有这么多的利益。古时有这样的话，说："一只眼睛所看到的，不如两只眼睛所看到的；一只耳朵听到的，不如两只耳朵听到的；一只手持拿，不如两只手强。"只因为以诚信的态度做事，所以如此有利。所以古代圣王治理天下，千里之外的地方有个贤人，那一乡里的人还未全都听到或见到，圣王已经得悉而予以赏赐了。千里之外的地方有一个暴人，那一乡里的人还未全部听到或见到，圣王已经得悉而予以惩罚了。所以认为圣王是耳聪目明吧？难道张眼一望就到达千里之外吗？倾耳一听就到达千里之外吗？圣王不会亲自前去看，不会靠近去听。然而使天下从事寇乱盗贼的人走遍天下无处容足的原因，是什么呢？那是以尚同原则治政的好处。

【原文】

是故子墨子曰："凡使民尚同者，爱民不疾，民无可使。曰必疾爱而使之，致信而持之[①]，富贵以道其前[②]，明罚以率其后。为政若此，唯欲毋与我同，将不可得也。"

是以子墨子曰："今天下王公大人士君子，中情将欲为仁义[③]，求为上士，上欲中圣王之道，下欲中国家百姓之利，故当尚同之说[④]，而不可不察尚同为政之本，而治要也。"

【注释】

①致信：表示信任。

②道：通"导"，引导。

③中情：诚心。

④当：如。

【译文】

所以墨子说："凡是使百姓尚同的人，如果爱民不深，百姓是不可能供他役使的。他们说：必须切实爱护他们，以诚信之心拥有他们。用富贵引导于前，用严明的惩罚督率于后。像这样施政，即使要想人民不与我一致，也将办不到。"

所以墨子说："现在天下的王公大人和一般当官的人，如果心中确实将行仁义，追求做上士，上要符合圣王之道，下要符合国家百姓之利，因此对尚同这一主张不可不予以审察。尚同是施政的根本和统治的关键。"

【评析】

墨子是一个唯心主义者，因此决定了他的"尚同"说的荒谬，他认为世界上一切存在的东西都是按照上帝的意志，为了人民的需要而创造出来的，山河、草木、日月的存在都是为了人民、国家，也是遵循了上帝的意志，为了人民的利益而建立的。他本想用"天志"说来限制一下国君的权威，让他们知道在他们之上还有更大的力量存在，他们才是操持着赏罚之权的最终决定者。

同时，在这篇文章中也渗透出了他的另一个观点——兼爱。对于同一事物的不同观点，每个人都认为自己是对的，别人的是不对的，结果就发生相互争斗。而这一切皆源于不相爱，如果大家都彼此相爱，就不会发生争斗。

现在不管你从事何种职业，只有爱护你身边的人才能使用他们，做事讲究信用你才能拥有他们。尤其是作为一个领导者，必须与群众同甘苦，共患难，不能因为你处在领导阶层就看不起下面的人，高高在上，不体恤民情，这样的领导始终是不会长久的。作为领导要懂得，最底层的意见才是最真实的，最可靠的。无论是治理国家，还是单位管理，要想得到一个真正客观的意见就必须深入基层。

【故事阐微】

宋牧仲体察民情

康熙年间，江苏巡抚宋牧仲为官清廉，他经常微服私访，体察民情，惩治恶吏，体恤百姓。

有一天，他改装出行时，刚巧碰到一个县令坐轿而来。此县令官虽不大，可架子不小，一路鸣锣开道，全副仪仗，耀武扬威，百姓闪避不及，便遭衙役驱赶呵斥。宋牧仲故作不知，直冲仪仗。差役把他带到轿前，县令发现竟然冲撞了巡抚大人，吓得连忙拜倒赔礼。宋牧仲将县令扶起，并无责备之意，只是约他一起微服出巡。

宋牧仲与县令走出县城，在一个偏僻的小店歇脚。用餐时，宋牧仲向店主询问当地的政事。那店主大骂县太爷贪赃枉法，欺压百姓。县令再也坐不住了，他吓得冷汗直冒。那店主不知他俩的真实身份，越说越起劲，县令欲加阻止，但又苦于无法。

吃罢饭，两人回城。路上县令向宋牧仲又是解释，又是申辩，诚惶诚恐，唯恐巡抚大人怪罪。宋牧仲却笑着说："官民不和，古今如此，那店家言辞过激，望贵县不必介意，我也不会偏信一面之词，怪罪于你。"县令听了这才放心返回县衙。

和县令分手之后，宋牧仲则返身再回到酒店，请求店主让他住宿一夜。店主先是不肯，说酒店不备床铺，不便留宿。宋牧仲说，夜晚歇业，可在店里将就一宿。店主这才答应了。

晚间，宋牧仲就留宿在店堂里，他穿了店主的衣服，躺在酒柜上。

半夜里，随着一阵呼喊叫骂，几个县差破门而入。见宋牧仲躺在酒柜上，不由分说，捆上就走，一直押进县衙。

县令正在那里大发雷霆，一见抓得人来，便骂道："可恶刁民，竟敢辱骂本官，知罪不知罪!”说完便吩咐左右用刑。

阶下被绑的宋牧仲慢条斯理地说：“谁是刁民，你可认清了。”县令看清了又是巡抚大人，叫苦不迭，忙请宋牧仲上坐，自己则趴在地上连连赔罪。

宋牧仲说：“白天店家骂你，我并不深信，现在我亲自经历，再无怀疑。你如此作威作福，无法无天，百姓定是吃尽了苦头。”他当即下令罢免了县令。

宋牧仲微服私访，为民做主，清除恶官之事很快传扬开来，百姓听了，奔走相告，无不拍手称快。

兼爱[①]（上）

【题解】

兼爱是墨家十大主张的核心。本文认为天下之乱起于不相爱。父与子，兄与弟，君与臣，皆自爱而不爱对方，亏人而自利，社会于是乎乱。盗贼自爱而不爱他人，故行窃夺；诸侯大夫自爱其国与家，而不爱他人之国与家，故相攻伐。若使天下交相爱，爱人若已，所有窃夺攻伐现象都会消除，天下就会太平。这是墨子关于社会和人际关系的美好愿望。本篇篇首和文章中无“子墨子曰”，很可能是墨子自著。

【原文】

圣人以治天下为事者也，必知乱之所自起，焉能治之；不知乱之所自起，则不能治。譬之如医之攻[②]人之疾者然：必知疾之所自起，焉能攻之；不知疾之所自起，则弗能攻。治乱者何独不然？必知乱之所自起，焉能治之；不知乱之斯自起，则弗能治。圣人以治天下为事者也，不可不察乱之所自起。

【注释】

①兼爱：本篇是希望人们不但要爱护自己，也要爱护别人。

②攻：这里指医治，治疗。

【译文】

圣人以治理天下为己任，必然要知道引起混乱的原因，这样才能去治理；不知道引起混乱的原因，就不能去治理。这就好像医生给病人看病一样：一定要清楚引起疾病的原因，才能去医治；不清楚引起疾病的原因，就不能正确地医治。国家治理混乱何尝不是这样呢？必然要知道引起混乱的原因，这样才能去治理；不知道引起混乱的原因，就不能去治理。圣人如果以治理天下为己任，就不能不知道引起混乱的原因。

【原文】

当察乱何自起？起不相爱。臣子之不孝君父，所谓乱也。子自爱，不爱父，故亏父而自利；弟自爱，不爱兄，故亏兄而自利；臣自爱，不爱君，故亏君而自利，此所谓乱也。虽父之不慈子，兄之不慈弟，君之不慈臣，此亦天下之所谓乱也。父自爱也，不爱子，故亏子而自利；兄自爱也，不爱弟，故亏弟而自利；君自爱也，不爱臣，故亏臣而自利。是何也？皆起不相爱。

【译文】

来看一下是什么引起混乱的呢？是因为人们互不相爱。臣子不忠于君王，儿子不孝顺父亲，这就是所谓的混乱了。作为儿子的只爱惜自己，而不爱惜父亲，因此为了自己的利益而损害父亲；作为弟弟的只爱惜自己，而不爱惜哥哥，因此为了自己的利益而去损害哥哥；作为臣下的只爱惜自己，而不爱惜君主，因此为了自己的利益而去损害君主，这就是所谓的混乱了。即使是父亲却不爱自己的儿子，即使是哥哥却不爱自己的弟弟，即使是君主却不爱自己的臣下，这就是所谓天下的混乱了。作为父亲的只爱惜自己，而不爱惜儿子，因此为了自己的利益而损害儿子；作为哥哥的只爱惜自己，而不爱惜弟弟，因此为了自己的利益而去损害弟弟；作为君主的只爱惜自己，而不爱惜臣下，因此为了自己的利益而去损害臣下。是什么原因呢？这都是因为人们互不相爱而引起的。

【原文】

虽至天下之为盗贼者亦然：盗爱其室，不爱其异室，故窃异室以利其室。贼爱其身，不爱人，故贼人以利其身。此何也？皆起不相爱。虽至大夫之相乱家，诸侯之相攻国者亦然：大夫各爱其家，不爱异家，故乱异家以利其家。诸侯各爱其国，不爱异国，故攻异国以利其国。天下之乱物，具此而已矣。察此何自起？皆起不相爱。

【译文】

即使是天下的盗贼们也是这样的：盗贼们只爱惜自己的家，而不爱惜别人的家，因此为了自己的利益而损害别人。盗贼们只爱惜自己的身体，而不爱惜别人的身体，因此为了自己的利益而伤害别人。这是什么原因呢？这都是因为人们互不相爱。即使是说到士大夫们互相骚扰别人的家庭，诸侯们互相讨伐别人的国家时也是这样：大夫们只爱惜自己的家，而不爱惜别人的家，因此为了自己家的利益而骚扰别家。诸侯们只爱惜自己的国家，而不爱惜别人的国家，因此为了自己国家的利益而讨伐别国。天下混乱之事，全都在这里了。想一想这是什么原因呢？这都是因为人们互不相爱而引起的。

【原文】

若使天下兼相爱，爱人若爱其身，犹有不孝者乎？视父兄与君若其身，恶施不孝？犹有不慈者乎？视弟子与臣若其身，恶施不慈？故不孝不慈亡有[①]。犹有盗贼乎？故视人之室若其室，谁窃？视人身若其身，谁贼？故盗贼亡有。犹有大夫之相乱家，诸侯之相攻国者乎？视人家若其家，谁乱？视人国若其国，谁攻？故大夫之相乱家、诸侯之相攻国者亡有。若使天下兼相爱，国与国不相攻，家与家不相乱，盗贼无有，君臣父子皆能孝慈，若此，则天下治。

【注释】

①亡有：亡，通“无”，没有的意思。

【译文】

如果天下的人都互相爱护，爱惜别人就好像爱惜自己一样，那还会有不孝之人吗？对待父亲、兄长和君主都好像对待自己一样，又哪里会有什么不孝呢？那还会有不慈爱之人吗？对待弟弟、儿子和臣下都好像对待自己一样，又哪里会有什么不慈爱呢？因此就不会有不慈爱和不孝顺的人。那还会有盗贼吗？对待别人的家都好像对待自己的家一样，又有谁会去偷窃呢？对待别人就好像对待自己一样。那又有谁会去当盗贼呢？因此就不会有盗贼。那还会有士大夫们互相骚扰别人的家庭、诸侯们互相讨伐别人的国家的事情吗？如果对待别人的家都好像对待自己的家一样，又有谁会去骚扰人家呢？如果对待别人的国家都好像对待自己的国家一样，又有谁会去讨伐别人的国家呢？因此士大夫们互相骚扰别人的家庭、诸侯们互相讨伐别人的国家的事情就很少出现了。如果使天下百姓互相爱护，国家之间不互相征讨，家庭之间不互相骚扰，没有盗贼，君臣父子都能孝道慈爱，这样的话，天下就太平了。

【原文】

故圣人以治天下为事者，恶得不禁恶而劝爱？故天下兼相爱则治，交相恶则乱。故子墨子曰：“不可以不劝爱人者，此也。”

【译文】

所以如果圣人们以治理天下为己任，又怎么可以不禁止恶行而鼓励善行呢？因此如果天下百姓互相爱护就会安定，如果互相仇恨就会混乱不堪。所以墨子说：“不能够不劝喻人们互相爱护，就是这个原因。”

【评析】

“圣人以治天下为事者也，必治乱之所自起，焉能治之；不知乱之所自起，则不能治。……当察乱何自起？起不自爱。”从这段话中，我们可以知道，墨子认为国与国之间的战争都是由于“不相爱”，如果要天下治而不乱，那只有人人都做到兼爱。

可以说，墨子的兼爱互利思想体现了劳动人民质朴、纯真、善良的品性与愿望，是一种弥足珍贵的追求和谐社会的理想。当然，这一思想也有其历史局限性。例如，墨子鼓吹兼爱、非攻，强烈反对暴力革命，主动放弃了武器的作用来改造世界、赢得自身解放的途径与可能，把希望寄托在“圣王”身上，从而使兼爱互利这一体现着小生产者政治经济利益的构想成为无法实现的乌托邦。在当时的历史氛围中，兼爱互利也不切实际，甚至阻碍了以兼并战争一统天下的历史潮流。

在长达数千年的传统社会，墨学一直处于湮没无闻的状态。直到近代，墨子才受到进步思想家与民主革命派的青睐，似有墨学复兴之势。究其缘由，是因为墨学蕴藏着平等博爱的思想因子。

【故事阐微】

仲由为亲负米

仲由（前542年—前480年），字子路、季路，春秋时候鲁国卞（今泉林镇卞桥村）人，孔子的得意弟子，孔门七十二贤之一。仲由性格刚直，有勇力，孔子称赞说：“子路好勇，闻过则喜。”

仲由事亲至孝，为双亲负米的故事千古传颂。仲由小的时候，因家境贫寒，家中没有足够的粮食，所以一家人只能经常吃野菜。仲由不怕吃野菜，但唯恐父母营养不够。家里没有米，为了让父母吃到米，仲由决定到外边去买米。年轻的仲由必须走到很远很远的百里之外才能买到米，买到米之后再背着米赶回家里，想象一下，就足见仲由的艰辛了。但是，仲由心中装着这样一个信念：要让双亲吃上米饭。就这样，一次，两次，三次……不管是冰天雪地的冬天，还是烈日炎炎的夏季，仲由不辞辛苦，赴百里之外为父母背米。世人作诗称赞其孝行曰："负米供甘旨，宁辞百里遥。身荣亲已没，犹念旧劬劳。"

子路负米

在双亲去世之后，仲由南下到了楚国。楚王非常敬佩恭慕他的学问和人品，聘他做了高官，可谓是荣耀富贵。跟随仲由的车骑有一百多辆，粮仓里的谷米有万钟之丰，穿的铺的都是绫罗绸缎，吃的都是美味佳肴。仲由却叹气道："我现在虽然富贵，但是时常想到从前吃着藜藿的蔬菜，到百里以外去背米来奉养我的父母，可是现在却不能够了，怎能叫我不伤心呢？"孔子赞叹道："仲由侍奉父母，可以说父母活着的时候，尽一切力去侍奉，父母死了，无时无刻不在追念。

孝悌是中国文化的基础，古人云："百善孝为先"。一个人能够孝顺，说明他有一颗仁慈善良的心。这样的人，日后定成大器。仲由十八岁时，适逢孔子东游到下，仲由受到孔子赏识。孔子设礼相诱，收其为弟子。仲由跟随孔子学诗、礼，为孔子赶车，做侍卫，跟随孔子周游列国，深得器重。仲由对孔子十分忠诚，孔子曾说："我的主张如果行不通，就乘木伐子到海外去。那时跟随我的恐怕只有仲由了。"

鲁哀公十五年，仲由担任卫国大夫孔悝的邑宰。孔悝被太子劫持，仲由听说后急匆匆前去营救。有人劝告他别去送命，他不听，正颜答道："食焉，不辟（避）其难。""利其禄，必救其患。"仲由不敌，帽缨被砍断了。这时，他自知难免一死，说："君子死，冠不免。"结缨而死。

兼爱（中）

【题解】

本篇前半段基本论点与上篇相同，只是推论次序改上篇之由小而大为由大到小。后半段内容为上篇所无。着重回答两点质难：一是兼爱难行。墨子举晋文公好恶衣、楚灵王好细腰、越王勾践好勇为例，说明苟君悦之，则人必从之。二是兼爱不可行。墨子举夏禹、周文王、武王为例，说明古代圣王已经实行兼爱并取得成功。

【原文】

子墨子言曰："仁人之所以为事者，必兴天下之利，除去天下之害，以此为事者也。"然则天下之利何也？天下之害何也？子墨子言曰："今若国之与国之相攻，家之与家之相篡，人之与人之相贼。君臣不惠忠，父子不慈孝，兄弟不和调，此则天下之害也。"

然则崇此害亦何用生哉[①]？以不相爱生邪？子墨子言："以不相爱生。今诸侯独知爱其国，不爱人之国，是以不惮举其国以攻人之国。今家主独知爱其家[②]，而不爱人之家，是以不惮举其家以篡人之家。今人独知爱其身，不爱人之身，是以不惮举其身，以贼人之身。是故诸侯不相爱，则必野战；家主不相爱则必相篡；人与人不相爱，则必相贼；君臣不相爱则不惠忠：父子不相爱则不慈孝；兄弟不相爱则不和调。天下之人皆不相爱，强必执弱，富必侮贫，贵必敖贱[③]，诈必欺愚[④]。凡天下祸篡怨恨，其所以起者，以不相爱生也，是以仁者非之。"

【注释】

①崇：为"察"字之误。

②家主：指封邑的卿大夫。

③敖：通“傲”，轻视别人。

④诈：奸诈的人。

【译文】

墨子说道：“仁人所要干的大事，必然是兴起天下之利，除去天下之害，以此作为事业。”既然这样，那么天下之利是什么呢？天下之害是什么呢？墨子说道：“现在如国与国之间互相攻打，封邑与封邑之间互相篡夺，人与人之间互相残害，君、臣之间不仁惠、不忠诚，父、子之间不慈爱、不孝敬，兄、弟之间不和睦、不协调，这就是天下之害。”

既然这样，那么考察这些公害，又从什么地方生发的呢？是因不相爱生发的吗？墨子说：“是从不相爱生发的。现今诸侯独独知道爱自己的国家，却不爱别人的国家，因此不怕举全国之众，用以攻打别人的国家。现在卿大夫一类家主独独知道爱自己的封邑，却不爱别人的封邑，因此不怕举全封邑之众，用以篡夺别人的封邑。现在人们独独知道爱自己本身，却不爱别人之身，因此不怕举全身之力，用以残害别人之身。所以诸侯之间不相爱，则必然互相征战；家主之间不相爱，则必然互相篡夺；人与人之间不相爱，则必然互相残害；君、臣之间不相爱，则不仁惠、不忠诚；父、子之间不相爱，则不慈爱、不孝敬；兄、弟之间不相爱，则不和睦、不协调。天下的人们都不相爱，强大的必定控制弱小的，人多的必定劫掠人少的，富足的必定侮辱贫穷的，尊贵的必定傲视卑贱的，狡猾的必定欺骗愚笨的。凡是天下的灾祸、篡夺、埋怨、愤恨，其所以起源的原因，是因为从不相爱生发的。因此仁者指责它。”

【原文】

既以非之[①]，何以易之[②]？子量子言曰：“以兼相爱交相利之法易之[③]。”然则兼相爱、交相利之法将奈何哉[④]？子墨子言：“视人之国若视其国；视人之家若视其家；视人之身若视其身。是故诸侯相爱，则不野战；家主相爱，则不相篡；人与人相爱，则不相贼；君臣相爱，则惠忠；父子相爱，则慈孝；兄弟相爱，则和调。天下之人皆相爱，强不执弱，众不劫寡[5]，富不侮贫，贵不敖贱，诈不欺愚。凡天下祸篡怨恨，可使毋起者[6]，以相爱生也。是以仁者誉之[7]。”

【注释】

①以：通“已”。

②何以易之：用什么改变它。

③交相利：大家互利，互相得到好处。

④将：该、当。奈何：怎样。

⑤劫：抢夺。寡：少。

⑥毋：没有。

⑦誉：称誉、称赞。

【译文】

既已指责它，又用什么去改变它？墨子说道：“用同时都相爱、交互都相利的法子去改变它。”既然这样，那么同时都相爱、交互都相利的法子将会是怎么样的呢？墨子说：“看待别人的国家好像看待自己的国家；看待别人的封邑好像看待自己的封邑；看待别人的身家性命好像看待自己的身家性命。所以诸侯之间相爱，就不会相互征战；家主之间相爱，就不会互相篡夺；人与人之间相爱，就不会互相残害；君、臣之间相爱，就会仁惠、忠诚；父、子之间相爱，就会慈爱、孝敬；兄、弟之间相爱，就会和睦、协调。天下的人们都相爱，强大的不控制弱小的，人多的不劫掠人少的，富足的不侮辱贫穷的，尊贵的不傲视卑贱的，狡猾的不欺骗愚笨的。凡是天下的灾祸、篡夺、埋怨、愤恨，可使不致起源的原因，是因为从相爱而生发的。因此仁者赞誉它。”

【原文】

然而今天下之士君子曰：“然，乃若兼则善矣[1]，虽然，天下之难物于故也[②]。”子墨子言曰：“天下之士君子，特不识其利[③]，辩其故也[④]。今若夫攻城野战，杀身为名[⑤]，此天下百姓之所皆难也，苟君说之[⑥]，则士众能为之。况于兼相爱、交相利，则与此异。夫爱人者，人必从而爱之；利人者，人必从而利之；恶人者，人必从而恶之；害人者，人必从而害之。此何难之有！特上弗以为政，士不以为行故也。

昔者晋文公好士之恶衣，故文公之臣皆牂羊之裘[⑦]，韦以带剑[⑧]，练帛之冠，入以见于君，出以践于朝[⑨]。是其故何也？君说之，故臣为之也。

【注释】

①乃若：如果。

②于：为“迂”之假借字。

③特：只是。其：兼爱。利：好处。

④辩：通“辨”，辨别，懂得。故：缘故、道理。

⑤杀身为名：为了成名而牺牲生命。

⑥说：通“悦”。

⑦牂羊：母羊。

⑧韦：熟牛皮。

⑨践：行走。

【译文】

然而，现今天下的士大夫君子们却说：“对，至于兼爱么，好是好啊；但即使如此，天下的难事还依然如故呀！”墨子说道：“天下的士大夫君子们，特别地不能认识兼爱的利益、不能辨别兼爱的意义。现在攻城野战，杀身而成名，这是天下百姓都认为是困难的了。但假若君主高兴，那么他的臣下能去做得到。何况是兼相爱、交相利，就和这个不相同了！凡是爱别人的，别人必定跟从而爱他；有利别人的，别人必定跟从而有利于他；憎恶别人的，别人必定跟从而憎恶他；损害别人的，别人必定跟从而损害他。这个兼爱实行起来有什么困难？

只是君主不把这事当作该办的政务来推行，士人君子不把它当作应做的事情来实行罢了。

从前晋文公喜欢士大夫们穿粗劣的衣服，所以文公的臣下，都穿母羊皮做的裘，用软牛皮挂佩剑，戴厚布做的帽子，进入宫廷可以参见君王，出来可以在朝廷上往来行走。这是什么缘故呢？是君主高兴这样，所以臣下就如此去做。

【原文】

昔者楚灵王好士细要[①]，故灵王之臣皆以一饭为节[②]，胁息然后带[③]，扶墙然后起。比期年。朝有黧黑之色，是其故何也？君说之，故臣能之也。昔越王勾践好士之勇，教驯其臣，和合之焚舟失火，试其士曰：‘越国之宝尽在此！’越王亲自鼓其士而进之，士闻鼓音，破碎乱行[④]，蹈火而死者左右百人有余，越王击金而退之。”

是故子墨子言曰：“乃若夫少食、恶衣、杀人而为名，此天下百姓之所皆难也。若苟君说之，则众能为之。况兼相爱、交相利。与此异矣！夫爱人者，人亦从而爱之；利人者，人亦从而利之；恶人者，人亦从而恶之；害人者，人亦从而害之。此何难之有焉？特士不以为政而士不以为行故也[⑤]。”

【注释】

①细要：细腰。

②一饭：一天一顿饭。节：节制。

③胁息：吸气收缩。

④碎：疑为“阵”字之误。

⑤士：为“上”之误。

【译文】

从前楚灵王喜爱士大夫的腰长得细，所以灵王的臣下，都以吃一顿饭为节食，缩下一口气才系上腰带，扶着墙壁然后站起来。比至一年，满朝文武面带

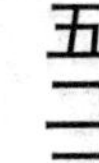

深黑色。这是什么缘故呢？是君主高兴这样，所以臣下能够如此。从前越王勾践喜欢将士勇敢，教练驯服他的臣下，把他们集中合拢起来，放火烧船，对他的将士说：‘越国的财宝都在这船内！’越王亲自给将士擂鼓，命令他们前进，将士听到鼓声，打破行列秩序乱冲横行，蹈火而死的，约一百多人，越王于是敲锣，命令他们退下。”

所以墨子说道：“至于减少食量，穿粗劣的衣服，杀人而成名，这是天下百姓都认为困难的了。假若君主高兴这样，那么众人都能去如此做，何况是兼相爱、交相利，跟这些又不相同的呢！爱别人的，别人也跟从而爱他；有利于人的，人们也跟从而有利于他；憎恶别人的，别人也跟从而憎恶他；损害别人的，别人也跟从而损害他。这个兼爱有什么难处呢？只是由于在上位的不把兼爱实施于政、士大夫们不把兼爱应用于行的缘故罢了。”

【原文】

然而今天下之士君子曰：“然！乃若兼则善矣。虽然，不可行之物也。譬若挈太山越河济也[①]。”子量子言：“是非其譬也[②]。夫挈太山而越河济，可谓毕劫有力矣[③]。自古及今未有能行之者也。况乎兼相爱、交相利，则与此异，古者圣王行之。何以知其然？古者禹治天下，西为西河渔窦，以泄渠孙皇之水；北为防原泒，注后之邸、嘑池之窦，洒为底柱，凿为龙门，以利燕、代、胡、貉与西河之民；东方漏之陆防孟诸之泽，洒为九浍[④]，以楗东土之水，以利冀州之民；南为江、汉、淮、汝，东流之，注五湖之处，以利荆、楚、干、越与南夷之民。此言禹之事，吾今行兼矣。昔者文王之治西土，若日若月，乍光于四方于西土。不为大国侮小国，不为众庶侮鳏寡，不为暴势夺穑人黍、稷、狗、彘。天屑临文王慈，是以老而无子者，有所得终其寿；连独无兄弟者，有所杂于生人之间；少失其父母者，有所放依而长。此文王之事，则吾今行兼矣。昔者武王将事泰山隧，传曰：‘泰山，有道曾孙周王有事，大事既获，仁人尚作，以祗商夏、蛮夷丑貉。虽有周亲，不若仁人。万方有罪，维予一人。’此言武王之事，吾今行兼矣。”

是故子墨子言曰："今天下之君子，忠实欲天下之富，而恶其贫；欲天下之治，而恶其乱，当兼相爱、交相利。此圣王之法，天下之治道也，不可不务为也。"

【注释】

①挈：举。太山：泰山。越：跨越。河：黄河。济：济水。

②是非其譬：这比方比得不对。

③毕劫：有力的样子。

④九浍：九条河水。

【译文】

然而现今的士大夫君子们却说："对！至于兼爱么，则好是好啊；即使如此，但它是不可实行的事呀！譬如举起泰山跨越黄河、济水一样。"墨子说："这不是那样比喻的。举起泰山跨越黄河、济水，可说是强劲而有力的了。但自古至今，没有人能做得到的；何况对于兼相爱、交相利来说，则和这个就不同了，古代的圣王曾经做到了。凭什么知道会这样？古时大禹治理天下，西边开通西河渔窦，用来排泄渠水、孙水和湟水。北边为了防止原、泒之水泛滥，使之注入昭余祁和嘑沱河，在黄河中的砥柱山分流，开凿为龙门，用以有利于燕、代、胡、貉和西河的人民。东边则排泄大陆的积水，防止孟诸泽水泛滥，分流为九条河，以此限制东土的洪水，用来有利于冀州的人民。南边疏通长江、汉水、淮河、汝水，东流入海，以此灌注五湖一带地方，用以有利于荆、楚、吴、越和南夷的人民。这是说说大禹行兼爱的事迹，我今天也在实践兼爱呀！从前周文王治理西土，好像太阳好像月亮，射出的光辉照耀四方，照耀西周大地。不因为是大国而侮辱小国，不因为人多势大侮辱鳏寡孤独，不因为是强暴势力而夺取农夫的粮食牲畜。上天殷勤察视文王的慈爱，因此老而无子的，有所得而终其寿；穷苦孤独无兄弟的，生活在众人之间也有所成就；很小就失去父母的，有所依靠而成长。这是文王实行兼爱的事迹，则我现今也在实践兼爱呀！

从前周武王将行巡祭祀泰山，传记记载说：‘泰山啊！有道的曾孙周王有祭事。伐纣的大事已经有收获，（太公、周公）那批仁人崇尚作为，用以敬事商、夏圣王，拯救四方少数民族。我虽然有至亲，但不如这些仁人。如若百姓有什么过错应该由我一人来承担。’这是说，武王行兼爱的事迹，我现今也在实践兼爱呀！”

所以墨子说道：“现在天下的君子，内心确实想要天下富足，而讨厌天下贫困；希望天下治理，而憎恨天下混乱，就应当同时相爱、交互相利。这是圣王的法则，天下的治道，不可不努力去实行呀！”

【评析】

墨子认为，先秦社会之所以失范，在于人与人之间不相爱，“是故诸侯不相爱则必野战，家主不相爱则必相篡，人与人不相爱则必相贼，君臣不相爱则不惠忠，父子不相爱则不慈孝，兄弟不相爱则不和调。”与此相伴，自私自利亦是乱世之因，如“亏父而自利”“亏子而自利”“亏兄而自利”“亏弟而自利”“亏君而自利”“亏臣而自利”“乱异家以利其家”“攻异国以利其国”等等皆为自私自利之结果。一言以蔽之，违反兼爱互利原则的恶果是“强必执弱、富必侮贫、贵必傲贱、诈必欺愚”。这表明，墨子有意凸显爱的现实性一面，拙于或不屑渲染爱的幻梦色彩。而这一步骤又主要是通过把爱与利予以贯通得以完成的。也就是说，爱必言利，以爱启利，以利寓爱，构成一个有机整体。“兼相爱”并不否定自爱，而是把自爱与相爱结合起来。“交相利”也不是鄙视自利，而是力求使自利与互利两不偏废。“夫爱人者，人必从而爱之；利人者，人必从而利之”。在这种爱意融融的相互义务性关系中，天下才能实现和谐、富足。是故，兼爱互利是为治之道，“今天下之士君子，忠实欲天下之富，而恶其贫；欲天下之治，而恶其乱，当兼相爱、交相利。此圣王之法，天下之治道也，不可不务为也”。

作为功利范畴的称谓，利，在墨子那里，主要是指利益、益处、互利、谋利等，似乎并无特异之处。但是，一旦将利与爱联系起来，使利成为爱的助力、

佐证而不是对立面，那么利就获得了非同寻常的意味。墨子既不片面宣扬自爱自利，也不断然否定自爱自利，而是讲求“兼”“相”“交”，提倡同类项之间（君臣、父子、家国等）的互摄、协调，这才是“兼相爱、交相利”的精要。从而，利不是狭隘的自私、计较、得失，不是应该任意贬低、排拒、批判的对象，而是可以借助、肯定、拥有的现实利益，具有更为开阔的胸襟与气势。

在中华文化创制的轴心时代，没有哪位思想家像墨子那样旗帜鲜明地提出“兼相爱、交相利”的思想、不遗余力地鼓吹并履践爱的哲学。墨子标示的思想路线（墨学）及其追随者聚合而成的学派（墨家），在先秦诸子中可谓气势夺人、不同凡响，成为与孔孟儒学比肩而立的两大思想流派，“其在九流之中，惟儒足与之相抗，自余诸子，皆非其比”（汪中《述学·墨子序》）。然而，自秦汉以降，由于统治者独尊儒术，墨学就日渐从思想流变史上消失了。虽如此，墨子的兼爱思想仍有其不可抹煞的思想内涵和现实意义。

【故事阐微】

与弟友善的姜肱

姜肱（97 年—173 年），字伯淮，东汉彭城广戚人（今江苏徐州市），出身于名族世家。姜肱通《五经》，明星纬，有三千多位学者慕名远道而来向他求教。姜肱与其弟俱以孝名而流芳史册。

姜肱有两个弟弟，名为仲海、季江。兄弟三人互敬互爱，情同手足，被传为佳话。姜肱与两个弟弟形影不离，三兄弟每天在一起读书，下课又一起温习功课、玩耍，还一起帮家里做家务事，因孝行闻名远近。而且，三个兄弟缝了一床大棉被，每天都睡在一起，直到各自娶妻，仍不忍别寝。

有一次，姜肱和三弟季江一同去京城，结果半夜路遇强盗。月光下，强盗面目狰狞，手里的凶器泛出幽幽寒光，让人望而生畏。正当强盗一步步逼近抱在一起的兄弟时，突然，姜肱将弟弟推后，走上前一步说：“我弟弟还小，我是

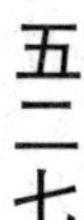

做哥哥的，我可以不要性命，只求你们放他一条生路。”这时，后面的弟弟也走上前来说道：“不！你不可以伤害我哥哥，杀了我吧！”兄弟俩争着寻死，都让对方活着，想到兄弟就要生离死别，两人不禁抱在一起，痛哭流涕。盗贼也不是铁石心肠，也是因饥寒才起盗心，正所谓盗亦有道。盗贼深深地被兄弟俩的手足情感动了，没有伤害他们的性命，只抢了一些财物便匆匆离开。

到了京城，有人见到姜肱衣冠破烂不整，很纳闷，就问他：“出了什么事，竟让你如此落魄？”姜肱用种种言语来掩饰他被抢的这一段经历，绝口不提被抢的事。此事后来辗转传到盗贼耳朵里，盗贼听到姜肱被抢而不说，非常感动，悔恨交加。于是隔天跑去拜见姜肱，亲自把所有抢来的衣物还给了姜肱，并表明痛改之意。姜肱以酒食款待盗贼，最后以礼相送。姜肱的仁慈终于感化了盗贼，可谓大善。

姜肱大被

汉桓帝延喜二年圣上闻其兄弟孝悌之情，诏姜肱入朝为官，姜肱称病辞谢，桓帝下诏命画工画姜肱的形象送报。姜肱卧于屋中幽暗处，用被子蒙脸，声称有病怕见风，画工竟无法见到他的相貌。桓帝命他任太守之职，当时，中常侍曹节等人把持朝政，诛杀太傅陈蕃、大将军窦武，姜肱不想同流合污，于是隐身遁命，远浮海滨。桓帝诏他为大中大夫，诏书至门，他令门使回话说：“我家主人久病，外出治疗未归也。”姜肱为了避免做官，在青州隐名埋姓，很久才回归家乡，年七十七岁终于家中。

后人有诗赞曰：“姜家汉代孝男，姜肱、仲海、季江三。兄弟同胞骨肉亲，形影不离同被眠。相爱至极情意重，遇难兄弟生死争。试问世间亲兄弟，能有几个如此亲。留与后人作榜样，姜家弟兄三。”

兼爱（下）

【题解】

本文开头几段与结尾两段基本观点与上篇、中篇相同。中间几段为上述两篇所无，其内容是分别驳斥非兼者的诘难。一是设有兼别二士，远行者必托妻子于兼友；二是设有兼别二君，民众必从兼君；三是详引《诗》《书》，证明禹汤文武皆行兼道；四是驳斥兼爱有害于孝，理由是欲人之爱利其亲，必先从事于爱利人之亲。

【原文】

子墨子言曰："仁人之事者，必务求兴天下之利，除天下之害。"然当今之时，天下之害孰为大[①]？曰："若大国之攻小国也，大家之乱小家也，强之劫弱，众之暴寡[②]，诈之谋愚，贵之敖贱，此天下之害也。又与为人君者之不惠也[③]，臣者之不忠也，父者之不慈也，子者之不孝也，此又天下之害也。又与今人之贱人[④]，执其兵刃、毒药、水、火，以交相亏贼[⑤]，此又天下之害也。"姑尝本原若众害之所自生[⑥]，此胡自生[⑦]？此自爱人利人生与？即必曰非然也，必曰从恶人贼人生[⑧]。分名乎天下恶人而贼人者[⑨]，兼与[⑩]？别与[⑪]？即必曰别也。然即之交别者[⑫]，果生天下之大害者与？是故别非也。

【注释】

①孰为大：什么是大的危害。

②暴：虐待。

③又与：《广雅》："与，如也。"又与，即"又如"。不惠：不仁慈。

④今人：王念孙云："'今'下衍'人'字。"

⑤交相亏贼：互相残害。

⑥姑：姑且。尝：尝试。本原：推究产生的根源。

⑦胡：何、哪里。

⑧恶人：憎恨人。贼人：残害人。

⑨分名：分辨名目。

⑩兼：指视人如己。

⑪别：指将别人与自己区分开，分别对待。

⑫然即：那么。之：这些。交别：相互之间都把别人与自己分开。

【译文】

墨子说："仁人的政事，一定要努力兴天下的利，除天下的害。"然而当今之时，什么是天下最大的危害？回答道："如大国攻打小国，大封邑扰乱小封邑，强壮的劫掠弱小的，人多的虐待人少的，奸诈的欺骗愚笨的，高贵的鄙视卑贱的，这就是天下的大害啊！又如做君王的不仁慈，做臣下的不忠诚，做父亲的不慈爱，做儿子的不孝顺，这又是天下的大害啊！又如现在的贱民，拿着兵刃、毒药、水、火，相互残害，这又是天下的大害啊！"姑且试着推究这许多灾害的起源，这些灾害究竟是从哪里产生的？这是产生于爱人利人吗？那一定会说不是这样，一定会说是从憎恨人残害人而产生的。分辨一下吧！请问天下憎恨别人、残害别人的人，算是"兼"，还是"别"呢？那一定要说是"别"了。然则"交相别"果真是产生天下一切大害的原因，所以，"别"是不对的。

【原文】

子墨子曰："非人者必有以易之[①]，若非人而无以易之，譬之犹以水救火也[②]，其说将必无可焉[③]。"是故子墨子曰："兼以易别[④]。"然即兼之可以易别之故何也？曰："藉为人之国[⑤]，若为其国，夫谁独举其国以攻人之国者哉[⑥]？为彼者由为己也。为人之都，若为其都，夫谁独举其都以伐人之都者哉？为彼犹为己也。为人之家，若为其家，夫谁独举其家以乱人之家者哉？为彼犹为己也，然即国、都不相攻伐，人家不相乱贼，此天下之害与？天下之利与？即必曰天下之利也。姑尝本原若众利之所自生，此胡自生？此自恶人贼人生与？即必曰非然也，必曰从爱人利人生。分名乎天下爱人而利人者，别与？兼与？即必曰兼也。然即之交兼者[7]，果生天下之大利者与。”是故子墨子曰：“兼是也。且乡吾本言曰[8]：‘仁人之事者，必务求兴天下之利，除天下之害。’今吾本原兼之所生，天下之大利者也；吾本原别之所生，天下之大害者也。”是故子墨子曰：“别非而兼是者，出乎若方也[9]。”

【注释】

①非人：陶鸿庆说：“‘非人’当作‘非之’。”“非之”即否定“别”。有以易之：有其他东西来替换它。

②以水救火：俞樾云：“疑《墨子》原文本作‘犹以水救水，以火救火也’，故曰其说将必无可。”

③将必无可：当必不可。

④兼以易别：用视人如己来改变人我有别。

⑤藉：假如。为：对待。

⑥独：还。举其国：动用全国的力量。

⑦交兼：人们相互间都视别人如自己。

⑧乡（向）：毕沅云：“乡，曏字省文。说文云‘曏，不久也。’”

⑨若：此，这。方：道理、法则。

【译文】

墨子说：“否定‘别’，一定要有其他东西来替换它，如果否定‘别’而没有替换它的东西，那就好比以水救水、以火救火，这样就不行了。”因此，墨子说：“要用‘兼’来代替‘别’。”然则“兼”可以代替“别”的缘故是什么呢？回答说：“假如对待别人的国家，如同对待本国一样，那么谁还会动用本国的力量去进攻别人的国家呢？因为别国如同本国一样啊！又如对待别人的都城，如同对待自己的都城，那么谁还会动用自己都城的力量去讨伐别人的都城呢？因为别人的都城如同自己的都城啊！又假定对待别人的封邑，如同对待自己的封邑，那么谁还会动用自己封邑的力量去扰乱别人的封邑呢？因为别人的封邑如同自己的封邑。然则国家、都城不相攻伐，人、封邑不相扰乱和残害，这是天下的害呢，还是天下的利？一定会说是天下的利。姑且尝试着推究这些利是从哪里产生的？这是产生于憎恨人残害人吗？那一定会说不是这样，而是从爱人利人产生的。分辨一下吧！天下爱别人、利别人的，究竟是出于将别人与自己分别对待呢，还是出于视人如己？那一定会说视人如己。那么这些相互间都视人如己，果真是产生天下大利的原因吧！”因此，墨子说：“视人如己是对的。并且我在不久前说过：‘仁人的政事，一定要努力兴办对天下有利的事，除去对天下有害的事。’现在我推究其‘兼’产生的缘由，它是天下的大利啊；我推究其‘别’产生的缘由，则是天下的大害啊！”所以墨子说：“‘别’不对而‘兼’是对的，就是出于这个道理。”

【原文】

今吾将正求与天下之利而取之，以兼为正①，是以聪耳明目相与视听乎②，是以股肱毕强相为动宰乎③，而有道肆相教诲④。是以老而无妻子者，有所侍养以终其寿；幼弱孤童之无父母者，有所放依以长其身。今唯毋以兼为正⑤，即若其利也⑥，不识天下之士，所以皆闻兼而非者，其故何也？

【注释】

①此二句按王焕镳说：“疑原文应作‘今吾将求兴天下之利，除天下之害，而取以兼为正。”正：通“政”。

②与：当据毕本作“为”。相为视听：相互助人视听。

③动宰：马宗霍云：“本文之‘动宰’犹‘动制’，‘动制’犹‘动作’也。”

④有道：用道义。肆：勉力。

⑤唯毋：语词。

⑥即若其利：则其利若此。

【译文】

现在我将努力兴办对天下有利之事，除去对天下有害之事，而采用“兼”治政，因此大家都用聪耳明目相互助人视听，大家都用强而有力的手足相互帮助，进而用道义勉励相互教诲。所以年老而无妻儿子女的，有所侍养以终年寿；幼弱、无父母的孤童，也有所依靠而长大成人。现在用“兼”治政，则其利若此。然而不知道天下之士听到“兼”的说法，都加以否定，这是什么缘故呢？

【原文】

然而天下之士非兼者之言[1]，犹未止也。曰：“即善矣。虽然，岂可用哉？”子墨子曰：“用而不可，虽我亦将非之。且焉有善而不可用者？姑尝两而进之[2]。谁以为二士[3]，使其一士者执别，使其一士者执兼。是故别士之言曰：‘吾岂能为吾友之身，若为吾身，为吾友之亲，若为吾亲。’是故退睹其友[4]，饥即不食，寒即不衣，疾病不侍养，死丧不葬埋。别士之言若此，行若此。兼士之言不然，行亦不然，曰：‘吾闻为高士于天下者，必为其友之身，若为其身，为其友之亲，若为其亲，然后可以为高士于天下。’是故退睹其友，饥则食之，寒则衣之，疾病侍养之，死丧葬埋之。兼士之言若此，行若此。若之二士者[5]，言相非而行相反与？当使若二士者[6]，言必信，行必果[7]，使言行之合犹合符节也[8]，无言而不行也。然即敢问[9]，今有平原广野于此，被甲婴胄将往战[10]，死生之权未可识也[11]；又有君大夫之远使于巴、越、齐、荆[12]，往来及否未可识也[13]，然即敢问，不识将恶也[14]家室[15]，奉承亲戚[16]，提挈妻子[17]，而寄托之？不识于兼之有是乎[18]？于别之有是乎？我以为当其于此也[19]，天下无愚夫愚妇，虽非兼之人，必寄托之于兼之有是也。此言而非兼，择即取兼，即此言行费也[20]。不识天下之士，所以皆闻兼而非之者，其故何也？”

【注释】

①非兼者之言：否定兼爱的言论。

②两：指执“兼”和执“别”的两种人。进之：王焕镳云：“‘进’为‘尽’之假借字。进之：即‘尽之’。句意：且试设执‘兼’与执‘别’两种人完全按照自己的主张行事。”

③谁：王引之云：“‘谁’字义不可通，‘谁’当为‘设’，言设于二士于此，而使之各执一说也。隶书‘设’字作‘診’，‘谁’字作‘谁’，二形略相似，故‘设’误为‘谁’。”

④退：退下来、返身。睹：对待。

⑤若之：像这。

⑥当使：孙诒让云：“‘当’，疑当为‘尝’之借字。”当使，即“试使”。若：此。

⑦言必信，行必果：说话一定兑现，行动一定果断敢为。

⑧符节：古代朝廷用作传令、调兵遣将的凭证，双方各执一半，合之以验真假。用木、竹、金属、玉石等制成。

⑨然即敢问：那么请问。

⑩被：披。甲：铠甲。婴：系。胄：头盔。

⑪权：张纯一云：“权衡，谓生死无定。”

⑫君大夫：有封地的大夫。巴、越、齐、荆：都为古国名。巴，在今川东鄂西一带；越，在今江浙一带；齐，在今山东一带；荆，即楚国，在今湖北湖南一带。

⑬往来及否：能否返回。

⑭不知将恶也：俞樾云：“‘恶’下脱‘从’字。‘将恶从也’，犹云‘将何从也’。”即将如何办？

⑮家室：王焕镳先生根据旧本互有异同，合而校之，疑“家室”前有“将固庇”三字，即“将固庇家室”。固庇：保护。

⑯奉承：奉养。亲戚：钱大昕云："古人称父母为亲戚。"此"亲戚"指父母亲。

⑰提挈：带领。妻子：妻儿子女。

⑱有：同"友"。杨倞注："友有同义。"是：对。

⑲当其如此：当他处在这个时候。

⑳费：通"拂"。王念孙云："古者拂与费通。"即违背。

【译文】

然而天下的士君子，否定兼爱的言论，还没有停止啊！他们说："即使'兼'好，但怎么可以用呢?"墨子说："如果真不能用，即使是我也将否定它，怎么会是好的而不可以用呢？姑且试设执'兼'与执'别'的两种人完全按自己的主张行事。设二士于此，使其中一士执'别'，使其中另一士执'兼'。执'别'的人说：'我怎么能拿我朋友的身体，看作是自己的身体，拿我朋友的亲人，当作自己的亲人。'因此他退下来看见自己的朋友，饥饿了不给吃，寒冷了不给穿，生病了不去侍养，死亡了不去埋葬。执'别'的人是这样说的，也是这样做的。而执'兼'的人不是这样说的，也不是这样做的。他说'我听说在天下要做品德高尚的人，一定要把朋友的身体，看作是自己的身体，把朋友的亲人，看作是自己的亲人，然后才可以在天下做品德高尚的人。'因此他退下来看见自己的朋友，饥饿了给吃的，寒冷了给衣穿，生病了去侍养，死亡了去埋葬。执'兼'的人是这样说的，也是这样做的。像这两位士人，言语不相同，行为又相反吧！试使这两人，说话兑现，行为果断敢为，他们的言行统一，如同符合符节一样，没有说就不做。那么请问：现在有平原广野作战场，有人披甲系盔将要去参加战斗，生死还不知道；又有君大夫将远使巴、越、齐、荆等地，能否返回还不知道。那么请问，如果要保护家室、奉养父母、带领妻子去寄托给别人，不知道是寄托于执'兼'的朋友是对的，还是寄托于执'别'的朋友是对的？我以为在这个时候，世上无论怎么愚蠢的男女，即使不主张兼爱的人，他们一定会把自己的亲人托付给执'兼'的朋友，认为这样才是对的。

这就是说话要否定执‘兼’的人，而择友却要选择执‘兼’的人，这就是言行不一致啊！然而不知天下之士君子听到‘兼’的说法，都加以否定，这是什么缘故啊？”

【原文】

然而天下之士非兼者之言，犹未止也。曰：“意可以择士[①]，而不可以择君乎？”“姑尝两而进之。谁以为二君[②]，使其一君者执兼，使其一君者执别，是故别君之言曰：‘吾恶能为吾万民之身[③]，若为吾身，此泰非天下之情也[④]。人之生乎地上之无几何也，譬之犹驷驰而过隙也[⑤]。’是故退睹其万民，饥即不食，寒即不衣，疾病不侍养，死丧不葬埋。别君之言若此，行若此。兼君之言不然，行亦不然。曰：‘吾闻为明君于天下者，必先万民之身，后为其身，然后可以为明君于天下。’是故退睹其万民，饥即食之，寒即衣之，疾病侍养之，死丧葬埋之。兼君之言若此，行若此。然即交若之二君者[⑥]，言相非而行相反与？常使若二君者[⑦]，言必信，行必果，使言行之合犹合符节也，无言而不行也。然即敢问，今岁有疠疫[⑧]，万民多有勤苦冻馁[⑨]，转死沟壑中者[⑩]，既已众矣[⑪]。不识将择之二君者，将何从也？我以为当其于此也，天下无愚夫愚妇，虽非兼者，必从兼君是也。言而非兼，择即取兼，此言行拂也。不识天下所以皆闻兼而非之者，其故何也？”

【注释】

①意：王焕镳言：“抑，或许。”下同。

②谁：为“设”之误。

③恶：何、怎么。

④泰：通“太”。

⑤犹驷驰而过隙：好比马车奔驰过隙那样短暂。喻时间过得快。

⑥然即交：戴望云：“‘然即交’三字无义，当是衍文。”张纯一也认为戴望的看法是对的，故采此说。

⑦常：据上文，应为“当”。孙诒让云：“‘当’，疑当为‘尝’之借字。”

⑧疠疫：瘟疫。

⑨馁：饥饿。

⑩转：孙诒让云：“《淮南子·主术训》作‘转尸’，高注云‘转，弃也。’案：高说为允。”

⑪既已众：已经为数很多。

【译文】

然而天下之士否定“兼爱”的言论，还没有停止啊！他们说：“兼爱之说抑或可以选择士人君子，然而不可以选择君王吧？”“姑且试设执‘兼’与执‘别’的两种人完全按自己的主张行事。设二君王于此，使其中一君王执‘兼’，使其中另一君王执‘别’。执‘别’的君王说：‘我怎么能拿我万民的身体，当作我自己的身体，这太不合天下人的情理了。一个人生活在世上时间非常短暂，就如同马车奔驰过隙那么快啊！’因此他退下来对待自己的万民，饥饿了不给饭吃，寒冷了不给衣穿，生病了不去侍养，死亡了不去埋葬。执‘别’的君王是这样说的，也是这样做的。执‘兼’的君王所说的则不同，做的也不一样。他说：‘我听说在天下做明君的，一定要先考虑万民的身体，然后才考虑自己的身体，这样才可以在天下做明君。’所以他退下来对待万民，饥饿了就给吃的，寒冷了就给衣服穿，生病了就去服侍，死亡了就去安葬。执‘兼’的君王是这样说的，也是这样做的。像这二位君王，言语不相同行动也相反吧！试使二位君王，言语兑现，行为果断敢为，言行统一如同符合符节一样，不说就不做。那么请问，今岁流行瘟疫，万民勤苦而受冻挨饿，死后被抛弃于沟壑中的，已经为数很多了。如果从这二君中选一位，该跟从谁呢？我以为在这种时候，天下无论怎么愚蠢的男女，即使否定执‘兼’的人，也一定会认为跟从执‘兼’的君王是对的。这就是说话要否定执‘兼’的，而择君却要选择执‘兼’的君王，这就是言行不一致啊！然而不知天下的人听到‘兼’的说法，都加以否定，这是什么缘故啊？”

【原文】

然而天下之士非兼者之言也，犹未止也。曰："兼即仁矣，义矣。虽然，岂可为哉？吾譬兼之不可为也，犹挈泰山以超江河也[①]。故兼者直愿之也[②]，夫岂可为之物哉?"子墨子曰："夫挈泰山以超江河，自古之及今[③]，生民而来未尝有也。今若夫兼相爱，交相利，此自先圣六王者亲行之[④]。"何知先圣六王之亲行之也？子墨子曰："吾非与之并世同时[⑤]，亲闻其声，见其色也。以其所书于竹帛，镂于金石，琢于槃盂，传遗后世子孙者知之。《泰誓》[⑥]曰：'文王若日若月，乍照，光于四方于西土。'即此言文王之兼爱天下之博大也，譬之日月兼照天下之无有私也。"即此文王兼也，虽子墨子之所谓兼者[⑦]，于文王取法焉。

【注释】

①江河：指长江、黄河。

②直：只。愿：愿望。

③之：到、至。

④六王：孙冶让云："下文只有四王，此'六'疑'四'篆文之误，下同。'"四王，即禹、汤、文、武。者：尹桐阳云："'者'同'诸'，皆也。"行：实行。

⑤并世同时：同一时代。

⑥《泰誓》：《尚书》篇名，为周武王会合诸侯伐商纣的誓言，原文已佚。

⑦虽：孙诒让云："'虽'与'唯'通，下并同。"

【译文】

然而天下之士否定"兼爱"的言论，还没有停止啊！他们说："兼即使是仁是义，但难道是可行的吗？'兼'是不可行的，就好比一手举起泰山一脚跨过长江黄河一样啊！所以兼爱只不过是一种愿望而已，哪里是可行之事?"墨子说："一手举起泰山一脚跨过长江黄河，自古至今，有生民以来从未有过。至于

‘兼相爱’、‘交相利’，这是先圣禹汤文武都亲自实行过的。”怎么知道先圣四王亲自实行过呢？墨子说：“我没有与他们同一时代生活过，没有亲自听过他们的声音，看过他们的容貌，是通过他们所写在竹帛上，镂刻在钟鼎石碑上，琢雕在玉石的槃盂上，相传遗留给后世子孙而知道的。《泰誓》上说：‘文王如同日月的光芒普照四方和西土。’这就说明文王兼爱天下的广大，就如同日月无私地普照天下啊！”这就是文王的“兼”了，墨子的所谓“兼”，就是取法于文王啊！

【原文】

“且不唯《泰誓》为然，虽《禹誓》即亦犹是也。禹曰：‘济济有众[1]，咸听朕言[2]，非惟小子，敢行称乱[3]，蠢兹有苗[4]，用天之罚[5]，若予既率尔群对诸群[6]，以征有苗。’禹之征有苗也，非以求以重富贵[7]、干福禄[8]、乐耳目也，以求兴天下之利，除天下之害。”即此禹兼也。虽子墨子之所谓兼者，于禹求焉[9]。

【注释】

①济济：众多貌。有：语助词。

②咸：都。朕：我。

③称乱：孔安国云：“称，举也。”举乱，即发动战争。

④蠢：《尔雅·释训》云：“蠢，不逊也。”孔安国云：“蠢，动也。”此指不服从而蠢功。

⑤用：行。

⑥若：王焕镳云：“‘若’疑‘兹’字之形讹。兹，今。‘既’为‘即’之假借字。”群对诸群：孙诒让云：“此群对诸群，当读为‘群封诸君’，‘封’与‘邦，古音近，通用。‘封’、‘对’形近而误。‘群封诸君’，言众邦国诸君也。”

⑦非以求以重富贵：戴望云：“下‘以’字衍。”本句为：非以求重富贵。

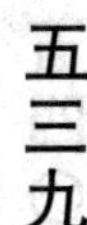

⑧干：求。

⑨求：孙诒让云："'求'以上下文校之，当作'取法'。"

【译文】

"不光是《泰誓》是这样，而且《禹誓》也是这样啊！禹说：'众多的人，请都听我说，不是我胆敢发动战争，而是有苗族不服从我们而蠢动，我是行天之罚，今天即率领你们众邦国的诸君，去征讨有苗族。'禹征讨有苗族，并不是追求富贵，也不是追求福禄，更不是为了使耳目享受声色之乐啊！而是要兴天下之利，除天下之害。"这就是禹的"兼"啊！墨子的所谓"兼"，就是取法于禹啊！

【原文】

"且不唯《禹誓》为然，虽《汤说》即亦犹是也[①]。汤曰：'惟予小子履[②]，敢用玄牡[③]，告于上天后[④]曰：今天大旱，即当朕身履[⑤]，未知得罪于上下[⑥]，有善不敢蔽，有罪不敢赦，简在帝心。万方有罪，即当朕身，朕身有罪，无及万方'。即此言汤贵为天子，富有天下，然且不惮以身为牺牲[⑦]，以祠说于上帝鬼神[⑧]。"即此汤兼也。虽子墨子之所谓兼者，于汤取法焉。

【注释】

①《汤说》：即《汤誓》。孙诒让云："据此后文，则是汤祷旱之辞。"

②履：殷汤本名履。

③黑牡：黑色的公牛。

④上天后：孙诒让云："《御览》八十三，引《帝王纪载》此文作'告于上天后土'，疑此'后'下亦脱'土'字。"上天，指上帝。后土，指土地神。

⑤当：担当，承担。

⑥上下：指天和地。

⑦不惮：不怕。牺牲：祭品。

⑧祠：祭祀。说：说服。

【译文】

“不光是《禹誓》是这样，而且《汤说》也是这样啊！汤说：‘我殷履，敢用黑色的小公牛作祭品，告于上帝和土地神说：现在天大旱，应由我殷履一人承担，不知道得罪于上天下地，现在，我对于有善行的人不敢隐瞒，对于有罪行的人不敢赦免，这话可铭记在天帝心中。万方有罪，由我一个人承担，我自己有罪，则不要连累到四面八方的人们。’这就是说汤贵为天子，拥有天下，然而不怕以自己为祭品，用祭祀来说服上帝鬼神。”这就是汤的“兼”啊！墨子的所谓“兼”，就是取法于汤啊！

【原文】

“且不惟《誓命》与《汤说》为然[①]，《周诗》即亦犹是也[②]。《周诗》曰：‘王道荡荡[③]，不偏不党[④]，王道平平[⑤]，不党不偏。其直若矢，其易若底[⑥]，君子之所履[⑦]，小人之所视[⑧]，若吾言非语道之谓也[⑨]，古者文武为正[⑩]，均分赏贤罚暴，勿有亲戚弟兄之所阿[⑪]。”即此文武兼也[⑫]。虽子墨子之所谓兼者，于文武取法焉。不识天下之人[⑬]，所以皆闻兼而非之者，其故何也？

【注释】

①《誓命》：孙诒让云：“《誓命》，依上文当作《禹誓》。”

②《周诗》：王焕镳言：“疑为佚诗篇名。”下《周诗》曰四句，见今《尚书·洪范》，其文作：“无偏无党，王道荡荡。无党无偏，王道平平。”

③王道：指周王治国之道。荡荡：广阔。

④不党：不偏私。

⑤平平：公允、公平。

⑥其直若矢，其易若底：孙诒让云：“《亲士》篇云‘其直如矢，其平如砥’，‘底’仍作‘砥’，与《毛诗》同。《小雅·大东》，毛传云：‘如砥，贡

赋平均也。如矢，赏罚不偏也’。”

⑦履：履行；实行。

⑧视：仰望。

⑨若吾言非语道之谓也：王焕镳言：“此句不可解，疑本作：‘故若言，语兼道之谓也。’‘吾’为‘故’之音讹；‘非’为‘兼’之形讹，文字又错乱致误。”

⑩正：孙诒让云：“‘正’与‘政’同。”

⑪阿：孙诒让云：“《吕氏春秋·高义篇》，高注云：‘阿，私也。’”即偏私、偏袒。

⑫文武：周文王、周武王。

⑬人：张纯一云：“旧作人，据上下文改士。”

【译文】

“不光是《禹誓》和《汤说》是这样，《周诗》也是这样啊！《周诗》说：‘周王治国之道广阔，没有偏私，周王治国之道公平，没有偏私。它的赏罚分明不偏，平直得像一支箭，它的贡赋平均不偏，平直得像一块磨刀石。这种治国之道，君子们在实行，百姓们在仰望。’因此这《周诗》所说的，正是讲的‘兼’的道理啊！古时候，周文王、周武王为政，赏贤罚暴分配公平，没有偏袒父母弟兄的事。”这就是周文王、周武王的“兼”啊！墨子的所谓“兼”，就是取法于周文王和周武王。然而不知天下之士听到“兼”的说法，都加以否定，这是什么缘故啊？

【原文】

然而天下之非兼者之言，犹未止，曰：“意不忠亲之利[①]，而害为孝乎？”子墨子曰：“姑尝本原之孝子之为亲度者[②]。吾不识孝子之为亲度者，亦欲人爱利其亲与？意欲人之恶贼其亲与？以说观之[③]，即欲人之爱利其亲也。然即吾恶先从事即得此[④]？若我先从事乎爱利人之亲，然后人报我爱利吾亲乎[⑤]？意我先从事乎恶人之亲[6]，然后人报我以爱利吾亲乎？即必吾先从事乎爱利人之亲，然后人报我以爱利吾亲也。然即之交孝子者[7]，果不得已乎，毋先从事爱利人之亲者与[8]？意以天下之孝子为遇而不足以为正乎[9]？姑尝本原之先王之所书[10]，《大雅》之所道曰：'无言而不雠[11]，无德而不报，投我以桃，报之以李。'即此言爱人者必见爱也[12]，而恶人者必见恶也。不识天下之士，所以皆闻兼而非之者，其故何也？意以为难而不可为邪？尝有难此而可为者[13]。昔荆灵王好小要，当灵王之身[14]，荆国之士饭不逾乎一[15]，固据而后兴[16]，扶垣而后行。故约食为其难为也[17]，然后为而灵王说之[18]，未逾于世而民可移也[19]，即求以乡其上也[20]。昔者越王勾践好勇，教其士臣三年，以其知为未足以知之也[21]，焚舟失火，鼓而进之，其士偃前列[22]，伏水火而死，有不可胜数也[23]。当此之时，不鼓而退也，越国之士可谓颤矣[24]。故焚身为其难为也，然后为之越王说之，未逾于世而民可移也，即求以乡上也。昔者晋文公好苴服[25]，当文公之时，晋国之士，大布之衣，牂羊之裘，练帛之冠，且苴之屦，入见文公，出以践之朝。故苴服为其难为也，然后为而文公说之，未逾于世而民可移也，即求以乡其上也。是故约食、焚舟、苴服，此天下之至难为也，然后为而上说之，未逾于世而民可移也。何故也？即求以乡其上也。今若夫兼相爱，交相利，此其有利且易为也，不可胜计也，我以为则无有上说之者而已矣。苟有上说之者，劝之以赏誉，威之以刑罚，我以为人之于就兼相爱交相利也，譬之犹火之就上，水之就下也，不可防止于天下[26]。"

【注释】

①意：抑或、或许。忠：苏学时云："'忠'当作'中'，读去声。"即符合。

②度：忖度，谋划。

③说：道理。

④恶先从事：何先从事。即先从事什么。此：指爱利吾亲。

⑤爱利：孙诒让云："'爱利'上当有'以'字。"

⑥恶人：俞樾云："'恶'下脱'贼'字，当据上文补。"

⑦之：这。交孝子：相互为孝子。

⑧毋：语词，无义。

⑨遇：孙诒让云："'遇'当为'愚'，同声假借字。"正：尹桐阳云："'正'，'善'也。"

⑩所：孙诒让云："'所'字疑衍。"

⑪雠：答应。

⑫见：被。

⑬难此：难于此，比此还难。

⑭当灵王之身：当灵王在世时。

⑮饭不逾乎一：吃饭不超过一顿。

⑯固：通"故"。据：指据杖。兴：站起。

⑰约食：减少食量。其：高亨云："'其'为'綦'字之误。""綦"，极也。

⑱后：孙诒让云："'后'疑当作'众'。"下同。说：通"悦"。下同。

⑲未逾于世：未超过世代，即世代未变。民可移：指民俗改变。

⑳乡：孙诒让云："'乡'与'向'字通。"向，迎合。上：君王。

㉑以其知：即"以其智"。苏时学云："上知字，当读如智。"

㉒偃：《仪礼乡射礼》，郑注云："偃，犹仆也。"即仆倒在地。

㉓有：王念孙云："'有'字文义不顺，'有'当为'者'字之误也。"应属上句，即："伏水火而死者，不可胜数也。"

㉔颤：李渔叔云："按上下文义，应作'殚'。此处全句为：'当此之时，不鼓而退也，越国之士，可谓殚矣。"殚：竭和尽之意。

㉕苴服：粗服。

㉖不可防止：其势不可制止。

【译文】

然而天下之士否定‘兼爱’的言论，还没有停止啊！他们说：“恐怕这个不符合父母亲的利益而有害于尽孝道吧?”墨子说：“我们姑且推究一下一个孝子为父母谋划一件事，我不知道孝子为父母谋划这件事，是想别人爱护自己的父母亲，还是想别人残害自己的父母亲？按理说，应该是想别人爱护自己的双亲啊！然而，我先从事什么才能获得爱护父母亲的结果呢？是先从事于爱护别人的双亲，然后别人报答我以爱护我的双亲呢；还是我先从事于残害别人的双亲，然后别人报答以爱护我的双亲呢？那一定是我先从事于爱护别人的双亲，然后别人报答以爱护我的双亲啊！那么，这种相互为孝子的情况，果真是出于不得已吗？是先从事爱护别人的双亲呢，还是认为天下的孝子是愚蠢的而不足以为善呢？姑且推究一下先王的书，《大雅》所说的：‘没有什么话我不答应，没有什么恩德我不报答，别人赠给我红桃，我即报答人家以好李。’这就是说爱人的人一定被人爱，憎恶人的人一定被人憎恶啊！然而不知道天下的士人君子，说到‘兼’的说法，都加以否定，是什么缘故啊？抑或以为行‘兼’难而不能做到吗？曾有过比这难得多的却可以做到的事。从前荆灵王喜欢细腰，当灵王在世时，荆国的士君子每天吃饭不超过一顿，所以要据杖才能站立，扶墙才能行走。节缩饭量是一件极难做到的事，然而大家为使灵王高兴，时世未变而民俗却改变了，这就是希求以此来迎合君王的欢心啊！过去的越王勾践喜欢勇敢，教练他的士臣三年，凭他的智慧，不足以预知训练的效果，于是他故意放火焚船，击鼓命令他的士臣们前进，他的战士们前仆后继，仆倒在水火中死去的，不计其数啊！在这个时候，他如果不停止击鼓退却的话，那越国勇士们就快死尽了。牺牲自己生命是极难做到的事，然而大家为使越王高兴，时世未变而民俗却改变了，这就是希求以此来迎合君王的欢心啊！过去的晋文公喜欢穿粗布衣服，当晋文公在世时，晋国的士君子，都穿着粗布衣服，披着老羊皮袍子，戴着大帛帽子，穿着麻葛鞋子，进入宫廷可以参见文公，出来在朝廷上可以自由行走。穿粗布衣服是极难做到的事啊！然而大家为使文公高兴，时世未变而民俗却改变了，这就是希求以此来迎合君王的欢心啊！所以压缩饭量、焚舟牺牲、穿粗布衣服，这是天下极难做到的事，然而大家为使君王高兴，时世未变而民俗却改变了，这是什么缘故呢？就是希求以此来迎合君王的欢心罢了。现在兼相爱，交相利，这种做法有利并且容易做到，但不能做到，我认为是没有君王喜欢它而已啊！如果有君王喜欢它，用赏誉来勉励，用刑罚来威胁，我以为人们趋向于兼相爱交相利之道，就如同火向上窜，水往下流一样，在天下形成一种不可制止的势态。”

【原文】

故兼者圣王之道也，王公大人之所以安也，万民衣食之所以足也。故君子莫若审兼而务行之[①]，为人君必惠，为人臣必忠，为人父必慈，为人子必孝，为人兄必友[②]，为人弟必悌[③]。故君子莫若欲为惠君[④]、忠臣、慈父、孝子、友兄、悌弟，当若兼之不可不行也，此圣王之道而万民之大利也。

【注释】

①莫若：不如。审：明察。
②友：《尔雅·释训》：“善兄弟为友。”即友爱其弟。
③悌：敬顺兄长。
④莫若：“若”上“莫”字疑衍，当删。

【译文】

因此“兼”是圣王的治国之道，王公大人用它才安定，万民用它才丰衣足食啊！所以君子不如明察“兼”并努力实行它。做人君的一定要恩惠，做人臣的一定要忠诚，做人父的一定要慈爱，做人子的一定要孝顺，做人兄的一定要友善弟弟，做人弟的一定要敬顺兄长。故君子若想为惠君、忠臣、慈父、孝子、友兄、悌弟，那么，“兼”是不可不执行的，这就是圣人的治国之道和万民的大利啊！

【评析】

墨子首先向人们陈述了相侵相害、自私自利的危害，然后提出用“兼相爱，交相利”之法来改变这种“不相爱”“亏人以自利”的社会现实。“视人若己”“爱人若己”是墨子设计的爱的社会的理想蓝图，这种蓝图与儒家所设想的“大道之行也，天下为公”，以及“人不独亲其亲，不独子其子”的思想有异曲同工之妙。然而孔子是把大同理想寄托于遥远的过去，而墨子的理想则注重现在；孔子的理想社会是以“亲亲”“尊尊”为始点、为前提的，他承认或顺应了人的自然亲情，而墨子则根本不理会社会中的亲疏、远近、等级关系。在他看来，那种“亲亲”“尊尊”的自然亲情关系恰恰是人们只爱自己、自私自利的根源。而他大胆冲破了血缘与亲情的界限，肯定爱人若己、视人若己，这是墨子与孔子的不同之处。由此可见，孔子是顺而取之，墨子则是逆而成之。

虽然墨子的思想具有极大的空想性，但其理论价值和精神内涵却是不容忽视的。它反映了人们对社会罪恶现象的厌恶和敌视，表达了人们对美好社会的憧憬，体现了人类的尊严和其精神的崇高。正是这种不分彼此、不分种族、不分疆域、不分贵贱贫富的平等博爱，才体现了人类精神的抽象之爱，体现了人之所以为人、人之所以别于万物又高于万物的根本所在。

墨子“兼以易别”的社会理想给中国历代思想家以深远的影响。太平天国农民革命的领袖洪秀全、百日维新领袖谭嗣同以及梁启超等人都曾深受墨子影响。洪秀全曾言：天下多男人，尽是兄弟之辈，天下多女子，尽是姊妹之群；何得存此疆彼界之私，何得存你吞我并之念。又说：要使现在的充满欺凌、掠夺、争斗、仇杀的世道变为“强不犯弱、众不暴寡、智不诈愚、勇不苦怯之世也”。洪秀全连使用的语言都类似于墨子，足见墨子兼爱思想对其影响之大。谭嗣同曾明确表示墨子兼爱思想是其著名著作《仁学》的理论源泉。梁启超则大声疾呼：“欲救中国，厥惟墨学！”由此可知，墨子思想在中国历史上曾激励着一代又一代仁人志士，前赴后继，艰苦奋斗，为实现公正、平等的社会理想而努力！

“兼爱”的思想始终贯穿墨子全书，墨子提出的“兼爱”思想，目的是为了给大家创造一个友好的和谐的社会氛围，不是整天钩心斗角，尔虞我诈，处在一个恐怖、阴森的环境中，到处提防着别人，害怕一不小心就落入陷阱。

【故事阐微】

舍己助人的刘翊

刘翊，字子相，东汉颍阴人，为人重义守德，家中世代产业丰足。刘翊经常救济他人而不求他人报答。

有一次，刘翊在汝南游玩，路遇张季礼。张季礼要到远方赶赴丧礼，不料遇上寒冰，车子坏了，所以停滞在道路上。张季礼焦急万分却无计可施，正在万般无奈之际，刘翊出现了。刘翊见状，立即下车，将自己的车子送给了张季礼。让张季礼奇怪的是，这个送车子的人不仅没有自报姓名，而且没等他询问，这个好心人便骑上马扬长而去。张季礼惊喜交加，猜想这个人可能就是传闻中重德重义的刘翊吧！当然，他猜得没错。事后，他专程来到颍阴，想要将车子还给刘翊，并进行答谢。可刘翊知道后关上门，让门人回话，称自己出去了，不同张季礼相见，因为他虽喜仗义相助，却不想贪图回报。

刘翊坚守自己的志向，一直不肯屈从朝廷的任命。后来他接受了颍川太守种拂的任命，担任功曹，因为在一件关系种拂生死福祸的事情上帮了大忙，种拂心存感激之情，一心要举荐刘翊为孝廉，但刘翊耻于利用这种事来获取功名，所以固辞不让。

后来发生战乱，当地的郡县发生饥荒，刘翊尽力救济那些缺粮断粮的人，靠他救济而活下来的有几百人之多。总之，乡里宗族中只要有人需要帮助和救济，他总是全力帮助救济。

汉献帝（刘协）迁都西京后，刘翊被举荐为计掾，后来因功而被皇帝特地下诏任命为议郎（议郎，官名，郎官的一种。秦置，西汉沿置，属于光禄勋，秩为比六百石。议郎职为顾问应对，不需轮流当值，充当守卫门户等工作。东汉时其官秩提高到六百石，并可参预朝政），调任陈留太守。刘翊将自己手上持有的珍宝全部分给了他人，自己仅留下车马赴任去了。出了函谷关几百里地后，刘翊发现一位士大夫病死在路旁，刘翊于是用自己的马换了棺材，脱下自己的衣服将死者收殓了。走了一段路，又遇到以前认识的一个人在路上窘困饥饿，刘翊不忍心丢下他，便将驾车的牛又宰杀了，用来解除这人的饥困。大家都曾劝阻他，刘翊说："见死不救，这可不是有志之士。"后来，刘翊饥饿而死。

非攻[1]（上）

【题解】

春秋战国时期，诸侯兼并，战乱频起。墨子认为，这些战争是非正义的。就如同偷窃别人财产的强盗行为一样，应该加以谴责。文章采取从小到大层层推论的方法，以民众普遍认同的社会公德为依据，证明掠夺性战争乃大不义，有百重之罪。然而天下君子不以为非，反而誉之，乃不识义与不义之别。全篇无"子墨子曰"，可能是墨子自著。

【原文】

今有一人，入人园圃，窃其桃李，众闻则非之，上为政者，得则罚之，此何也？以亏人自利也。至攘[2]人犬豕鸡豚，其不义又甚入人园圃窃桃李。是何故也？以亏人愈多，其不仁兹甚，罪益厚。至入人栏厩，取人马牛者，其不仁义，又甚攘人犬豕鸡豚，此何故也？以其亏人愈多。苟亏人愈多，其不仁兹甚，罪益厚。至杀不辜人也，扡[3]其衣裘，取戈剑者，其不义，又甚入人栏厩取人马牛。此何故也？以其亏人愈多。苟亏人愈多，其不仁兹甚矣，罪益厚。当此，天下之君子皆知而非之，谓之不义。今至大为攻国，则弗知非，从而誉之，谓

之义。此可谓知义与不义之别乎？

【注释】

①非攻：这里是指反对不正义的战争。

②攘：偷取。

③拕：通“拖”，拿走。

【译文】

现在有一个人，他进入别人的果园里，偷窃别人的桃子和李子，大家知道以后都认为这是错误的，上面当政的人知道了以后，就会对那个人进行惩罚，这是什么原因呢？是因为那个人为了自己的利益而去损害别人的缘故。而至于去偷窃别人的鸡犬家畜，那么他的不义就又比进入别人果园里偷窃桃子和李子要大了。这是为什么呢？这是因为损害别人越严重，他的不义就越大，罪过就越大。而再进一步至于进入别人的牛栏里面，偷取别人的牛马的，他的不义，则又大于偷窃别人的鸡犬家畜的人了，这是为什么呢？这是因为损害别人越严重，他的不义就越大，罪过就越大。再至于杀害无辜之人，剥去别人的衣服，拿取别人的兵器的人，他的不义，则又大于偷窃别人的牛马的人了。这是为什么呢？这是因为损害别人越严重，他的不义就越大，罪过就越大。这个时候，天下的君子们都会非议那个人，称他为不义。但现在大到讨伐一个国家，则没有人去非议，而都去赞誉这种行为，称他为义。难道这就叫作知道义和不义的区别吗？

【原文】

杀一人，谓之不义，必有一死罪矣。若以此说往，杀十人，十重不义，必有十死罪矣；杀百人，百重不义，必有百死罪矣。当此，天下之君子皆知而非之，谓之不义。今至大为不义攻国，则弗知非，从而誉之，谓之义，情不知其不义也，故书其言以遗后世；若知其不义也，夫奚说书其不义以遗后世哉？

【译文】

杀害一个人，就叫作不义，必定是一条死罪。如果按此推断，杀害十个人，就是十倍的不义，必定就是十条死罪；杀害一百个人，就是一百倍的不义，必然就是一百条死罪。这个时候，天下的君子们都会非议那个人，称他为不义。但现在大到讨伐一个国家这种不义之举，却没有人去非议，而都去赞誉这种行为，称它为义，这是因为他们的确不知道这是一件不义之事，所以才把它用笔记录下来以流传后世；如果他们知道这是不义之事，又怎么会把它用笔记录下来以流传后世呢？

【原文】

今有人于此，小见黑曰黑，多见黑曰白，则必以此人为不知白黑之辩矣；少尝苦曰苦，多尝苦曰甘，则必以此人为不知甘苦之辩矣。今小为非，则知而非之；大为非攻国，则不知非，从而誉之，谓之义。此可谓知义与不义之辩乎？是以知天下之君子也，辩义与不义之乱也。

【译文】

现在有这么一个人，看见一丁点的黑色就说是黑色，但见到很多的黑色就说是白色，那样的话我们就必然会认为这个人是分不清黑白两种颜色的；尝到一点儿苦就说苦，尝到多一些的苦就说是甘甜，那样的话我们就必然会认为这个人是分不清甜苦两种味道的。现在人们做了一些小错事，就知道这是错误的；而做了好像攻伐别人国家这种大错事，却不知道是错的，而且还在一旁赞誉，称这为义。难道这就叫作知道义和不义之间的区别吗？所以凭此知道天下的君子们，根本就分不清义与不义的区别。

【评析】

《非攻》是《墨子》中的名篇，了解中国文化又谈论国事者，多少都会想到《非攻》，墨子的非攻思想是影响古今的和平主义，是平民主义的战争观。

和平，众之所求。先秦诸子对于和平有着更为深刻的理解，主要的就是关于仁与义的争论。这是残酷的环境使然。当时，道家的创始人老子愤于世事而无奈，骑牛出函谷而不还；儒家的创始人孔子著述春秋，希望以此劝世，但是闻说祥瑞麒麟被猎获，对世事极度失望，掷笔绝书。

孟子是孔子理念的继承者，也是“义”的创建者。孟子说：“春秋无义战。征者上伐下也，敌国不相征也。”朱熹对此句的解释是：“征，所以正人也。诸侯有罪，则天子讨而诛之，此春秋无义战也。”

无论是“仁”或“义”，都是从建立社会秩序的角度来说的。社会秩序的实质是社会各利益群体相互间的一种妥协。问题是，战国期间的诸侯们并非孟子的性“善”者，而是荀子的性“恶”者，于是就有了“十年十一战，民不堪命。”的战争，他们是用战争的方式来进行关于建立社会秩序的讨论。而墨子是“不堪命”之民的代言人，他对“义”的理解是从民众的角度来阐述的。或者说，他是作为人民的代言人参与关于社会秩序的讨论。

【故事阐微】

重德讲义的羊祜

羊祜（221 年—278 年），字叔子，青州泰山人（今山东新泰羊流），西晋著名的战略家。羊祜出身于汉魏名门士族之家，从他起上溯九世，羊氏各代皆有人出仕二千石以上的官职，并且都以清廉有德著称。

羊祜早年丧父，长大后，因博学多才、善于写文、长于论辩而有盛名于世。他仪度潇洒，身材魁梧，须眉秀美。郡将夏侯威颇为欣赏，把兄长夏侯霸的女儿嫁给他。

曹魏末年，羊祜被文帝召见并封为大将军，另被拜为中部侍郎，后曾任关中侯、秘书监等职。晋武帝司马炎代魏后，因辅佐有功，羊祜被授为中军将军、加散骑常侍。泰始五年（269 年），晋武帝与他策划灭吴，羊祜以尚书左仆射都督荆州诸军事坐镇襄阳。羊祜非常注重道德，讲究信义，以此来争取东吴民心。每次和东吴交战，他都事先约定日期，从不搞突然袭击。部将中有人要向他献诡诈的计谋，羊祜总是给他喝醇厚的美酒，让他醉得说不出话来。

羊祜对东吴官吏实行安抚政策，对来降吴人予以奖励，不限制其去留。在两军交战中，吴将邓香侵犯夏口，被活捉，羊祜开导一番后把他放了回去，不久，邓香率部来降。吴将陈尚、韩景较顽固，屡犯边境，羊祜令部下追斩之，之后又以厚礼殡葬，陈、韩子弟米迎丧，羊祜以礼相待。为此，羊祜德声大振，吴国官兵深为悦服，就连与羊祜在边境对峙的吴国将帅陆抗也说："祜之德量，虽乐毅、诸葛孔明不能过也。"

有一次，羊祜的部下抓了两个牧童作为俘虏，羊祜了解情况后，派专人把两个牧童送回吴地家中，牧童全家感激涕零，到处称颂羊祜的恩德。羊祜的军队在东吴境内割了谷子，必定记下数量，然后派人送去绢帛偿还。羊祜和部下在长江、沔水一带打猎，从不跨越边境一步。东吴人打伤的禽兽跑到晋境，羊祜派人送还东吴。这样一来，羊祜得到了东吴边境百姓的尊敬和爱戴。

羊祜和东吴都护陆抗相互对峙，双方的使者时有往来。陆抗有时派人给羊祜送去美酒，羊祜从不生疑，端起来就喝。陆抗生病，羊祜派人给他送来药，陆抗也不怀疑，马上就服下。陆抗的侍从劝阻他提防药中有毒，陆抗说："人家不怀疑我的酒，我怎么能怀疑人家的药呢？"陆抗还经常教导士兵说："如果别人总是行善，我们总是作恶，等于军队还未上战场，就已经自行瓦解。"吴乌程侯孙皓听说陆抗和羊祜关系和谐，交往密切，就派人责备他。陆抗说："乡间百姓之间的交往都要讲道德信义，何况大国呢！"如此，他们双方各守边界，一直相安无事。

278 年，羊祜因病去世。两年后，杜预按羊祜生前的军事部署一举灭吴，完成了国家统一大业，当满朝文武欢聚庆贺的时候，武帝手举酒杯，流着眼泪说："此羊太傅之功也！"

非攻（中）

【题解】

本文论述三个问题：一、攻战消耗巨大，即使战胜也得不偿失。今大国土地有余人口不足，损民以得地，是弃所不足而重有余。二、驳攻战可以广土众民。历史上因攻战而成大国者不过四五国，而亡于攻战之国不可胜数。三、驳“我能用兵，故战必胜”。以夫差、智伯为例，说明虽兵强而且常胜，好战必亡。

【原文】

子墨子言曰：“古者王公大人为政于国家者[①]，情毁誉之审，赏罚之当，刑政之不过失。”

是故子墨子曰：“古者有语：‘谋而不得，则以往知来，以见知隐[②]。’谋若此，可得而知矣。今师徒唯毋兴起，冬行恐寒，夏行恐暑，此不可以冬夏为者也。春则废民耕稼树艺，秋则废民获敛。今唯毋废一时，则百姓饥寒冻馁而死者，不可胜数。今尝计军上[③]，竹箭羽旄幄幕，甲盾拨劫[④]，往而靡弊腑冷不反者[⑤]，不可胜数；又与矛戟戈剑乘车，其列住碎折靡弊而不反者[⑥]，不可胜数；与其牛马肥而往，瘠而反，往死亡而不反者，不可胜数；与其涂道之修远，粮食辍绝而不继，百姓死者，不可胜数也；与其居处之不安，食饭之不时，饥饱之不节，百姓之道疾病而死者，不可胜数；丧师多不可胜数，丧师尽不可胜计，则是鬼神之丧其主后，亦不可胜数。”

【注释】

①古：为“今”字之误，“古者”应该是“今者”。

②见：通“现”，指明显的事。

③上：为“出”字之误。

④拨：同“瞂”，大盾牌。劫：同“鉣”。

⑤腑：为“腐”之假借字。冷：当作“泠”。反：通“返”。

⑥列住：为“列往”之误，言其出征时，矛、戟、戈、剑、兵车，列队而往。

【译文】

墨子说道：“现在的王公大人掌握着国家大政的，如果确实希望毁誉精审，赏罚恰当，刑罚施政就没有过失。”

所以墨子说：“古时有这样的话：‘如果谋虑不到，就根据过去推知未来，根据明显的事推知隐微。’像这样谋虑，可有所得而有所知了。如果现在兴兵打仗，冬天行军害怕寒冷，夏天行军害怕炎热，这样就不可以在冬、夏两季兴兵打仗。春天兴兵就会荒废农民耕田种植，秋天兴兵就会荒废农民收获贮藏。现在荒废了一季，那么百姓因饥寒而冻饿死的，就多得数不胜数。我们现在试着计算一下：出兵时所用的竹箭、羽旄、帐幕、铠甲、大小盾牌和刀柄，拿去用后弊坏腐烂得不可返回的，又多得数不胜数；再加上戈矛、剑戟、兵车，把它们拿到战场上破碎、折断、损坏而无法收回的，不可胜数；用到战场上的牛马肥的去，瘦的回，死的、丢的、不能回来的，不可胜数；兴兵打仗路途遥远，军饷粮草辍绝而不能供给，百姓死的，不可胜数；在战场上人们居处不安，饭食不能按时供给，饥一顿饱一顿，无法调节，老百姓在道路上生病而死的，多得数不胜数；丧师之事多得数不胜数，军士因而阵亡的更是无法计算，鬼神因此丧失后代祭祀的，也多得数不胜数。”

【原文】

国家发政，夺民之用，废民之利，若此甚众。然而何为为之？曰：“我贪伐胜之名，及得之利，故为之。”子墨子言曰：“计其所自胜，无所可用也，计其

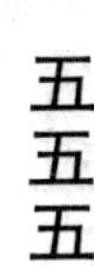

所得，反不如所丧者之多。今攻三里之城，七里之郭，攻此不用锐[①]。且无杀而徒得此然也。杀人多必数于万，寡必数于千，然后三里之城、七里之郭且可得也。今万乘之国，虚数于千[②]，不胜而入；广衍数于万，不胜而辟[③]。然则土地者，所有余也，王民者[④]，所不足也。今尽王民之死，严下上之患，以争虚城，则是弃所不足，而重所有余也。为政若此，非国之务者也。”

【注释】

①攻此不用锐：疑“攻此”下脱“非”字，此句当为：“攻此非不用锐，且无杀而徒得此然也。”意为：攻打这样的城郭并不是不要用锐利的武器，也并不是不用拼杀就能够白白取得的。

②虚：《说文》云：“古者九夫为井，四井为邑，丘谓之虚。”虚，即小国。

③辟：通“僻”。

④王：为“士”字之误。

【译文】

国家发动战争，剥夺百姓的财用，荒废百姓的利益，真是太多了。然而又为什么还去做这种事呢？回答说：“我贪图战胜的声名和所获得的利益，所以去干这种事。”墨子说：“度量他自己取得的胜利，是没有什么用场的；计算他所得到的东西，反而不如他们丧失的东西多。现在攻打一个三里方圆的内城，七里方圆的外城，攻占并不是不要用锐利的武器，也并不是不用拼杀就能够白白取得的。杀人多者必以万计，杀人少的也必不下千人，然后才可以得到三里方圆的内城，七里方圆的外城。现在拥有万辆战车的大国，虚邑数以千计，不可能完全纳入自己的统治；大一点的国家为数在万，更不可能完全辟为自己的国土。既然如此，那可见土地是他所有余的，而人民是他所不足的。现在都让你管下的百姓死，加重全国上下的祸患，来争夺那些土地城邑，就是去掉自己不足的，而增加有余的东西。这样的施政，不是治理国家的关键所在。”

【原文】

饰攻战者言曰[①]："南则荆、吴之王，北则齐、晋之君，始封于天下之时，其土城之方，未至有数百里也；人徒之众，未至有数十万人也。以攻战之故，土地之博至有数千里也；人徒之众至有数百万人。故当攻战而不可为也。"子墨子言曰："虽四五国则得利焉，犹谓之非行道也。譬若医之药人之有病者然。今有医于此，和合其祝药之于天下之有病者而药之。万人食此，若医四五人得利焉，犹谓之非行药也。故孝子不以食其亲，忠臣不以食其君。古者封国于天下，尚者以耳之所闻，近者以目之所见，以攻战亡者，不可胜数。何以知其然也？东方自莒之国者，其为国甚小，间于大国之间，不敬事于大，大国亦弗之从而爱利，是以东者越人夹削其壤地，西者齐人兼而有之。计莒之所以亡于齐越之间者，以是攻战也。虽南者陈、蔡，其所以亡于吴越之间者，亦以攻战。虽北者且，不一著何[②]，其所以亡于燕代、胡貊之间者[③]，亦以攻战也。"是故子墨子言曰："古者王公大人[④]，情欲得而恶失，欲安而恶危，故当攻战而不可不非。"

【注释】

①饰攻战者：为攻战辩护的人。

②"且不一著何"当作"且一不著何"。"一"疑为"以"字之误。且：即柤，国名。以：与。不著何：国名，亦称"不屠何"，攻城在今辽宁境内。

③貊：古代北方民族名，貉之俗。

④古：为"今"字之误。

【译文】

为攻战辩饰的人说道："南方如楚、吴两国之王，北方如齐、晋两国之君，他们最初受封于天下的时候，土地城郭方圆还不到数百里，人民的总数还不到数十万。因为攻战的缘故，土地扩充到数千里，人口增多到数百万。所以攻战

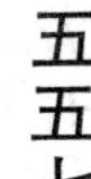

是不可以不进行的。”墨子说：“只有四五个国家得到实惠，还算不上是通行之道呢！譬如像医生为病人开药方治病一样，今有医生在这里，拌和他的药剂，并将他的药给天下生病的人服用。一万人服用这帖药，只四五个人痊愈，尚不能称之为可通用之药。所以孝子不会将这种药给他的父母服用，忠臣不会将这种药给他的国君服用。古时在天下封国，年代久远的可由耳目所闻，年代近的可由亲眼所见，由于攻战而亡国的，多得数都数不清。因何知道如此呢？东方有个莒国，这国家很小，而处于齐越两个大国之间，不敬事大国，也不听从大国而唯利是好，结果东面的越国来侵削他的疆土，西边的齐国趁机兼并而占有莒国。想一下吧！莒国被齐、越两国灭亡的原因，就因为是攻战啊！即使是南方的陈国、蔡国，他们被吴越两国灭亡的原因，也是因为攻战。即使北方的祖国、不著何国，它们被燕、代、胡、貉灭亡的原因，也是攻战的缘故。”所以墨子说道：“现在的王公大人如果确实想获得利益而憎恶损失，想安定而憎恶危险，所以对于攻战，是不可不责难的。”

【原文】

饰攻战者之言曰：“彼不能收用彼众，是故亡。我能收用我众，以此攻战于天下，谁敢不宾服哉？”子墨子言曰：“子虽能收用子之众，子岂若古者吴阖闾哉？古者吴阖闾教七年，奉甲执兵，奔三百里而舍焉。次注林，出于冥隘之径。战于柏举，中楚国而朝宋与及鲁。至夫差之身，北而攻齐，舍于汶上，战于艾陵，大败齐人而葆之大山[①]；东而攻越，济三江五湖，而葆之会稽。九夷之国莫不宾服[②]。于是退不能赏孤，施舍群萌[③]，自恃其力，伐其功，誉其志，怠于教。遂筑姑苏之台，七年不成。及若此，则吴有离罢之心[④]。越王勾践视吴上下不相得，收其众以复其仇，入北郭，徙大内[⑤]，围王宫，而吴国以亡。昔者晋有六将军，而智伯莫为强焉。计其土地之博，人徒之众，欲以抗诸侯，以为英名。攻战之速，故差论其爪牙之士，皆列其车舟之众，以攻中行氏而有之，以其谋为既已足矣，又攻兹范氏而大败之，并三家以为一家而不止，又围赵襄子于晋阳。及若此，则韩、魏亦相从而谋曰：‘古者有语，唇亡则齿寒。赵氏朝亡，我夕从之；赵氏夕亡，我朝从之。'《诗》曰：'鱼水不务，陆将何及乎？'是以三主之君，一心戮力辟门除道，奉甲兴士，韩、魏自外，赵氏自内，击智伯大败之。"

是故子墨子言曰："古者有语曰：'君子不镜于水而镜于人。镜于水，见面之容；镜于人，则知吉与凶。'今以攻战为利，则盖尝鉴之于智伯之事乎[6]？此其为不吉而凶，既可得而知矣。"

【注释】

①葆：通"保"，守住。

②宾服：诸侯按时朝贡，表示诚服。

③萌：通"氓"。群氓，即众多的百姓。

④罢：通"披"，散的意思。

⑤内：为"舟"字之误。

⑥盖：通"盍"，何不。

【译文】

为攻战辩饰的人又说："他们不能收揽、利用他们的民众士卒，所以灭亡了；我能收揽利用我们的民众士卒，以此在天下攻战，谁敢不投降归附呢？"墨子说道："你即使能收揽利用你的民众士卒，你难道比得上古时的吴王阖闾吗？"古代的吴王阖闾，把军队训练了七年，能披戴着盔甲，拿起武器，奔跑三百里才驻扎下来。攻打楚国时，到了注林，取道冥隘的小道，在柏举这个地方打了一仗，战胜了楚国，并使宋国、鲁国都来朝见吴国。及至吴夫差即位，向北攻打齐国，驻扎在汶上，大战于艾陵，大败齐人，使之退保泰山；向东攻打越国，渡过三江五湖，迫使越人退保会稽，东方各个小部落没有谁敢不归附。战罢班师回朝之后，不能抚恤战死者的遗孤，不把财物赏赐给民众，也不免去民众的劳役，反而凭恃自己的武力，夸大自己的功业，卖弄自己的聪明，懒于教练自己的士兵。于是便建造姑苏台，费时七年还没有完成。到这种地步，吴

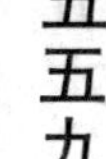

国的民众就有离散之心了。越王勾践看到吴国上下不相融洽，就收集他的士卒用以复仇，从吴都北郭攻入，迁走吴王的大船，围困王宫，而吴国因此灭亡。从前晋国有六位将军，而其中以智伯为最强大。他估计自己所占土地之广博，人口之多，想以此抗拒诸侯，认为不如攻战最为快速。所以便指使他手下勇士，排列好兵船和兵车的战斗队伍，以攻占中行氏并加以占有，他认为自己的谋略已经高超到极点，又去进攻范氏，大败范氏，合并三家作为一家却还不肯罢手，又在晋阳围攻赵襄子。到这个时候，韩、魏两族也就不能不相互商量说：'古话说唇亡齿寒，赵氏早晨灭亡，我们晚上随之而亡；赵氏晚上灭亡，我们第二天早晨跟着灭亡。'《诗经》说：'鱼在水中不迅疾快游，到了陆地后悔怎么来得及呢？'因此韩、魏、赵三家之主，同心勠力，开门清道，令士卒们穿上铠甲出发，韩、魏两家军队从外面，赵氏军队从城内，合击智伯，智伯大败。"

所以墨子说："古话说：'君子不用水当镜子而用人当镜子。水面当镜，只看见面容；用人当镜子，能预知吉凶。'现在若有人以为攻战有利，那么何不以智伯失败的事做借鉴呢？这种事的不吉而凶，已经可以知道了。"

【评析】

墨子说，发动战争，冬天太冷，夏天又太热，只好在春、秋进行。可是春天是播种的季节，秋天是收获的季节，荒废了这两个季节，则百姓饥寒冻馁而死者，不可胜数；进行战争，战死于战场的人又不可胜数；用于战争的牛马的死伤不可胜数；运输粮草而疲于奔命的百姓不可胜数；丧师多不可胜数，丧师尽不可胜计，则是鬼神之丧其主后，亦不可胜数。

如此危害民众的利益，又是为了什么？是为了得到"伐胜"的名声和一点战利品？墨子以为，这其实是一件得不偿失的事情。为了得到"三里之城，七里之郭"，却要死伤数万，这样的结果只能是土地太多了而自己一方的民众却大量减少，这种"弃所不足，而重所有馀"的做法是国家的要务吗？

墨子在驳斥了好战者的种种谬论之后说道："古者有语曰：君子不镜於水而镜於人。镜於水，见面之容，镜於人，则知吉与凶。"他问道，今天的好战分子，难道不应该从智伯的行为中得到教训吗？

墨子进而论曰，每个人都知道奉天则承运。奉天就是奉行天下人认同的大义，即圣王之道。诸侯们把精力用于战伐兼并，而以为是义举，实在是盲人不知白黑的行为。

什么是圣王之道？墨子论曰，“古之知者之为天下度也，必顺虑其义，而后为之行。”所谓圣王之道，就是所作所为都要服务于百姓的利益，对外则不以大国自居与邻邦和睦共处，然后带领百姓奉祀山川鬼神、发展生产。这样做的后果就是使大家都得到利益，自然功劳也就大了，于是四面八方都是拥护的声音，大家也就敬奉他“贵为天子，富有天下，名参乎天地，至今不废。”了，这才是“先王之所以有天下者也。”

【故事阐微】

汉文帝怀柔治国

汉文帝刘恒（前203年-前157年），汉高祖第四子，母亲是薄氏。刘恒是西汉第五位皇帝（前179年-前157年在位），死后葬于霸陵（在今陕西长安区东）。庙号太宗，谥号孝文皇帝。

汉文帝刘恒是刘邦庶妻薄姬所生。秦末，薄姬初为魏王豹之妾。楚汉战争初期，魏豹被韩信、曹参打败，她也成了俘虏，后被送入织室织布。刘邦见薄姬有些姿色，就纳入后宫。不久，薄姬生下了刘恒。刘邦专宠戚夫人，薄姬不受宠幸。薄姬崇尚道学，崇尚无为自静、顺其自然的思想，一生与世无争，凡事包容，在后宫争宠中属于中立派，为人谦和。后来刘恒被封为代王，她为了逃避后宫的争斗，主动要求和儿子去代国，这使她们母子免遭吕后暗算，得以保全性命。

汉文帝即位时，南方有一个南越郡，统治者是赵佗，赵佗原是秦始皇派过去的官员。西汉初期，刘邦尚没有力量降服赵佗，就采取了缓兵之计，封他为南越王，让他治理南越各部。吕后当政时，既收复不了南越，又想制裁南越，就下令不准向那里输出铁器，卖给他们的马、牛、羊等都是公的，没有母的，想让南越的生产资料“绝后”。赵佗见吕后如此行事，非常气愤，干脆宣布独立，自称南武帝，与汉朝分庭抗争，并派兵攻打长沙郡。吕后多次派兵镇压，都被赵佗打败。

汉文帝刘恒

吕后死，文帝即位，采取安抚政策，向南越提供发展生产所需的铁器、农具、马牛羊等。文帝刘恒还亲笔给赵佗写了一封信，提出和平解决南越问题，并派人修葺赵佗在真定（今河北正定）的祖坟，置守邑，年年祭祀，这使赵佗大为感动。然后文帝提出条件：只要赵佗取消帝号，就恢复他南越王的称号，依旧让他负责当地政务。又撤掉进攻南越的军官，拜赵佗的兄弟做官。然后，遣陆贾再次出使南越。当陆贾带着诏书和礼品来到南越的时候，赵佗归附了汉朝。汉文帝用老子“无为”“不争”的思想，不费一刀一枪就解决了大问题，避免了一场战争。

对于北方的匈奴，汉文帝采取的办法也是“不争”，即“和亲”，将汉朝的公主嫁给匈奴王，还将内地人口迁往边疆，发展当地经济，保证边疆的兵力补给。文帝以德政治天下，执行与民休息和轻徭薄赋的政策，开创了中国封建社会第一个治世——文景之治。

非攻（下）

【题解】

本文前一部分说明，攻战上不利天，中不利鬼，下不利人。中间一部分着重区别攻与诛。“攻”就是以大欺小的非正义的侵略战争；“诛”则是奉天命讨伐无道之国的正义战争，如禹征有苗，汤伐桀，武王伐纣等是。第三部分驳斥攻伐之君谎称以义名立天下而战；主张若大国攻小国则救之，应帮助弱小的被侵者，抵抗强暴的侵略者，提倡备战以反战。

【原文】

子墨子言曰：“今天下之所誉善者[①]，其说将何哉[②]？为其上中天之利[③]，而中中鬼之利，而下中人之利，故誉之与？意亡非为其上中天之利[④]，而中中鬼之利，而下中人之利，故誉之与？虽使下愚之人[⑤]，必曰：‘将为其上中天之利，而中中鬼之利，而下中人之利，故誉之。’今天下之所同义者[⑥]，圣王之法也。今天下之诸侯将犹多皆免攻伐并兼[⑦]，则是有誉义之名，而不察其实也。此譬犹盲者之与人，同命白黑之名[⑧]，而不能分其物也，则岂谓有别哉？是故古之知者之为天下度也[⑨]，必顺虑其义[⑩]，而后为之行，是以动则不疑，速通成得其所欲[⑪]，而顺天鬼百姓之利，则知者之道也。是故古之仁人有天下者，必反大国之说[⑫]，一天下之和，总四海之内，焉率天下之百姓[⑬]，以农臣事上帝山川鬼神[⑭]。利人多，功故又大，是以天赏之，鬼富之，人誉之，使贵为天子，富有天下，名参乎天地[⑮]，至今不废。此则知者之道也，先王之所以有天下者也。

【注释】

①誉善：王纯一云：“此文当作誉义。”

②将：应当。其说将何哉：这种说法应当做什么解释呢？

③中：符合。

④意亡：还是。

⑤虽使：即使。下愚之人：最愚蠢的人。

⑥天下之所同义者：天下之人共同认为符合“义”的。

⑦将犹多皆免攻伐并兼：马宗霍云：“此免字当通作勉。《说文·力部》云：‘勉，彊也’。言今天诸侯多皆强相攻伐并兼也。”

⑧命：呼。

⑨知：通“智”。度：谋划。

⑩王树相云：“‘顺’当为‘慎’，古顺字作慎。形近而误。”慎虑：慎重思考。

⑪速通成得其所欲：孙诒让云：此句“疑当作‘远迩咸得其所欲’。”意即：远近都能得到自己所希望的东西。

⑫大国之说：指大国攻战之说。

⑬焉：乃，于是。

⑭以农：以农业生产。臣事：作为下臣侍奉。

⑮参：立。

【译文】

墨子说：“现在天下人赞赏的‘义’，应当怎样理解呢？是因为它所行之事，在上符合上天利益，中间符合鬼神的利益，在下符合百姓的利益，所以才赞誉它呢？还是因为它所行之事，上不符合天之利，中不符合鬼神之利，下不符合人之利，所以才赞誉它呢？即使是最愚蠢的人，一定会说：‘是因为它所行之事，上符合天之利，中符合鬼神之利，下符合人之利，所以赞誉它。’现在天下人共同认为符合‘义’的，就是圣王的法则。当今天下的诸侯多数都强相攻伐兼并，这就是在名义上赞美‘义’，而不考察‘义’的实际意义。这就好比瞎子与别人一道叫出黑白的名称，但不能分辨其物的黑白啊！这难道能说会辨别吗？所以古时的智者为天下谋划，一定慎重考虑是否符合‘义’，然后才行动，因此行动就没有疑惑，远近的人都能得到自己的欲望。而且顺应上天鬼神百姓的利益，这就是智者的方法。所以，古代占有天下的仁人，一定要反对大国攻战之说，使天下人和睦，使四海之内的百姓团结一致，于是率领天下的百姓从事农业生产作为下臣对上帝山川鬼神的侍奉。这样给别人的利益多，功劳又大，所以天赞赏它，鬼神使他富足，老百姓赞誉他，使他贵为天子，富有天下，名声立于天地之间，至今不朽。这就是智者的方法，先王之所以能占有天下的缘故啊!”

【原文】

今王公大人、天下之诸侯则不然，将必皆差论其爪牙之士，皆列其舟车之卒伍[①]，于此为坚甲利兵[②]，以往攻伐无罪之国。入其国家边境，芟刈其禾稼[③]，斩其树木，堕其城郭[④]，以湮其沟池[⑤]，攘杀其牲栓[⑥]，燔溃其祖庙[⑦]，劲杀其万民[⑧]，覆其老弱[⑨]，迁其重器[⑩]，卒进而柱乎斗[⑪]，曰：‘死命为上[⑫]，多杀次之，身伤者为下，又况失列北桡乎哉[⑬]，罪死无赦’，以谇其众[⑭]。夫无兼国覆军[⑮]，贼虐万民，以乱圣人之绪[⑯]。意将以为利天乎[⑰]？夫取天之人[⑱]，以攻天之邑，此刺杀天民，剥振神之位[⑲]，倾覆社稷，攘杀其牺牲，则此上不中天之利矣。意将以为利鬼乎？夫杀之人[⑳]，灭鬼神之主[㉑]，废灭先王，贼虐万民，百姓离散，则此中不中鬼之利矣。意将以为利人乎？夫杀之人，为利人也博矣[㉒]。又计其费此[㉓]，为周生之本[㉔]，竭天下百姓之财用，不可胜数也，则此下不中人之利矣。

【注释】

①卒伍：队伍。

②于此：在本国。为：准备。

③芟刈：割掉。

④堕：《左传》僖三十二年，杜注云：“堕，毁也”。

⑤湮：堵塞。

⑥牲牷：牲指牛、马、羊、豕、犬、鸡六畜。牷指纯色牲口。这里“牲牷”泛指牲口。

⑦燔：烧。溃：高亨云：“‘溃’通‘陨’。”隤：毁也。

⑧劲杀：刺杀。《史记·陈涉世家》，《索引》引《三苍》郭璞注云：“劲，刺也。”

⑨覆：覆灭。

⑩重器：国家的宝重物。

⑪柱乎斗：戴望云：“‘柱’乃‘极’字误，草书‘极’与‘柱’相似。‘乎’字衍。极，亟字之借。”此句为：卒进而极斗。卒：急。

⑫死命为上：从命而战死的最好。

⑬失列：失其行列，即“掉队”。北桡：败退。王念孙云：“桡，毕本作挠。云‘北，谓奔北也。北之言背驰。挠之言曲行’。”

⑭以谇其众：毕沅云：“《说文》《玉篇》无谇字。古字言心相近，即悴字。”悴，惧也。

⑮夫无：发语词。

⑯绪：《广雅·释诂》云：“绪，业也。”

⑰意将：还是。

⑱取：用。天之人：曹耀湘云：“人者天之所生，故曰天之人。有生皆系于天，故他国亦天之邑。”

⑲剥振：王念孙云：“‘振’当为‘掁’字之误也。”《说文》：“剥，裂也。”《广雅》：“掁，裂也。”剥掁：剥裂，毁坏。

⑳杀之人：戴望云：“‘杀’下脱‘天’字。”应为：夫杀天之人。

㉑主：指鬼神的祭主。

㉒博：俞樾云：“‘博’，疑当作‘薄’。言杀人以利人，其利亦薄也。”

㉓此：李渔叔云：“与‘赀’同，费赀为行军所费的赀财。”

㉔周生之本：李渔叔云：“意思就是济生之本，指衣食之赀。”

【译文】

现在的王公大人及天下的诸侯就不是这样，他们必定要选择勇猛的战将，排列起他们的船、车队伍，准备坚固的铠甲和锐利的兵器，去攻打无罪的国家。攻入他们的边境，割除他们的庄稼，砍伐他们的树木，毁掉他们的城郭，用以填平沟池，夺杀他们的牲口，烧毁他们的祖庙，屠杀他们的人民，残害他们的老弱，夺走他们的宝物，急进而鏖战，并一面高喊：‘从命而战死的最好，多杀敌人的次之，身体受伤的为下，至于掉队和败退的，格杀无赦’，用这些话来威吓士兵们。这无非是要兼并他国，歼灭军队，残害百姓，以败坏圣人创建的功业。还认为这样有利于上天吗？用上天拥有的人，去攻打上天拥有的城邑，这就是刺杀上天的人民，毁坏神的灵位，倾覆宗庙社稷，夺杀六畜牲口，这就上不符合天的利益了。还认为这样有利于鬼神吗？杀死上天拥有的人民，毁灭鬼神的祭主，废灭先王，残害万民，使百姓离散，这就是中不符合鬼神的利益了。还认为这样有利于人民吗？杀死天拥有的人民，用以来利人，这种利也就很薄了。再计算一下那些行军的费用，都是人民的衣食之赀，竭尽天下百姓的钱财，不可胜数，这就下不符合人民的利益了。

【原文】

今夫师者之相为不利者也①，曰："将不勇，士不分②，兵不利，教不习，师不众，率不利和③，威不圉④，害之不久⑤，争之不疾，孙之不强⑥。植心不坚，与国诸侯疑⑦。与国诸侯疑，则敌生虑⑧，而意羸矣⑨。偏具此物⑩，而致从事焉，则是国家失卒，而百姓易务也⑪。今不尝观其说好攻伐之国⑫？若使中兴师，君子庶人也⑬，必且数千，徒倍十万⑭，然后足以师而动矣。久者数岁，速者数月，是上不暇听治，士不暇治其官府，农夫不暇稼穑，妇人不暇纺绩织纴，则是国家失卒，而百姓易务也。然而又与其车马之罢弊也⑮，幔幕帷盖，三军之用，甲兵之备，五分而得其一，则犹为序疏矣⑯。然而又与其散亡道路⑰，道路辽远，粮食不继傺⑱，食饮之时⑲，厕役以此饥寒冻馁疾病⑳，而转死沟壑中者，不可胜计也。此其为不利于人也，天下之害厚矣。而王公大人，乐而行之。则此乐贼灭天下之万民也，岂不悖哉㉑！今天下好战之国，齐、晋、楚、越，若使此四国者得意于天下，此皆十倍其国之众，而未能食其地也。是人不足而地有余也。今又以争地之故，而反相贼也，然则是亏不足，而重有余也。"

【注释】

①师者：指军队中。相为：都认为、都当作。

②分：孙诒让云："'分'疑'奋'，声近，假借字。"

③率不利和：率：嘉靖本“率”均作“卒”。李渔叔云：“似以作‘卒不和’之义为长。”利：俞樾云：“‘利’即‘和’字之误而衍者”。删去。

④围：《逸周书·谥法篇》云：“威德刚武曰圉”，孔注云：“圉，御也。”

⑤害：孙诒让云：“‘害’疑当作‘围’，形近而误。”

⑥孙：孙诒让云：“‘孙’无义，疑当作‘系’。”“系”与“缚”同。

⑦与国：友善的国家。

⑧敌生虑：王焕镳云：“疑本作‘生敌虑’。”

⑨羸：弱。

⑩偏：“偏”为“遍”的假借字。即普遍。此物：指上面提出的“不利者”。

⑪易务：改变职业。

⑫按王焕镳先生的意见，此句疑为：“今不尝观其好攻伐之说。”下句为“若使国中兴师。”

⑬君子：即“贤良”。孙诒让认为“君子”下有脱字，疑为“君子数百”。庶人：即“庶子”，见《尚贤》上第三段注释⑦。

⑭徒：尹桐阳云：“徒，步兵。”

⑮又与：又和。罢：疲乏。弊：损坏。

⑯序疏：孙诒让云：“‘序疏’二字义不可通，疑当为‘厚馀’，皆形之误。厚馀，言多余也。”

⑰散亡道路：疑“道路”后面脱“者”字。指散亡在道路上的人。

⑱不继傺：俞樾云：“疑墨子原文本作‘粮食不傺’，不傺，即不接也。”

⑲饮食之时：应为“饮食不时”。

⑳厕役：当为“厮役”。

㉑悖：荒谬。

【译文】

现在军队都认为不利的是：“将领不勇猛，兵士不奋激，兵器不锐利，训练不够，人数不多，兵卒不和，受威胁而不能御，围敌不久，争斗不烈，凝聚力不强，决心不坚，友善的国家诸侯猜疑。友善的国家诸侯猜疑，就会产生敌意，而共同对敌的意志就弱了。如果以上不利因素全都存在了，而要从事战争，那国家就要损兵，老百姓就会要失业了。现在且不考察那些赞美攻伐的论调。（即考察一下攻伐的事实）假如一个国家发动中等规模的战争，贤良将士必将数百人，宫室庶子必将数千人，一般士兵就将要以数十万计了，然后才能组成一个像样的队伍出动。久的要数年，快的要数月，这时上面无暇处理政务，官员们无暇治理官府，农民们无暇种田，妇女们无暇纺织，这就是国家损兵，老百姓失业了。又如他们的车马疲损，幔幕帷帐等三军的用具，铠甲兵器等设备，能够收回五分之一，那已经是很多的了。又如他们散亡在道路上的人，由于道路遥远，粮食不继，饮食不时，厮役们因此饥寒冻饿发生疾病，而辗转死于沟壑中的，不计其数。像这样不利于人，成为天下的祸害可说够大了。而那些王公大人们，都乐于干它，这就是以残害毁灭天下万民为乐，岂不是太荒谬了吗？当今天下好攻战的国家，有齐、晋、楚、越，如果让这四个国家在天下得逞，即使他们的民众十倍于现在的人数，也不能布满他们所得到的土地。这是人不足而地有余啊！现在又因争夺土地的缘故，而相互残害，这不是亏损自己的不足，而去争夺自己的多余吗？”

【原文】

今逻夫好攻伐之君[①]，又饰其说以非子墨子曰：“以攻伐之为不义，非利物与[②]？昔者禹征有苗，汤伐桀，武王伐纣，此皆立为圣王，是何故也？”子墨子曰：“子未察吾言之类，未明其故者也。彼非所谓攻，谓诛也。昔者三苗大乱，天命殛之[③]，日妖宵出[④]，雨血三朝[⑤]，龙生于庙，犬哭乎市，夏冰，地坼及泉，五谷变化，民乃大振[⑥]。高阳乃命玄宫[⑦]，禹亲把天之瑞令，以征有苗，四电诱祇[⑧]，有神人面鸟身，若瑾以侍，搤矢有苗之祥[⑨]，苗师大乱，后乃遂几[⑩]。禹既已克有三苗，焉磨为山川[⑪]，别物上下，卿制大极[⑫]，而神民不违，天下乃静。则此禹之所以征有苗也。逻至乎夏王桀，天有詰命[⑬]，日月不时，寒暑杂至，五谷焦死，鬼呼国[14]，鹤鸣十夕余。天乃命汤于镳宫[15]，用受夏之大命[16]，夏德大乱，予既卒其命于天矣，往而诛之，必使汝堪之[17]。汤焉敢奉率其众[18]，是以乡有夏之境[19]，帝乃使阴暴毁有夏之城[20]。少少有神来告曰[21]：'夏德大乱，往攻之，予必使汝大堪之[22]。予既受命于天，天命融隆火[23]，于夏之城间西北之隅。汤奉桀众以克有[24]，属诸侯于薄[25]，荐章天命[26]，通于四方，而天下诸侯莫敢不宾服。则此汤之所以诛桀也。逻至乎商王纣，天不序其德[27]，祀用失时，兼夜中，十日雨土于薄[28]，九鼎迁止[29]，妇妖宵出，有鬼宵吟，有女为男，天雨肉，棘生乎国道，王兄自纵也[30]。赤鸟衔珪[31]，降周之岐社[32]，曰：'天命周文王伐殷有国。'泰颠来宾[33]，河出绿图[34]，地出乘黄[35]。武王践功[36]，梦见三神曰：'予既沈渍殷纣于酒德矣[37]，往攻之，予必使汝大堪之。'武王乃攻狂夫[38]，反商之周[39]，天赐武王黄鸟之旗[40]。王既已克殷，成帝之来[41]，分主诸神[42]，祀纣先王，通维四夷[43]，而天下莫不宾，焉袭汤之绪[44]，此即武王之所以诛纣也。若以此三圣王者观之，则非所谓攻也，所谓诛也。"

【注释】

①逻：洪颐煊云："逻，逮古字通用。"逮，及也。

②物：事。

③殛：诛杀。

④日妖宵出：太阳晚上出来，故曰"日妖"。

⑤雨：下雨。

⑥振：同"震"。

⑦高阳乃命玄宫：孙诒让云："《埶文类聚符命部》，引《随巢子》云'天命夏禹于玄宫，有大神人面鸟身'云云，则非高阳所命也，此文疑有脱误。"此句疑为"天乃命禹于玄宫。"

⑧四电诱祇：孙诒让云："疑当为'雷电誖振'，'雷'坏字为'田'，又误为'四'。'誖''诱'、'振"祇'，形并相近。'誖''勃'，'振''震'，字通。"勃震：突然震动。

⑨此上二句，疑有脱误。王焕镳认为此二句原文本为："若以谨持矢，扼有苗之将。""瑾"为"谨"之形误。"侍"为"持"之形误。"扼矢"二字倒误，且"矢"应断为上句。"祥"为"将"之形误。

⑩遂几：几：微，言不久即衰败。

⑪焉：于是。磨：当为"历"，与"离"同。

⑫卿制大极：孙诒让云："疑当为'鄉制四极'。""鄉"即"饗"之省。

⑬牿命：孙诒让云："'牿'，疑当为'酷'。谓严命也。"

⑭鬼呼国：王念孙云："'呼'下当有'于'字，方合上下句法。"即"鬼呼于国"。

⑮镳宫：古宫殿名。

⑯用：以。

⑰夏德大乱……必使汝堪之：此四句孙诒让认为："文义与下文重复，疑校书者附记异同，遂与正文淆混。"当删去。

⑱焉：于是。奉：承受。

⑲乡：通"向"，攻伐也。

⑳使阴：疑为"阴使"。暴：通"爆"。

㉑少少：片刻。

㉒堪：《尔雅》云："堪，胜也。"

㉓融：即"祝融"，古神话中的火神。隆：即"丰隆"，雷神。火：焚烧。

㉔奉：承受、接受。有：苏时学云："'有'下脱'夏'字。"

㉕属：会合。薄：地名，即"亳"，汤的都城。

㉖荐：进。章：明。

㉗序：俞樾云："'序'乃'享'字之误。"

㉘兼夜中，十日雨土于薄：此句应为"兼夜中十日，雨土于薄。"中：为"出"之形误。

㉙九鼎：传说为禹所铸。止：通"址"。

㉚兄：王念孙云："'兄'，与'况'同。况，益也。"

㉛衔：口含。珪：玉器。

㉜岐社：周族设在岐山上祭祀的神社。

㉝泰颠：周文王大臣。宾：归。

㉞河：黄河。绿：通“箓”。箓图：符图。黄河中浮出符图，古代传说是一种应天命出天子的征兆。

㉟乘黄：神马。

㊱践功：“践”为“缵”的假借字，继也。继功：继承事业。

㊲沈渍：沉溺。德：高亨云：“‘德’疑当作‘食’。”

㊳狂夫：指殷纣王。

㊴反商之周：旧本或作“反商作周”，即推翻商建立周。

㊵黄鸟：即“皇鸟”，凤凰之类。凤飞群鸟跟从，以此为旗，寓意为聚天下之众。

㊶来：“赉”之假借字，赐予。

㊷主：主祭。

㊸维：通“于”。

㊹袭：继承。绪：功业。

【译文】

现在那些好战的国君，又夸饰他的理论而非议墨子说：“你认为攻打别国是不义的，这不是有利的事吧？从前禹征讨三苗，汤讨伐桀，武王伐纣，这几位都被称为圣王，这是什么缘故呢？”墨子回答说：“你没有分清我说的战争的类别，不明白其中的缘故。禹、汤、武王他们的讨伐不是我所说的‘攻’，而是我所说的‘诛’。过去三苗大乱，上天命令要诛杀它，当时太阳从夜里出现，一连三天下血雨，龙在祖庙出现，狗在集市上哭叫，夏天结冰，大地开裂深至泉水，五谷不按时生长成熟，人民大为震惊。天神于是在玄宫向禹授命，禹亲自拿着天神赐的玉符，前往征讨三苗。雷电突然震响，有一个人面鸟身的神，谨慎地拿着箭，掐住三苗的将领，三苗的军队大乱，不久三苗的后世就衰微了。

禹既已战胜三苗，于是区划了山川，区分了事物的高下，飨制四方，人神和谐，天下就安定了。这就是禹征讨三苗的原因。等到了夏桀王之时，天有严命，那时日月不按时出没，寒暑节气错乱，五谷焦死，鬼呼叫于国，鹤鸣叫十余夜不止。天神于是在镳宫授命给汤，以接替夏王桀的权力。汤于是承受天命率领他的军队，攻伐夏国国境，天神于是暗中使夏都城墙爆毁。不久有神来告诉汤说：‘夏王桀十分淫乱，你去攻打他，我一定使你大胜。我已经从天神那里得到命令，天命火神祝融、雷神丰隆焚烧了夏都城的西北角。’汤利用桀的队伍战胜了夏桀王，在亳地会合各路诸侯，声明灭夏是秉承天命，并通告四方，天下诸侯没有谁敢不服从。这就是汤讨伐夏桀的原因。等到了商纣王之时，天因纣王道德败坏而不再给其享用，纣祭祀不按时举行，连夜出现十个太阳，天在亳地下土，九鼎自动迁址，女妖晚出，鬼怪夜叹，有女的变成了男的，天还下了肉雨，荆棘生长在国道上，纣王日益放纵自己。赤鸟口含着珪玉，降落在周之岐山的神社上，珪玉上写道：‘天命周文王伐殷有国。’接着贤臣泰颠归顺，黄河里浮出符图，地上出现了神马，武王继承了文王的事业，梦见三神说：‘我已经使殷纣王沉溺于酒食之中，你去攻打他，我一定使你大胜。’武王于是攻伐殷纣这个狂夫，推翻商朝，建立周朝，天赐给武王凤凰旗。武王既灭了殷，完成了天帝的赐命，使诸侯分别主祭诸神，还祭祀纣的先王成汤，通告于四方，天下没有谁不服从，于是继承了汤的功业。这就是武王伐纣的原因。若以上述三个圣王的事例看，就不是我所说的‘攻’，而是我所说的‘诛’了。”

【原文】

则夫好攻伐之君，又饰其说以非子墨子曰：“子以攻伐为不义，非利物与？昔者楚熊丽始讨此睢山之间[①]，越王繄亏[②]，出自有遽[③]，始邦于越[④]。唐叔与吕尚邦齐晋[⑤]。此皆地方数百里，今以并国之故，四分天下而有之。是故何也？”子墨子曰：“子未察吾言之类，未明其故者也。古者天子之始封诸侯也，万有余，今以并国之故，万国有余皆灭，而四国独立。此譬犹医之药万有余人[⑥]，而四人愈也[⑦]，则不可谓良医矣。”

【注释】

①楚熊丽：《史记·楚世家》：“鬻熊子事文王，蚤卒，其子曰熊丽。”讨：毕沅云：“‘讨’字当为‘封’。”睢山：山名。尹桐阳云：“在今湖北保康县西南。楚初都丹阳，即今秭归。后迁枝江，仍号丹阳。此云睢山之间，则秭归也。”

②緊亏：越国始封的君主，即越王无余。

③有遽：古地名，无考。

④邦：建邦、建国。

⑤唐叔：周朝晋国之祖。姬姓，名虞。周公灭唐后封于其地，其子即位后改称晋。吕尚：即姜太公，齐国之祖。

⑥医之药：犹言医生医治。这里是将万余国的诸侯国君比作医生医治本国人民。

⑦四人愈：言只有四个诸侯国君医治好本国。

【译文】

但是喜好攻伐的君王，又夸饰他的理论而非议墨子说：“你认为攻打别国是不义的，这不是有利的事吧？从前楚熊丽初封于秭归，越王无余出自有遽，开始在越建国。唐叔与吕尚受封于齐晋，这些地方都不过数百里。现在因兼并他国的缘故，楚、越、晋、齐将天下分成四份而霸有之，这是什么原因呢？”墨子回答说：“你没有分清我说的战争的类别，不明白其中的缘故。古时候天子初封诸侯，受封的万有余国，到如今因兼并的缘故，这上万个国家都灭亡了，唯有这四个国家独立存在。这就譬如上万个医生给上万人开药方治病一样，其中只有四个人吃了见效，这其余的就不能算是好医生了。”

【原文】

则夫好攻伐之君又饰其说曰：“我非以金玉、子女、壤地为不足也，我欲以义名立于天下，以德求诸侯也。”子墨子曰：“今若有能以义名立于天下，以德求诸侯者，天下之服可立而待也。夫天下处攻伐久矣[①]，譬若傅子之为马然。今若有能信效先利天下诸侯者[②]，大国之不义也，则同忧之；大国之攻小国也，则同救之；小国城郭之不全也，必使修之；布粟之绝[③]，则委之[④]；币帛不足，则共之[⑤]。以此效大国，则小国之君说[⑥]，人劳我逸，则我甲兵强。宽以惠，缓易急，民必移[⑦]。易攻伐以治我国，攻必倍[⑧]。量我师举之费，以争诸侯之毙[⑨]，则必可得而序利焉[⑩]。督以正[⑪]，义其名，必务宽吾众，信吾师，以此授诸侯之师[⑫]，则天下无敌矣，其为下不可胜数也[⑬]。此天下之利，而王公大人不知而用，则此可谓不知利天下之巨务矣[⑭]。”

【注释】

①处：曹耀湘云：“‘处’当作‘苦’。音讹。”

②效：孙诒让云：“读为‘交’，同声假借字。”信交：以信义相邦交。

③之绝：王念孙云：“当是‘乏绝’之误。”

④委：输，供应。

⑤共：通“供”。

⑥以此效大国，则小国之君说：张纯一云：“‘大国’下脱‘则大国之君说，以此效小国’十一字。”此句疑为：“以此效大国，则大国之君说；以此效小国，则小国之君说。”效：交。说：通“悦”。

⑦移：犹归。

⑧攻：为“功”之借字。

⑨“争”：旧本作“诤”。王焕镳云：“疑‘诤’为‘竫’字之形讹。‘竫’与‘靖’音同义通，安扶、安定之意。毙：困乏而倒，此作危困解。”

⑩序利：王念孙云：“当为‘厚利’之误。”

⑪督：率。正：正道。

⑫授：孙诒让云：“‘授’字无义，疑当为‘援’。”

⑬其为下不可胜数也：苏时学云：“句有脱字，当作‘其为利天下，不可

胜数也'。"

⑭巨务：大事。

【译文】

但是喜好攻战的国君，又夸饰他的理论而非议墨子说："我并不是以我的金玉、子民、土地为不足，我是想以义名立于天下，用德来使天下诸侯归顺。"墨子说："当今假若真有人能立义名于天下，用德来供诸侯归顺的，那么天下服从他，是可以立等的。因为天下人受攻伐之苦已很久了，就好像拿小孩当马骑一样。现在若有能先以信义相交而利天下诸侯的，凡是有大国不义，大家就商量对付他；大国攻打小国，大家就共同去援救他；小国的城郭不够完固，大家就一定使之修理好；如果衣食困乏，大家就接济他；如果钱财不足，大家就供给他。像这样去结交大国，则大国的国君高兴；像这样去结交小国，小国的国君高兴。别人劳而我逸，那么我的兵力一定强大。待臣民宽大而恩惠，以从容代替急迫，人民必定会归顺。将花费于攻伐的财力转用于治理我们的国家，其功效必定加倍。估量我花费于兴师攻伐的费用，将它用于安抚诸侯的危困，那么必定可以获得很大的好处。以正道统率人民，以义名立于世，还必须宽厚地对待民众，以诚信取信于自己的军队，用此援助诸侯小国，就可以无敌于天下了，如此为利于天下，真是数也数不尽的了。这算是天下的大利，而那些王公大人不知道去用它，真可说是不知利天下的大事啊！"

【原文】

是故子墨子曰："今且天下之王公大人士君子，中情将欲求兴天下之利[①]，除天下之害，当若繁为攻伐[②]，此实天下之巨害也。今欲为仁义，求为上士，尚欲中圣王之道[③]，下欲中国家百姓之利，故当若非攻之为说，而将不可不察者此也。"

【注释】

①中情：诚心。

②繁为攻伐：频繁地进行攻战。

③尚：通“上”。

【译文】

所以墨子说：“当今天下的王公大人和士君子，诚心想要为天下图利，为天下除害，若仍然频繁地从事攻战，这实在是天下最大的祸害啊！现在若要行仁义，做上等的士人，上要符合圣王之道，下要符合国家百姓的利益，所以对于‘非攻’这样的主张，就不可不细心审查了。”

【评析】

有好战分子说：“昔者禹征有苗，汤伐桀，武王伐纣，此皆立为圣王，是何故也?”墨子反驳，禹征有苗不是攻，而是诛其元凶。三苗大乱之时民不聊生，所以天命殛之。大禹奉天命征伐，得到天下的支持，所以很快成功了。特别是禹既克有三苗，不是烧杀掳掠，而是为他们建立了秩序，使他们有了安居乐业的环境。

还有汤之伐夏王桀，也是因为夏王桀倒行逆施，天下大乱，所以才有神来告曰：“夏德大乱，往攻之，予必使汝大堪之。”汤遵从天命，通於四方，而天下诸侯，莫敢不宾服，这就是汤之诛桀也。

至于周文王伐商王纣，也是纣的“天不序其德，祀用失时”。也就是纣的德行败坏，天下大乱，才有“赤乌衔珪，降周之岐社”，曰：“天命周文王伐殷有国。”同样的，周文王伐纣之后也是奉行仁德的天道，“成帝之来，分主诸神，祀纣先王，通维四夷，而天下莫不宾。”也就是说克服了种种乱象，使天下得以安宁。

墨子战争观的内涵有深刻的人民性。墨子曰：“今欲为仁义，求为上士，尚欲中圣王之道，下欲中国家百姓之利，故当若非攻之为说，而将不可不察者此也。”在上古，天命常常指的是社会的表现，也就是人民生存的状况。在墨子看来，只有顺乎民意，除暴安良，此类的战争也并非不可以，反而是圣人之道。墨子战争观的核心就是战争必须服务于“求兴天下之利，除天下之害。”以此观之，墨子为民的立场鲜明，亦非迂腐之辈可以比拟。

“非攻”是墨学的重要范畴，常常有人片面理解“非攻”为反对战争，这是曲解。大家都希望和平，严格地说却并非如此。和平与战争都是社会存在的合理的形式。在战国时期这样一个大变革的时代，如果片面地反对一切战争显然没有合理的现实依据，注定被现实否定。

基于这样的战争观，墨子在战略战术上体现为“墨守”。后世的诬墨者常常以“墨守成规”来戏弄墨学为保守学说。其实“墨守”有之，“陈规”却未必。“墨守”实际上是一种后发制人的战略战术，当然这种方式只适用于得民心、为民者所领导的人民战争。墨子的战争观和战略战术与他的平民思想是相一致的。

【故事阐微】

吴起才识

吴起，卫国左氏人，曾经拜鲁国曾子为师，学习儒术。之后，在鲁国担任将领。齐国人攻打鲁国，鲁国国君想拜吴起为元帅，抵御齐国。但由于吴起娶了齐国的女子为妻，鲁君心生疑虑。吴起想因此成就功名，便杀了他的妻子，来表明自己与齐国没有任何关系。鲁君最终拜他为统帅，率领军队攻打齐国，将齐国打得大败。

鲁国有人厌恶吴起，说：“吴起这个人，是猜忌狠心之人。他小时，家有千金之富，但他到外周游没有能成功，于是使家业荡尽。他的乡里人笑话他，吴起便杀死了30多个笑话他的人，奔出卫国东门，与他的母亲诀别说：‘我吴起不做卿相之类的大官，决不再回到卫国。’于是便拜曾子为师。不久，他的母亲去世，吴起始终没有回去。曾子看不起他，便与他断交。吴起于是到鲁国学习兵法，侍奉鲁君。鲁君怀疑他，吴起便杀死自己的妻子来谋求鲁国的将帅之位。鲁国只是个小国，却有战胜齐国的威名，那么诸侯便会谋划灭亡鲁国了。何况鲁国和卫国本来是兄弟之国，现在大王重用吴起，则是抛弃卫国。”鲁君也怀疑吴起，便把吴起辞退了。

吴起听说魏文侯贤明，想要侍奉他。文侯问他的大夫李悝说：“吴起是个什么样的人呀?”李悝说：“吴起贪婪而且好色，但是非常会用兵，即使司马穰苴在世也不见得比他强。”于是魏文侯便以吴起作为将帅，攻打秦国，拔下秦国的五座城池。

吴起治军号令严明，军纪森严，赏罚严明，任贤用能。尤为难能可贵的是，他处处以身作则，为人表率，和普通士兵吃相同的饭菜，穿一样的衣服，行军时不骑马，不乘车，背负干粮，坚持与士卒一起步行。吴起统率魏军攻打中山国时，有一个士兵身上长了毒疮，辗转呻吟，痛苦不堪。吴起巡营时发现后，毫不犹豫地跪下身子，把这位士兵毒疮中的脓血一口一口地吸吮出来，解除了他的痛苦。士兵的母亲听说了这件事，大哭。别人说：“你儿子仅仅是个普通士兵，却得到将军为你儿子吮血，应是光荣之事，为什么还要哭呢?”士兵的母亲说：“不是这样呀！前几年吴将军为他的父亲吮吸疮口，结果他的父亲直到战死也决不回首。今日吴将军又为他的儿子吮血，我真不知我儿子要死在哪里了，我因此哭。”

文侯因为吴起善于用兵，而且廉洁正直，能够得到士卒的拥护，便让他在西边守护黄河西岸的魏国土地，同时抵御韩国和秦国的入侵。

魏文侯死后，魏武侯即位。武侯坐船从西部黄河顺流而下，到了黄河中间时，回首看着吴起说：“这里的山河多么险固，多么美好壮丽呀！这是魏国的珍宝呀！”吴起回答说：“国家的稳固在于统治者的德业而不在山河的险固。从前，三苗国左边扼拒洞庭湖，右边扼拒鄱阳湖，但他们不修道德仁义，所以被夏毓灭掉了。夏桀的都城，左边是黄河、济水，右边是泰山、华山，伊阙山在南边，羊肠道在北边，但他不修德政，终于被商汤流放。殷纣的都城，左边是孟门山，右边是太行山，背靠常山，南据黄河，不修德政，被周武王杀死。由此可见，治国在德不在险。如果大王您不修德政，舟中的人都会成为您的敌人呀!”武侯说：“很好。”

节用（上）

【题解】

节用是墨家的重要主张之一。本文认为，节用的出发点是为了增加国家财富，减少不必要的消费。凡衣服、宫室、甲兵、舟车的制作皆出于此目的。只要实行节用，一国之财富即可成倍增加。文章还主张早婚，男二十，女十五，必须成家；同时减少劳役，避免战争，这样人口就可以成倍增长。

【原文】

圣人为政一国，一国可倍也。大之为政天下，天下可倍也。其倍之，非外取地也。因其国家，去其无用，足以倍之。圣王为政，其发令兴事，使民用财也，无不加用而为者，是故用财不费，民德不劳[1]，其兴利多矣。

【注释】

①德：同“得”。

【译文】

圣人治理一个国家，一个国家的财利可以增加一倍。如果大到治理天下，天下的财利可以增加一倍。这增加的一倍，并不是向外掠夺土地得来的。而是根据国家的具体情况，去掉那些无益于实用的东西，这就足够使国家的财利增加一倍了。圣王治理国家，他发布命令、举办事业，役使民众，使用财物，无一不是有益于实用才去做的，所以使用财物不浪费，民众能够不劳苦，他兴起的利益太多了。

【原文】

其为衣裘何以为？冬以圉寒，夏以圉暑。凡为衣裳之道：冬加温，夏加清者，芊组不加者去之[①]。其为宫室何以为？冬以圉风寒，夏以圉暑雨，凡为宫室加固者[②]，芊组不加者去之。其为甲盾五兵何以为？以圉寇乱盗贼。若有寇乱盗贼，有甲盾五兵者胜，无有不胜。是故圣人作为甲盾五兵。凡为甲盾五兵加轻以利，坚而难折者，芊鉏不加者去之。其为舟车何以为？车以行陵陆，舟以行川谷，以通四方之利。凡为舟车之道，加轻以利者，芊鉭不加者去之。凡其为此物也，无不加用而为者，是故用财不费，民德不劳，其兴利多矣。

【注释】

①芊鉭：当为"鲜祖"之误，即鲜艳好看之意。下均同。

②凡为宫室：此四字原作"有盗贼"三字，当为涉下之衍文。

【译文】

他们制作衣服是为了什么呢？冬天用来御寒，夏天用来防暑。制作衣服的总体原则是：冬天更加温暖，夏天更加凉爽而已，如果只是漂亮而不能增加这一特性的就去掉。他们建造宫室是为了什么呢？冬天用来躲避风寒，夏天用来抵挡炎热和雨水，凡是建造宫室都以增加其坚固为目的，只是漂亮而不能增加这一特性的就去掉。他们制造铠甲、盾牌和戈矛等五种兵器是为了什么呢？是用来防御外寇与盗贼的。如果有外寇与盗贼，拥有铠甲、盾牌和戈矛等五种兵器的人就会胜利，而没有的就要失败。所以圣人出现，制造了铠甲、盾牌和戈矛等五种兵器。大凡制造铠甲、盾牌和戈矛等五种兵器，要能增加它轻便锋利、坚固而难以折断的特点，只是漂亮而不能增加这一特性的就去掉。他们打造车船又是为什么呢？车是用来在陆地上行驶的，船是用来在江河中航行的，以此来沟通四方的利益。打造车船的总体原则是，要能让它更加轻捷便利，只是漂亮而不能增加这一特性的就去掉。凡是圣人制造的这些东西，无一不是有益于实用才去做的，所以使用财物不浪费，民众能够不劳苦，他兴起的利益太多了。

【原文】

有去大人之好聚珠玉、鸟兽、犬马[①]，以益衣裳、宫室、甲盾、五兵、舟车之数，于数倍乎！若则不难。故孰为难倍？唯人为难倍。然人有可倍也。昔者圣王为法曰："丈夫年二十，毋敢不处家。女子年十五，毋敢不事人。"此圣王之法也。圣王即没，于民次也[②]。其欲蚤处家者[③]，有所二十年处家；其欲晚处家者，有所四十年处家。以其蚤与其晚相践[④]，后圣王之法十年。若纯三年而字[⑤]，子生可以二三计矣。此不惟使民蚤处家，而可以倍与。且不然已。

【注释】

①有：同"又"。

②次：即"恣"。

③蚤：通"早"。

④践：当读为"翦"，即"减"字。

⑤字：有乳、养之义，即生子。

【译文】

又去掉王公大人们喜欢聚集的珠玉、鸟兽和犬马等玩物，用来增加衣服、宫室、甲盾、戈矛等五种兵器与车船的数量，这样把它们的数量增加一倍！这不是什么难事。然而，什么是最难成倍增加的呢？只有人口是难以成倍增加的。然而人口也有可以成倍增加的办法。从前圣王制定的法令说："男子到了二十岁，就不敢不成家。女子到了十五岁，就不敢不出嫁。"这就是圣王的法令。圣王去世以后，老百姓就放纵自己。他们有想早成家的，就二十岁时成家；有想晚成家的，竟有四十岁才成家的。他们早的与晚的相减，比圣王的法令晚了十年。如果婚后都三年生一个孩子，那就可以多生两三个孩子了。这不仅仅是让百姓早些成家，也是让人口成倍增加的办法。但现在的帝王却不这么做。

墨子发明的滑轮

【原文】

今天下为政者，其所以寡人之道多。其使民劳，其籍敛厚，民财不足，冻饿死者，不可胜数也。且大人惟毋兴师以攻伐邻国，久者终年，速者数月。男女久不相见，此所以寡人之道也。与居处不安，饮食不时，作疾病死者，有与侵就僈橐[①]，攻城野战死者，不可胜数。此不令为政者所以寡人之道[②]，数术而起与？圣人为政特无此。不圣人为政[③]，其所以众人之道亦数术而起与？故子墨子曰：去无用，之圣王之道，天下之大利也！

【注释】

①有：即“又”。侵就僈橐：当为“侵掠俘虏”。
②不令：不善。
③不：当为“夫”。

【译文】

现在天下当政的人，他们的大多数行为都是在让人口减少。他们把民众役使得极为辛苦，收取的赋税又十分繁重，民众的财产不足，受冻挨饿而死的人，数不胜数。况且大人们只要兴师出兵来攻打邻国，时间长的要一年，快的也要几个月。夫妻长期不能相见，这就是人口减少的根源。加上居住不安定，饮食

不按时，以及生病死的，再加上士卒被侵掠俘虏与攻城野战而死的，也数不胜数。这些都是不善为政者所以使人口减少的原因，而这原因不是多种多样的吗？圣人治理国家绝对不会有这种情况。圣人治理国家，他之所以能使人口增多的方法不也是多种多样的吗？所以墨子说：去掉那些无益于实用的东西，实行圣王的治国之道，这就是天下的大利啊！

【评析】

墨子从“国家人民之利”的立场提出了节用的原则，他主要是针对贵族阶级的奢侈浪费以及腐朽享乐的生活。

“节用”是墨子在社会生活方面的一个基本思想。在他看来，社会消费应以保持基本生产生活条件为限，能供给民用即可，反对奢侈浪费。墨子认为，“去无用之务”，是“天下之大利”。如果国家“用财不费，民德不劳”，就会得到很大的利益。如果国家“去其无用之费”，那么节约的财富“足以倍之”，可见节俭在增强国力方面的重要作用。

墨子在衣、食、住、行、丧葬等各个方面，都主张节俭，并痛陈奢靡之风盛行造成的社会危害。在他看来，穿衣服只要能“冬以御寒，夏以御暑”即可，而不能像王公贵族们“为锦绣文采靡曼之衣，铸金以为钩，珠玉以为珮”。饮食只要能“充虚继气，强股肱，使耳目聪明”就行，而不能像王公贵族那样追求“美食刍豢蒸炙鱼鳖”。住房只要能“御风寒”“别男女之礼”即可，而不能像王公贵族那样动辄“宫室台榭曲直之望，青黄刻镂之饰”。出行造车方面，只要能“完固轻利，可以任重致远”即可。在丧葬方面，墨子制定了“节葬之法”“棺三寸足以朽骨。”墨子认为，丧葬要以有利于人们的生产生活为目的，不用长时间守丧。墨子认为他的观点“不失死生之利”，即对死者、生者都有好处。

墨子倡导“节用”，主张勤俭节约，反对奢靡浪费，对于我们建设节约型社会，实现人与自然和谐相处大有裨益。人口众多、资源相对不足、环境承载能力较弱，是中国的基本国情。墨子提出的“节用”“节葬”等勤俭节约思想，对于我们树立保护生态资源的理念，树立节约就是增加社会财富的理念，树立全社会崇俭抑奢的理念，培养勤俭节约的道德情操和良好习惯，积极创建节约型城市、节约型政府、节约型企业、节约型社区，都有很强的启发性。

【故事阐微】

范槚智迎天子

明朝景王出藩时，沿淮河航行，要从彭城航行到宝应。沿途需要预备酒食长达千里，随行船只万余艘。兵卒护卫布满路途，牵船缆的役夫有五万人。两淮之间要开路五丈宽，遇到民房就拆除。

范槚在民房边放置破船，上面加板，然后再覆盖上泥土，这样看上去就和平地一样，百姓都能安居。当时各郡都急着寻求役夫，范槚却不储备等待，巡抚非常担忧，便召范槚来问。范槚不在意地说："既有大人在此，有什么可忧虑的？"巡抚愤怒地说："你想把责任推给我吗？我一个老头子，会有什么用处？"范槚说："不敢。但必须仰赖大人才容易招集。"巡抚问："怎么办？"范槚说："现在天子的船刚出发，运粮船必定不敢进入水闸，只能在那里排队等候，每天费用繁多。现在我们用旗帜和士兵为他们守护粮船，而征用他们十人为役夫。他们还可以得到佣金，一定很喜欢去做，只是必须大人下一道告示。"巡抚问："如果人数不够怎么办？"范槚说："目前凤阳县的役夫有好几万人在徐州协助船运，工作结束后一定会取道淮河回去。如果利用他们归途之便，雇用他们服役，没有人不乐于接受的，这样人数就可以齐全了。"

巡抚听了既高兴又佩服。范槚又说："但是这样做没有什么作用。"巡抚听了，惊愕地站起来问："为什么？"范槚说："现在上流正在蓄水，使天子的船顺利通行，等到船队进入黄河以后，各水闸打开，水势浩大，航行容易，怎么能用得到了这么多人？"巡抚说："这是必然，但是皇上肯如此平静地离去吗？"范槚说："我再想想办法，大人不必担忧。"巡抚说："你足智多谋，我不如你。”

先前光禄寺发公函给沿途郡县，吩咐要准备天子的膳食，食品必须是山珍海味。每顿价值数千两。范槚拿着《大明会典》到巡抚院争辩道：“天子的船所经过的州县，只供应鸡鹅柴炭，这是明证。而且光禄寺备有各方进贡的珍奇异品，这里穷乡僻壤，哪来此种东西供奉？”巡抚认为很有道理，特地与礼部商议。礼部奏准后，便下令改为郡县只需准备膳食费，天子一顿二十两，后妃一顿十两，这样节省了数万的巨额花费。天子驾临时，范槚派人拿着银两在路上迎接，送给天子左右的人说：“水流急，船只很难停靠，希望多多留意。”于是天子的船整日航行，水流急速，船队很快就通过了，三处靠岸只供应一千三百两。后来船队到仪真时，一夜之间便花了五万两。

节用（中）

【题解】

《节用》中篇把上篇提出的原则进一步具体化，假托古者圣王之制，规定：一、饮食之法，“足以充虚继气，强股肱，耳目聪明，则止。”二、衣服之法，冬服轻暖，夏服轻凉则止。三、甲兵之法，轻且利即可。四、舟车之法，“乘之则安，引之则利”即可。五、节葬之法，衣三领，棺三寸，则止。六、宫室之法，旁可御风寒，上可御雨雪，中可别男女，则止。凡超过实用标准者，圣王弗为。墨家这种厉行节俭的精神可嘉，但他们把消费限在最低水平，完全不考虑改善生活和美观的需要，未免过于极端，难以实行。

【原文】

子墨子言曰：“古者明王圣人所以王天下、正诸侯者，彼其爱民谨忠，利民谨厚，忠信相连，又示之以利，是以终身不餍[①]，殁世而不卷[②]。古者明王圣人其所以王天下、正诸侯者，此也。”

【注释】

①餍：通“厌”，厌倦。

②卷：通“倦”，疲倦。

【译文】

墨子说：“古代的圣王贤士之所以能够统治天下、使诸侯臣服的原因，是因为他们非常爱护自己的百姓，对他们十分关照，同时又能够使百姓们获得十分丰厚的利益，忠义和忠信相互联结，又指示百姓哪一样事情是对他们有利的，因此，百姓们对他们终身侍奉都不感到厌倦，就算是临终的时候也是一样。古代的圣王贤士之所以能够统治天下、使诸侯臣服的原因，就是上面所讲的这些。”

【原文】

是故古者圣王制为节用之法，曰：“凡天下群百工，轮车鞼匏[①]、陶冶梓[②]匠，使各从事其所能，曰：‘凡足以奉给民用，则止。’”诸加费不加于民利者，圣王弗为。

【注释】

①鞼匏：指制作皮革的工匠。

②梓：指木匠。

【译文】

所以，古代的圣王们就专门制定了一套用于节约的法规制度，说：“但凡天下的工匠师傅，不论是制作车轮的也好，制作皮革用品的也好，烧制陶瓷用具的也好，冶炼各种金属的也好，制作各种木制品的也好，要使每一个人都从事自己最拿手的那项工作，还说：‘所有这些只要人民足够使用就行了，其他多余的就要去掉。’”对于那些只会给人民增加不必要的负担的东西，圣明的君主们是不会去做的。

【原文】

古者圣王制为饮食之法，曰：“足以充虚[①]继气，强股肱，耳目聪明，则止。不极[②]五味之调、芬香之和，不致远国珍怪异物。”何以知其然？古者尧治天下，南抚交趾，北降幽都，东、西至日所出、入，莫不宾服。逮至其厚爱，黍稷不二，羹胾[③]不重，饭于土塯，啜于土形[④]，斗以酌，俯仰周旋[⑤]，威仪之礼，圣王弗为。

【注释】

①充虚：补充虚弱。

②极：寻找，寻求。

②羹胾：羹，指肉汁。胾，指一块肉。

④土塯、土形：皆为古代的一种瓦制品。

⑤俯仰周旋：古代的各种礼仪。

【译文】

古代的圣王们也为人民的饮食订立了法规说：“饮食的量度只要是足以补充体质的虚弱和促使气血运行，增强身体四肢的力量，使得目光敏锐听觉灵敏，这样就足够了。从来就不会去考究味道的调试和各种香料的调配，也不会去收集远方的各种山珍海味。”怎么知道会是这样的呢？古时候尧治理天下的时候，向南他可以管治到交趾，向北领地可以延伸到幽都，而在东、西两面就到达太阳升起和降落的地方，天下没有谁不臣服于他的脚下。至于说到他吃饭时的至爱，就只有一种米饭，对于肉类他并不重视，他用土塯来吃饭，用土形来喝汤，用一个大斗来喝酒，而对于那些俯仰周旋的烦琐礼仪，圣王们是从来不去做的。

【原文】

古者圣王制为衣服之法，曰："冬服绀緅[1]之衣，轻且暖；夏服絺绤之衣，轻且清，则止。"诸加费不加于民利者，圣王弗为。

【注释】

①绀緅：深颜色的衣物。

【译文】

古代的圣王们也为制作衣服订立了法规，说："冬天就穿着那些深青色的衣服，因为它们轻便而且暖和；在夏天就穿着用粗细不同的葛布制作而成的衣服，这样就既轻便而且又凉快，这样就已经足够了。"对于那些只会给人民增加不必要的负担的东西，圣王们是不会去做的。

【原文】

古者圣人为猛禽狡兽暴人害民，于是教民以兵行。日带剑，为刺则入，击则断，旁击而不折，此剑之利也。甲为衣，则轻且利，动则兵且从，此甲之利也。车为服重致远，乘之则安，引之则利，安以不伤人，利以速至，此车之利也。古者圣王为大川广谷之不可济，于是利为舟楫，足以将之，则止。虽上者三公、诸侯至，舟楫不易，津人不饰，此舟之利也。

【译文】

古代的圣人们因为看见凶猛残暴的野兽经常危害人民的安全，于是就教导人民使用兵器的方法。要人民每天都带着剑在外行走，用来刺的话就可以刺进里面，用来砍的话就可以弄断东西，当受到别的东西撞击的时候又不会轻易折

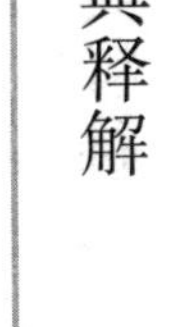

断，这就是剑的好处。身上披着盔甲当作自己的衣服，既轻便又有利，要运动的时候就十分灵便，这就是盔甲的好处。车子可以负载很重的货物到很远的地方，用来乘坐就非常安全，要拉动它也非常的方便，又不会弄伤人，方便而且迅速到达，这就是车的好处。古时圣王因为有宽广的山川河谷不能渡过，于是就发明了船只，用来行驶，只是这样而已。即使是上至三公、诸侯到达后，船夫也不会对船只加以装饰，这就是船的好处。

【原文】

古者圣王制为节葬之法，曰："衣三领①，足以朽肉；棺三寸，足以朽骸；窟穴，深不通于泉，流②不发泄，则止。"死者既葬，生者毋久丧用哀。古者人之始生，未有宫室之时，因陵丘窟穴而处焉。圣王虑之，以为窟穴，曰：冬可以避风寒，逮夏，下润湿，上熏蒸③，恐伤民之气，于是作为宫室而利。然则为宫室之法，将奈何哉？子墨子言曰："其旁④可以圉风寒，上可以圉雪霜雨露，其中蠲洁⑤，可以祭祀，宫墙足以为男女之别，则止。"诸加费不加民利者，圣王弗为。

【注释】

①三领：指三层。
②流：指尸体的气味。
③熏蒸：热气向上蒸发。
④旁：指四周，四面。
⑤蠲洁：干净，清洁。

【译文】

古代的圣王们也为办理丧礼订立了法规，说："死者所穿的衣服要有三件，足够使其在里面腐烂；装死者所用的棺材要有三寸深，要足以使尸体在里面腐烂；为死者所挖掘的墓穴，不能够深到触及地下的泉水，尸体的气味也不能够使它发散出来，这样就已经足够了。”死者下葬以后，活着的人也不用长久地为其悲哀。古代人类刚刚出现，还不懂得修建宫室的时候，就依靠着山陵挖掘洞穴来居住。圣王对这种做法十分担忧，他说：在洞穴里居住，冬天时可以避开严寒，但到了夏天的时候，地面就会过于潮湿，热气也会向上蒸，恐怕会伤及人民的元气，于是就建造房屋来方便百姓。但是制造宫室的原则是什么呢？墨子说：“房子的四面要可以抵御大风和严寒，房子的上面要可以抵御风霜雪雨，房子的里面要干净，可以用来祭祀，墙壁的高度要足以分开男女之别，这样就已经足够了。”对于那些只会给人民增加不必要的负担的东西，圣王们是不会去做的。

【评析】

墨子时代的统治者不满足于仅仅追求实用，而是通过华丽的外表，来炫耀自己的财富，认为只有这些才能代表自己的身份地位。而这样的结果是劳民伤财，人民不是饿死、冻死，就是过着独身的生活，大量的财富被消耗在无用的东西上。因此，在本篇中，墨子主张一切事物对人民实用的就实行，不实用的就抛弃。

墨子的节用观虽然在当时属于空想，但在今天却有很强的现实意义。现在生产力高度发达，可利用的资源越来越广泛，反而使得人们放松了警惕，以为人与自然的矛盾终于有望解决。这种极度膨胀的乐观情绪带给人类的却是一枚酸涩的苦果：人口大爆炸和资源的滥用造成了环境恶化、能源短缺等一系列问题，使人类的生存直接受到威胁。这一沉痛的教训告诉我们，即使在科技高度发达的今天，墨子的节用观仍然没有过时。

【故事阐微】

刘后才德

墨子说过：建造房屋的目的是为了防御风寒，如果为了奢华而建造，这样只能加重人民的负担。而这种加重人民负担不能给人民带来实惠的事情，圣王是不会做的。刘主为了自己的皇后而建造宫殿，这对于当时的百姓无疑是雪上加霜，战乱频繁，五谷不收。但刘皇后却是一个知明大义的人，她知道在这种时候不易于建造宫殿。如果不是她的出现，汉朝将又失去一名忠臣。

汉主刘聪把贵嫔刘娥立为皇后后，为她建造鹍仪殿。廷尉陈元达恳切地劝谏，认为："天生百姓并为他们树立君主，是让君主管理他们，并不是用千万百姓的生命去满足一个人的穷奢极欲。光文皇帝刘渊身穿粗布，皇后妃嫔也不穿绫罗绸缎，拉车的马匹不喂粟谷，这是爱惜百姓的缘故。陛下即位以来，已经建造了四十多处宫殿，加上一再兴兵作战，军粮运输不停，饥馑、疾病流行，造成人们死的死，逃的逃。如今您还想大兴土木，这难道是作百姓父母的想法吗?"

刘聪听了勃然大怒，说："朕身为天子，建造一个殿堂，你竟敢胡说八道扰乱大家的情绪，不杀掉你，朕的殿堂就建不成!"于是发出命令："拖出去杀了！连他的妻子一起在东市悬首示众。"当时刘聪在逍遥园的李中堂里，而陈元达在进谏之前已先用锁将自己锁在堂下的树上，听到刘聪欲诛杀自己和家人，他大声呼喊："我所说的，是为社稷大业考虑，而陛下却要杀掉我。"汉朝朱云说："我能够与龙逄、比干同游，这就满足了!"

大司徒任凯、光禄大夫朱纪、范隆，骠骑大将军河间王刘易等人一起叩头叩得出血，说："陈元达为先帝刘渊所赏识，受命于汉之初，即使把他安排在门下，他也一直尽忠竭虑，知无不言。今天他所说的话虽然有些狂妄直率，但希望陛下能够宽容他。"刘聪沉默不语。

刘皇后听说后，暗中命令随从们停止对陈元达的刑罚，亲笔写了奏疏给刘聪，说："现在宫室已经齐备，用不着再营建新的，四海还没有统一，应当珍惜百姓的财力。直言进谏的忠臣固然不顾自己的性命，而拒绝进谏的君主也是不考虑自身的性命。陛下为我营建宫殿而杀劝谏的大臣，这样，使忠良之臣缄口不言是因为我，远近都产生怨恨愤怒也是因为我，公私两方面的困窘弊害都是因为我，使国家社稷面临危险还是因为我，天下的大罪都集中到我的身上，我怎么能承担得起呢？我观察发现，自古以来造成国破家亡的，没有不从妇人开始的。我心里常常为之痛心，想不到今天自己也会这样，使得后世的人看我，就像看古人一样！我实在没有颜面再伺候您，希望您允许我死在这个殿堂里，以弥补陛下的过错！”刘聪看完后脸色都变了。

任凯等人仍然流着泪不停地叩头。刘聪这才慢慢地说：“朕近年来，因为中了点风，有点喜怒无常。陈元达是忠臣，朕却没有看出来，各位却能够为了他磕破头，确实是深明辅佐之臣呀！”说着便叫陈元达上来，把刘皇后的奏疏给他看，说：“在外有像您这样的人辅佐，在内有像皇后这样的人辅佐，我还有什么可忧虑的呢？”于是赏赐给任凯等人不同数量的稻谷与布帛，把逍遥园改称为纳贤园，李中堂改称为愧贤堂。

节葬（下）

【题解】

节葬是节用原则的引申。本文前半段论述，厚葬有五不利：一、浪费大量资财，不可以富家；二、久丧损害健康，不可以众民；三、国贫必乱，道德沦丧，不利于治刑政；四、不可以禁大国之攻小国；五、不可干求鬼神之福。下半段驳斥厚葬者两种言论：一、以尧舜禹皆薄葬驳斥厚葬为“圣王之法”；二、引越东之国、啖人之国、仪渠之国的奇异葬俗，说明丧葬乃“便其习，义其俗”的产物，不在厚薄，也并非不可改变。《节葬》共三篇，今仅存下篇，但其基本观点在《节用》等篇中皆有所表述。

【原文】

子墨子言曰：“仁者之为天下度也[①]，辟之无以异乎孝子之为亲度也[②]。今孝子之为亲度也，将奈何哉？曰：‘亲贫则从事乎富之[③]，人民寡则从事乎众之，众乱则从事乎治之[4]。’当其于此也[5]，亦有力不足，财不赡[6]，智不智[7]，然后已矣[8]。无敢舍余力，隐谋遗利[9]，而不为亲为之者矣。若三务者[10]，孝子之为亲度也，既若此矣[11]。虽仁者之为天下度，亦犹此也。曰：‘天下贫则从事乎富之，人民寡则从事乎众之，众而乱则从事乎治之。’当其于此，亦有力不足，财不赡，智不智，然后已矣。无敢舍余力，隐谋遗利，而不为天下为之者矣。若三务者，此仁者之为天下度也，既若此矣。”

【注释】

①度：谋划，考虑，打算。

②辟：同“譬”，相比。无以异：没有什么不同。乎：同“于”，比的意思。亲：指义母。

③富之：使亲富。

④治之：使之治。

⑤当其于此：当他做这些事情的时候。

⑥赡：足，够。

⑦第二个“智”，通“知”，知晓。

⑧已：止。

⑨隐谋遗利：隐藏智谋，隐留资财。

⑩若：同“此”。三务：三件事。

⑪既：尽、全。

【译文】

墨子说：“仁者们为天下打算，与孝子为父母打算没有什么两样。当今孝子为父母打算是怎样的呢？那就是：‘父母贫穷就要设法使他们富足，人口少就要设法使人口增多，人多而混乱，就要设法治理它。’当他做这些事的时候，也有因力不足，财不富，智力不达等而停下来的，但总不敢放弃最后的努力，隐藏自己的智谋私财，不替父母做事的。这三件事，是孝子要为父母考虑的，凡孝子全都如此。即使仁者为天下人打算，也是如此。那就是：‘天下人贫穷，就要设法使其富足，人少，就要设法使人增多，人多而混乱，就要设法治理。’当仁者们做这些事情的时候，也有因力不足，财不富，智力不达等而停下来的，但总不敢放弃最后的努力，隐藏自己的智谋私财，而不替天下做事的。这三件事，是仁者为天下人打算的，凡仁者全都如此。”

【原文】

今逮至昔者三代圣王既没[①]，天下失义，后世之君子，或以厚葬久丧以为仁也[②]，义也，孝子之事也；或以厚葬久丧以为非仁义，非孝子之事也。曰二子者[③]，言则相非[④]，行即相反[⑤]，皆曰：‘吾上祖述尧舜禹汤文武之道者也[⑥]。’而言即相非，行即相反，于此乎后世之君子，皆疑惑乎二子者言也。

【注释】

①逮至：及至。没：通“殁”，去世。

②或：有的，有的人。厚葬：指葬礼隆重破费。久丧：长时间居丧。先秦贵族死后用活人殉葬，大修陵墓，并让亲人在陵旁搭棚守墓，长年累月哭拜，以示悲哀。

③日二子者：这两种人。

④相非：指相互不同。

⑤即：通“则”。

⑥上：通“尚”，崇尚。祖述：效法，遵循。

【译文】

待到三代圣王去世后，天下便失去常理。后代的君子，有的认为厚葬久丧是合于仁义的，是孝子应做的事。有的认为厚葬久丧不合乎仁义，不是孝子应做的事。这两种人，言论不同，行事相反，都说：‘我是崇尚效法尧、舜、禹、商汤、文王、武王之道啊！’他们在这件事情上，言论不同，行事相反，后世的君子，对他们的话都要表示怀疑了。

【原文】

若苟疑惑乎之二子者言[①]，然则姑尝传而为政乎国家万民而观之[②]。计厚葬久丧，奚当此三利者[③]？我意若使法其言[④]，用其谋，厚葬久丧实可以富贫众寡[⑤]，定危治乱乎[⑥]，此仁也，义也，孝子之事也，为人谋者不可不劝也[⑦]。仁者将兴之天下[⑧]，谁贾而使民誉之[⑨]，终勿废也[⑩]。意亦使法其言，用其谋，厚葬久丧实不可以富贫众寡，定危理乱乎[⑪]，此非仁非义，非孝子之事也，为人谋者不可不沮也[⑫]。仁者将求除之天下，相废而使人非之[⑬]，终身勿为。

【注释】

①若苟：如果。之二子：这两种人。

②然则：如此……那么。尝：试。传：通“转”。

③计：衡量。奚当：符合什么。奚：何。三利：指前边的：“富之”“众之”“治之”。

④意：通“抑”，或者。下同。法：按照，仿效。

⑤富贫众寡：使贫穷的富足，使人少的增多。

⑥定危治乱：使危转安，使乱得治。

⑦劝：勉励。

⑧兴之天下：在天下实行它。

⑨谁贾：孙诒让认为：“谁贾，义不可通，当为‘设置’之误。”誉：称赞。

⑩终：永远。

⑪理：治。

⑫沮：通“阻”。

⑬相废：废除它。

【译文】

如果对这两种人的话产生怀疑，那么，姑且转到治理国家万民的政事上来观察一下。衡量这厚葬久丧究竟符合上述三种利益的哪一种呢？或者我如果按照他们的说法，采用他们的主张，厚葬久丧真的能够使贫变富，使少变多，使危转安，使乱得治，那么这是仁、是义、是孝子的事情，替人谋划的人不能不加以勉励，仁者将在天下实行它，设置它，并使人民称赞它，永远不要废弃它；或者，按照他们的说法，采用他们的主张，厚葬久丧却不能使贫变富，使少变多，使危转安，使乱得治，那么这就不是仁，不是义，不是孝子的事，替人谋划的人就不能不加以阻止了，仁者将要求天下人抛弃它，废除它并反对它，永远不做。

【原文】

“且故兴天下之利，除天下之害，令国家百姓之不治也，自古及今，未尝之有也。何以知其然也？今天下之士君子①，将犹多皆疑惑厚葬久丧之为中是非利害也②。”故子墨子言曰：“然则姑尝稽之③，今虽毋法执厚葬久丧者言④，以为事乎国家⑤。此存乎王公大人有丧者⑥，曰棺椁必重⑦，葬埋必厚⑧，衣衾必多⑨，文绣必繁⑩，丘陇必巨⑪；存乎匹夫贱人死者，殆竭家室⑫；乎诸侯死者⑬，虚车府⑭，然后金玉珠玑比乎身⑮，纶组节约⑯，车马藏乎圹⑰，又必多为屋幕⑱，鼎鼓几梴壶滥⑲，戈剑羽旄齿革⑳，寝而埋之㉑，满意。若送从㉒，曰天子杀殉㉓，众者数百，寡者数十。将军大夫杀殉，众者数十，寡者数人。

【注释】

①士君子：即君子。士：在先秦指那些以自己的特长为国君服务的人，有文士和武士，国君根据他们的贡献按等级赐给官职。

②将：大概。为中：当中。

③稽：考察。

④虽毋：语助词，无意义。

⑤乎：同“于”，在。

⑥存：义同“在”。

⑦椁：棺材外再套的棺材。

⑧厚：指深。

⑨衾：被褥。此指殓尸的包被。

⑩文绣：指棺椁上的装饰。文：同“纹”。

⑪丘陇：坟墓。

⑫殆：几乎、恐怕。

⑬此句“乎”前应有“存”字。

⑭虚：空虚，此作使动词。车：“库”字之误，指粮仓。府：藏财帛的建筑物。

⑮玑：不圆的珠子。比：周。

⑯纶：丝绵。组：丝带。节约：指捆束。

⑰圹：指墓穴。

⑱屋幕：帐幕。

⑲几：小桌子。梴：同“筵”，竹席。壶滥：卢文弨云：“壶滥，盖器名。”

⑳羽旄：古代以雉羽、旄牛尾装饰的军旗。齿：象牙。革：皮。此指甲盾。

㉑寝：王引之校为“挟”字之误。

㉒若送从：孙诒让云：“此当从《公孟篇》作‘送死若徙’。”

㉓杀殉：杀人殉葬。

【译文】

“况且兴天下之利，除天下之害，还不能把国家、百姓治理好，是自古以来没有的事。凭什么知道是这样的呢？当今天下君子对于厚葬久丧的是非利害大多疑惑不定。所以墨子说：“那么我们姑且试着考察一下，那些主张厚葬久丧的人们在国内的所作所为。在王公大人家死了人，就要棺材外面要再套棺材，葬埋必定要隆重，裹尸的衣被一定要多，棺椁上的装饰一定要漂亮，坟墓一定要建得高大，若在平民庶人家死了人，就几乎要倾家荡产。在诸侯家死了人，必定把府库用空，然后金银珠玉绕满死者全身，用丝帛锦絮捆束，车马埋到墓穴中，又制许多帷幕帐幔，钟鼎金鼓，桌席器皿，连同戈剑、旌旗、象牙、铠甲盾牌，全部埋到地下，这才满意。送死人如搬家。天子诸侯死了，要杀人殉葬，多的数百人，少的也有数十人；将军大夫死了杀人殉葬，多的数十人，少的也有好几人。

【原文】

处丧之法将奈何哉？曰哭泣不秩声翁[①]，缞绖[②]垂涕，处倚庐[③]，寝苫枕甴[④]，又相率强不食而为饥，薄衣而为寒，使面目陷陬[⑤]，颜色黧黑[⑥]，耳目不聪明[⑦]，手足不劲强，不可用也。又曰上士之操丧也[⑧]，必扶而能起，杖而能行，以此共三年。若法若言[⑨]，行若道，使王公大人行此，则必不能蚤朝[⑩]，五官六府[⑪]，辟草木[⑫]，实仓廪[⑬]。使农夫行此，则必不能蚤出夜入，耕稼树艺。使百工行此，则必不能修舟车为器皿矣。使妇人行此，则必不能夙兴夜寐[⑭]，纺绩织紝[⑮]。细计厚葬[⑯]，为多埋赋之财者也[⑰]。计久丧，为久禁从事者也。财以成者，扶而埋之[⑱]；后得生者[⑲]，而久禁之，以此求富，此譬犹禁耕而求获也，富之说无可得焉[⑳]。是故求以富家，而既已不可矣。

【注释】

①秩：通“迭”。翁：“嗌”的误字。《说文》：“嗌，咽也。”

②缞：白麻布丧服。绖：系于头上和腰上的麻带。

③处：居。倚庐：靠树而搭的守丧的草屋。

④苫：草垫。甴：古“块”字，土块。

⑤陬：瘦骨嶙峋貌。

⑥黧：黑色。

⑦聪：指耳灵。明：指眼明。

⑧上士：上等人士。

⑨第一个“若”是假如的意思。第二个“若”是代词“其”。

⑩蚤：通“早”。

⑪五官六府：孙诒让认为，此句前应脱“使士大夫行此，则必不能治”十一字。《礼记·曲礼》：“天子之五官，曰司徒、司马、司空、司士、司寇”，“天子之六府，曰司土、司水、司木、司草、司器、司货”。

⑫辟：开辟。辟草木：指开辟山林关市税收等财源。

⑬实：充实。仓廪：贮藏谷米的仓库。

⑭夙兴：早起。

⑮紝：同“纴”，纺织。

⑯细：俞樾云：“细字无义，盖即上句‘纴’字之误而衍者。”

⑰赋之财：征来的资财。

⑱扶：通“复”。

⑲后得生者：指后生之财。

⑳富之说：要想富的说法。

【译文】

居丧的方法又将怎样呢？说要哭声不迭，泣不成声，披麻戴孝，流着眼泪，住在墓旁的草屋之中，睡草垫，枕土块，强忍不吃东西忍受着饥饿，穿薄衣忍受着寒冷，使人面目瘦削，颜色黝黑，耳聋目瞶，手脚无力，不能做事。又说上等人居丧，须到搀扶才能起床，拄着手杖才能行走的地步，要这样守孝三年。假如按其说法，行其道，让王公大人去实行，那必定不能早朝晏退，让卿大夫去实行，必定不能治理官府，开辟财源，充实国库；叫农夫去实行，必定不能早出晚归，耕田种地；叫工人去实行，必定不能修理车船，制造器具；叫妇女去实行，必定不能早起晚睡，纺纱织布。计算一下这厚葬真是埋葬了大量的钱财呀；想一想，这久丧是长期禁止人们做事呀！已成的财物，复又把它埋掉；能生产财物的人，又被长期禁锢，以此去求得富裕，好比禁止耕田而要求有所收获一样，富足的说法是不可能的。因此，以此求国家的富足，更不可能了。

【原文】

欲以众人民，意者可邪[①]？其说又不可矣。今唯无以厚葬久丧者为政[②]，君死，丧之三年；父母死，丧之三年；妻与后子死者[③]，五皆丧之三年[④]；然后伯父、叔父、兄弟、孽子其[⑤]；族人五月[⑥]；姑姊甥舅皆有月数[⑦]。则毁瘠必有制矣[⑧]，使面目陷陬，颜色黧黑，耳目不聪明，手足不劲强，不可用也。又曰上士操丧也，必扶而能起，杖而能行，以此共三年。若法若言[⑨]，行若道，苟其饥约[⑩]，又若此矣，是故百姓冬不仞寒[⑪]，夏不仞暑，作疾病死者，不可胜计也。此其为败男女之交多矣[⑫]。以此求众，譬犹使人负剑而求其寿也[⑬]。众之说无可得焉。是故求以众人民，而既以不可矣。

【注释】

①意者：即“抑或”，或者的意思，下同。

②为政：管理政事。

③后子：即嫡长子。毕沅注：“嗣子嫡也。”

④五：“又”字之误。

⑤孽子：次子。其：同“期”，期年。此指服丧一年。

⑥五月：指服丧五个月。

⑦月数：即数月。

⑧毁瘠：指损害身体。制：制度规定。

⑨见前段注⑨。

⑩饥约：忍饥缩食。

⑪仞：通“忍”。

⑫败男女之交：妨害男婚女嫁，相互结合。

⑬负：通“伏”。寿：长寿。

【译文】

想以厚葬久丧来增加人民，或许可以吧？这种说法又是不对的。现在假定主张厚葬久丧的人当政，国君死，服丧三年；父母死，服丧三年；妻和嫡子死，又得服丧三年；然后伯父、叔父、兄弟、庶子死，又得服丧一年；亲族死，服丧五个月；姑母、姊妹、舅父、外甥死，都得服丧几个月。那丧期中的毁坏身体还有一定的规定，要使面目消瘦，眼睛深陷，颜面黝黑，耳不聪目不明，手足无力，什么事也不能做。他们又说，上等人士居丧，一定要到搀扶才能站起，拄杖才能行走的地步。这样守孝又要三年。如果依照其说法，实行其主张，让人们忍饥缩食，照上边损害健康的办法去做。那么百姓就会冬天经不住寒冷，夏天受不了酷热，生疾病而死的，将不可胜数。哪谈得上男婚女嫁，相互交会呢？以此求人口增多，就好比让人伏在剑刃上去求长寿一样，人多的说法不能实现。因而，想求得人民增多也是不可能的。

【原文】

欲以治刑政①，意者可乎？其说又不可矣。今唯无以厚葬久丧者为政，国家必贫，人民必寡，刑政必乱。若法若言，行若道，使为上者行此②，则不能听治③；使为下者行此，则不能从事。上不听治，刑政必乱；下不从事，衣食之财必不足。若苟不足，为人弟者，求其兄而不得，不弟弟必将怨其兄矣④；为人子者，求其亲而不得，不孝子必是怨其亲矣；为人臣者，求之君而不得，不忠臣必且乱其上矣。是以僻淫邪行之民，出则无衣也，入则无食也，内续奚吾⑤，并为淫暴⑥，而不可胜禁也。是故盗贼众而治者寡。夫众盗贼而寡治者⑦，以此求治，譬犹使人三睘而毋负己也⑧，治之说无可得焉。是故求以治刑政，而既已不可矣。

【注释】

①刑政：刑事政务。

②为上者：指管理国家的官员。

③听治：听政。

④不弟弟：前一个“弟”通“悌”。悌：指对兄长尊重。

⑤内续奚吾：俞樾云：“疑当为‘内积奚后’，皆字之误也。‘奚后’即‘謑诟’之假音。”謑诟，即耻辱，羞耻。

⑥并为淫暴：并，一起。淫暴，指胡作非为。

⑦众盗贼而寡治者：“众”和“寡”是形容词作使动。

⑧三睘：王引之注曰：“睘与‘还’同……谓转折也。使人三转其身于己前，则或转而向己，或转而背己……如此而欲使其毋背己，不可得也。”

【译文】

用它来处理政务，或许可以吧？这种说法也行不通。假定用主张厚葬久丧的人主持政务，那么国家必贫，人民必少，刑政必乱。如果依照他们的说法，采用他们的主张，使在上位的各级官员去实行，那就不能听政了；使在下的百姓去实行，那就不能干事了。在上的不听政，政务必定混乱，在下的不干事，提供衣食的资财就必定不足，如果资财不足，弟向兄索求而不得时，弟必定对兄不尊而怨恨兄；儿子向父亲索求而不得，儿子就不会孝敬父母而会怨恨父母；做人臣的向君王索求而不得，就必定不会忠于君王反而要使国家遭到祸乱。那些胡作非为的百姓，因为出外没有衣，在家没有吃，心怀耻辱，就会一起从事淫暴行为而难以禁止。因此盗贼多社会不安定。盗贼多社会不安定，还追求什么‘治’？就好比叫一个人在面前旋转三次，却还希望他不要用背对着自己一样。那所谓‘治’的说法，也是不能实现的。因此，用厚葬久丧的理论来处理政务，是行不通的。

【原文】

欲以禁止大国之攻小国也[①]，意者可邪？其说又不可矣。是故昔者圣王既没，天下失义，诸侯力征。南有楚、越之王，而北有齐、晋之君，此皆砥砺其

卒伍[2]，以攻伐并兼为政于天下。是故凡大国之所以不攻小国者，积委多[3]，城郭修，上下调和[4]，是故大国不耆攻之[5]；无积委，城郭不修，上下不调和，是故大国耆攻之。今唯无以厚葬久丧者为政，国家必贫，人民必寡，刑政必乱。若苟贫，是无以为积委也；若苟寡，是城郭沟渠者寡也；若苟乱，是出战不克，入守不固。此求禁止大国之攻小国也，而既已不可矣。

【注释】

①春秋时有不攻居丧之国的说法。

②砥砺：本指磨刀石，这里作动词引申为训练、锻炼。

③积委：堆积的资财。

④调和：和谐。

⑤耆：通“嗜”，想，喜爱。

【译文】

用这个办法阻止大国攻打小国，或许可以吧？这种说法也行不通。当初圣王去世，天下失去道义，诸侯以武力征伐。南方有楚王、越王争霸，北方有齐国、晋国称雄。他们训练军队，以攻伐兼并统治天下。凡大国不去攻打的小国，是因为这小国积蓄多，城郭修得坚固，上下和谐，因此大国不敢攻它。小国没有积蓄，不修城郭，上下不和谐，大国就会去攻它。如果用主张厚葬久丧的人主政，国家必贫，人民必少，政务必乱。如果国家贫，就没有积蓄；如果人民少，城郭沟渠修的就少；如果国家乱，就会出战不胜，入守不坚。用厚葬久丧来禁止大国攻打小国，也是完全不可能的。

【原文】

欲以干上帝鬼神之福[1]，意者可邪？其说又不可矣。今唯无以厚葬久丧者为政，国家必贫，人民必寡，刑政必乱。若苟贫，是粢盛酒醴不净洁也[2]；若苟寡，是事上帝鬼神者寡也；若苟乱，是祭祀不时度也[③]。今又禁止事上帝鬼神，为政若此，上帝鬼神，始得从上抚之曰[④]：“我有是人也，与无是人也[⑤]，孰愈[⑥]？”曰：“我有是人也，与无是人也，无择也[⑦]。”则惟上帝鬼神[⑧]降之罪厉之祸罚而弃之[⑨]，则岂不亦乃其所哉！

【注释】

①干：求。

②粢盛：古代盛在祭器内用来祭祀的谷物。醴：甜酒。

③不时度：不按时节。

④始得从上抚之：上天将要憎恶他们。《方言》：“抚、疾”，即厌恶的意思。

⑤是人：这些臣民。

⑥孰愈：哪种情况好。

⑦无择：无区别。

⑧惟：通“虽”。

⑨厉：灾难。

【译文】

用它来求上帝鬼神赐福，或许可以吧？这种说法也行不通。假使用主张厚葬久丧的人主政，国家必贫，人民必寡，刑政必乱。如果贫穷，这盛在祭器内的谷物和酒就不洁净；如果人民少，那敬奉上帝鬼神的人就少；如果刑政混乱，祭祀就不能按时。今又禁止供奉上帝鬼神，如此当政，上帝鬼神恐怕要从上天憎恶他们，问：“我有这些臣民与无这些臣民，哪种情况更好呢？”回答是：“我有这些臣民与无这些臣民没有什么区别。”那么，上帝鬼神降灾难惩罚他们，难道不是他们所应得的下场吗！

【原文】

故古圣王制为葬埋之法，曰：“棺三寸，足以朽体[①]，衣衾三领[②]，足以覆恶[3]。以及其葬也，下毋及泉[4]，上毋通臭，垄若参耕之亩[5]，则止矣。死则既已葬矣，生者必无久哭，而疾而从事[6]，人为其所能，以交相利也。”此圣王之法也。

墨子发明的风箱

【注释】

①朽体：安放朽烂的尸体。

②衣衾：衣服被褥。领：件。

③覆恶：盖尸体。

④及泉：到地下泉水的地方。《左传·隐公元年》：“不及黄泉，无相见”。

⑤垄若参耕之亩：垄：指坟墓。参：即三。叁耕，即三尺。此句是说墓地的宽大约三尺。

⑥疾：很快。

【译文】

所以古代圣王制定埋葬法，说：‘棺材厚三寸，能藏尸体就够了。衣被三件，能掩盖尸体就够了。下葬的时候，往下不及泉水，往上不透出臭气，墓宽约三尺就可以了。死者已经下葬了，活着的人不要久哭，而要赶快做事，各人尽自己的能力，相交互利。’这就是圣王的法则。

【原文】

今执厚葬久丧者之言曰：“厚葬久丧，虽使不可以富贫众寡[1]，定危治乱，然此圣王之道也。”子墨子曰：“不然。昔者尧北教乎八狄[2]，道死[3]，葬蛩山之阴[4]，衣衾三领，穀木之棺[5]，葛以缄之[6]，既泌而后哭[7]，满埳无封[8]。已葬，而牛马乘之[9]。舜西教乎七戎[10]，道死，葬南已之市[11]，衣衾三领，穀木之棺，葛以缄之，已葬，而市人乘之。禹东教乎九夷[12]，道死，葬会稽之山[13]，衣衾三领，桐棺三寸，葛以缄之，绞之不合[14]，通之不埳[15]，土地之深，下毋及泉，上毋通臭。既葬，收余壤其上[16]，垄若参耕之亩，则止矣。若以此若三圣王者观之，则厚葬久丧果非圣王之道。故三王者，皆贵为天子，富有天下，岂忧财用之不足哉？以为如此葬埋之法。

【注释】

①富贫众寡：使贫富，使人少变人多。

②北教乎八狄：到北方教育感化狄民族。八狄：泛指北方各部族。

③道死：死在路上。

④蛩山：又称邛山，在今山东濮县。阴：古人把山之北，水之南称为阴。

⑤毂木：木质差的木材。按礼，天子棺用梓木，此用毂木，是尚俭。

⑥葛：葛藤。缄：捆束。按礼，天子棺用皮束。

⑦泚：毕沅云："当为'犯'，'窆'字之假音也。"窆：落葬。

⑧埳：毕沅云："古无'埳'，当为'坎'。"封：堆土为坟。

⑨乘：登踏。

⑩七戎：泛指我国西部居住的少数民族。

⑪南己：地名，无可考。传说舜葬于湖南宁远的九嶷山。

⑫九夷：对东方各民族的通称。

⑬会稽：今浙江绍兴。传说禹东巡死于此。

⑭绞：同"交"，指棺木的交合。

⑮通之不埳：通之，按孙诒让注，应为"道之"。道，同导。道之，就是把棺木导入墓穴。不埳：不成坎，指棺导入之处不修墓道。

⑯余壤：掘穴的余土。其上：堆在墓穴上。

【译文】

现在持厚葬久丧的人说："厚葬久丧虽然不能使贫穷变富，使人少变多，使

危转安，使混乱得治，然而这是圣王之道呀！”墨子说：“不是这样的。从前尧往北方去教化北狄，死在半路上，就葬在蛩山之北，衣被三件，榖木做棺，葛藤束棺，下葬后才哭，填平墓穴不堆土造坟，葬后牛马可以在上边登踏。舜往西方去教化西戎，死在半路上，就葬在南己的集市上，衣被三件，榖木为棺，葛藤束棺，下葬后集上的人可在上面走。禹到东方去教化九夷，死在半路上，就葬在会稽山上，衣被三件，三寸厚板为棺，用葛藤束棺，棺板交合不严密，棺导入地下不需修墓道，埋葬的深度，往下不及泉水处，往上不透臭气。葬毕，收集余土堆在上边，坟宽三尺就行了。若以这三位圣王的情况来看，那厚葬久丧的确不是先王之道。这三位圣王，都贵为天子，据有整个天下，难道还怕财用不足吗？而他们就是如此埋葬的。

【原文】

今王公大人之为葬埋，则异于此。必大棺中棺[①]，革阓三操[②]，璧玉即具，戈剑鼎鼓壶滥[③]，文绣素练，大鞅万领[④]，舆马女乐皆具，曰必捶垛差通[⑤]，垄虽凡山陵[⑥]。此为辍民之事[⑦]，靡民之财，不可胜计也，其为毋用若此矣[⑧]。”是故子墨子曰：“乡者，吾本言曰[⑨]，意亦使法其言[⑩]，用其谋，计厚葬久丧[⑪]，请可以富贫众寡[⑫]，定危治乱乎，则仁也，义也，孝子之事也，为人谋者，不可不劝也[⑬]；意亦使法其言，用其谋，若人厚葬久丧，实不可以富贫众寡，定危治乱乎，则非仁也，非义也，非孝子之事也，为人谋者，不可不沮也[⑭]。

是故求以富国家，甚得贫焉；欲以众人民，甚得寡焉；欲以治刑政，甚得乱焉；求以禁止大国之攻小国也，而既已不可矣；欲以干上帝鬼神之福，又得祸焉。上稽之尧舜禹汤文武之道而政逆之[⑮]，下稽之桀纣幽厉之事，犹合节也[⑯]。若以此观，则厚葬久丧，其非圣王之道也。”

【注释】

①大棺中棺：大棺，指外棺。中棺：指内棺。

②革阓：皮革。阓，通“鞼（归）”，饰文彩的皮带。操：捆束缠绕。

③壶滥：食器，用器。

④大鞅万领：王焕镳疑是："衣衾万领"之误。

⑤捶：捶土使之坚。垛：毕沅云："当为涂。"涂饰。差通：孙诒让疑是"羡道"之误。《索引》云："羡，墓道也。"

⑥垄虽凡山陵："虽凡"二字在文中不可通，疑误写。据上下文意，此句指坟的高大如山陵。

⑦辍民之事：荒废百姓的工作。辍：停止。

⑧其为：指王公大人的做法。毋：通"无用"。

⑨乡者：同"向者"，从前，过去。

⑩意亦：抑或，假使。法：仿效。按照。

⑪计：考虑。

⑫请：通"诚"，诚然，真的。

⑬劝：劝勉，鼓励。

⑭沮：同"阻"。

⑮政：同"正"。

⑯合节：符合，相符。节：指符节，古代朝廷用来传布命令，调兵遣将，或记功赐爵的凭证，一分为二，合之以验真假。

【译文】

现在王公大人进行葬埋，与圣人不同了。一定要棺材外面套棺材，用有文彩的皮革把棺材缠绕几圈。准备了璧玉，还有戈剑鼎鼓壶滥、彩缎白绢、衣衾万领，车马女乐齐全，还要把墓道的土捶坚，涂上彩饰，坟垒得高如山陵。荒废百姓的农作，浪费人民的资财，不可胜计。王公大人的做法是如此的浪费啊！因此墨子说："我以前曾经说过：假使按照他们的主张，采用他们的谋略，考虑这厚葬久丧，它真的能够使贫变富，使少变多，使危转安，使乱得治，那么就称得上是仁，是义，是孝子分内的事，为人谋划的人不能不加以鼓励。假使按照他们的主张，采用了他们的谋略，这厚葬久丧，确不能使贫变富，使少增多，使危转安，使乱得治，那就不是仁，不是义，不是孝子分内的事了。为人谋划的人就不能不加以阻止。

因此想以厚葬久丧求国家富有，却使得国家更穷；想以此使人民增加，却使人民更少；想以此来治理政务，却使得政务更乱；想以此求上帝赐福，却只能得到灾祸。上察尧舜禹、商汤、文王、武王的做法，与他们的做法正好相反，下察夏桀、商纣王、周幽王、厉王这些暴君的事，他们的做法，与暴君的做法正好相符。由此看来，厚葬久丧，不是圣王之道。"

【原文】

今执厚葬久丧者言曰："厚葬久丧果非圣王之道，夫胡说中国之君子[①]，为而不已，操而不择哉[②]？"子墨子曰："此所谓便其习而义其俗者也[③]。昔者越之东有輆沐之国者[④]，其长子生，则解而食之[⑤]。谓之'宜弟'[⑥]；其大父死[⑦]，负其大母而弃之，曰鬼妻不可与居处。此上以为政，下以为俗，为而不已，操而不择，则此岂实仁义之道哉？此所谓便其习而义其俗者也。楚之南有炎人国者[⑧]，其亲戚死[⑨]，朽其肉而弃之[⑩]，然后埋其骨，乃成为孝子。秦之西有仪渠之国者[⑪]，其亲戚死，聚柴薪而焚之，燻上，谓之登遐[⑫]，然后成为孝子。此上以为政，下以为俗，为而不已，操而不择，则此岂实仁义之道哉？此所谓便其习而义其俗者也。若以此若三国者观之，则亦犹薄矣[⑬]。若以中国之君子观之，则亦犹厚矣。如彼则大厚，如此则大薄，然则葬埋之有节矣[⑭]。"

【注释】

①夫：句首发语词。胡说：为什么说。中国：指中原地区各诸侯国。

②不已：不停止。择：通"释"，放弃。

③便其习而义其俗：认为他们的习惯方便，认为他们的风俗好。"便"和"义"作意动词。义：善，适宜。

④輆沐：古国名。

⑤解：剖开，肢解。

⑥宜弟：保护弟弟。

⑦大父：祖父。

⑧炎人国：古国名。

⑨亲戚：先秦“亲戚”一词的含义也可指父母兄弟妻子。此指父母。

⑩朽：此指剔肉。

⑪仪渠：古西戎国名。

⑫燻上：火烟上升。遐：通“霞”，云天。

⑬薄：微薄、简单。

⑭节：节度，节制。

【译文】

现在主张厚葬久丧的人说：“厚葬久丧，果然不是圣王之道，那么为何中国的君子仍旧要这样做而不肯放弃呢?”墨子说：“这叫认为其习方便，以为其俗适宜罢了。从前，越国的东边有一个核沐国，他们的第一个男孩生下来，就把孩子肢解吃掉，称这叫‘保护弟弟’。他们的祖父死了，就背起祖母把她扔掉，说不与鬼的妻子住在一起。这种情况，上边把它当作法规，下边把它当作风俗，不停地实行，坚持而不放弃，这难道真是仁义之道吗?不过是认为其习方便，其俗适宜而已。楚国的南面有个炎人国，父母死了，把他们的肉剔下来丢掉，然后把骨埋起来，才算是孝子。秦国的西面有仪渠国，父母死了，聚柴焚烧，烟火上升，称为‘登仙’，才算是孝子。这种情况，上边把它当作法规，下边把它当作风俗，不停地实行，坚持而不放弃，这难道真是仁义之道吗?不过是认为其习方便，其俗适宜而已。如果从这三个国家的葬埋来看，对亲人未免太薄了。如果从中国的君子们的做法来看，对亲人未免又太厚了。像这样又太厚，像那样又太薄，那么，葬埋就应该有一个节制。”

【原文】

故衣食者，人之生利也[①]，然且犹尚有节；葬埋者，人之死利也，夫何独无

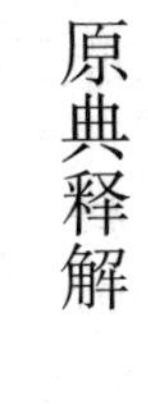

节于此乎？子墨子制为葬埋之法曰：“棺三寸，足以朽骨；衣三领，足以朽肉；掘地之深，下无菹漏②，气无发洩于上，垄足以期其所③，则上矣。哭往哭来，反从事乎衣食之财④，佴乎祭祀⑤，以致孝于亲。”故曰子墨子之法，不失死生之利者，此也。

故子墨子言曰：“今天下之士君子，中请将欲为仁义⑥，求为上士，上欲中圣王之道⑦，下欲中国家百姓之利，故当若节丧之为政，而不可不察此者也。”

【注释】

①生利：生者的利益。

②菹漏：湿漏。菹，同“沮”，湿。

③期：认识、识别。

④反：同“返”。

⑤佴：紧接着，连续的意思。

⑥中：内心。

⑦中：符合。下句同。

【译文】

所以，衣食是活着的人的利益，然而尚需有节制；葬埋，是死者的利益，为什么对此偏偏没有节制呢？墨子制定埋葬的方法是：“棺木厚三寸，足以收敛朽骨；衣被三件，足以包裹尸体；掘地的深浅，往下不潮湿浸水，往上臭气不散发到地面，能使人认识坟地的所在就行了。哭着送去，哭着回来，回来以后就去谋衣食之财，接着按时祭祀，以此对双亲尽孝道。”因此，墨子的办法，不失去生者和死者的利益。

所以墨子说：“当今天下君子，心中果真想行仁义，求做上士，对上要符合圣王之道，对下要符合国家人民的利益，因而就应当把节丧之类的事当作政事，而不能不加以仔细考察。”

【评析】

儒家讲究厚葬久丧，也就是说，不同地位和身份的人，要在丧葬的制度上有所区别，比如说天子的棺木要四重，这在墨子看来，是完全没有必要的浪费。而且，事实上也是如此，在这种礼节下，有些家庭甚至都死不起人。古代有很多卖身葬亲的故事，原因也在于此。所以墨子针锋相对地提出了节葬的主张，对于丧葬，应该薄葬、短葬，并要求缩小贵族世卿和人民之间生活的距离。

墨子认为，厚葬久丧不仅浪费了社会财富，而且还使人们无法从事生产劳动，并且影响了人口的增长。这不仅对社会有害，而且也不符合死者的利益和古代圣王的传统，因而必须加以废止。

《后汉书·明帝纪》里也记载道，倘若死者有灵，大约也不愿意因“供终朝之费”而累及子孙的度日，使之陷于饥寒的吧？其实孝道之行，并不在亲人的死后。厚养薄葬，才是真正的孝道。

【故事阐微】

慈禧奢华葬礼

墨子说：“以厚葬久丧者为政，国家必贫，人民必寡，刑政必乱。”而要真正想成为士人，就不得不满足人民的利益，就必须节葬。可仍有很多君主不能这样做，结果导致民不聊生，国家混乱。慈禧太后就是一个鲜明的例子。

慈禧太后，她只是个女人，却让凤高高地飞翔于龙之上；她把两代帝王玩弄于股掌之中，独操朝纲，令人人顶礼膜拜；她生前就十分思虑她死后葬身之地；她于1908年一个阴霾的冬日里死去。

慈禧生前曾从北京乘轿途经二百多里，到遵化州观看“万年吉地”的风水。为了取得普陀峪寿宫穴位的吉利，曾把她手腕上一件稀世珍宝“十八颗珍珠手串”摘下来，投入地宫金券的金井之中，作为镇墓之宝。想必生前对死如

此在乎的人，死后的葬礼定也要弄得兴师动众才肯安心的吧！光绪三十四年（1908年）十月二十二日，慈禧太后因病亡于西苑的仪鸾殿，卒年74岁。慈禧的葬礼是怎样的呢？

慈禧太后葬礼的礼仪沿用的是几千年来中国的古老礼仪，按理说陪葬品也应该很中国化才对，但被焚烧的纸糊的新军士兵却是穿着现代欧洲军装的士兵们，被烧掉的也并非中国世代流传的中式轿子，而是一辆优雅的欧式布鲁厄姆车，即一种驭者坐在车厢外的四轮马车，还有两匹身材高大，有灰色花斑的欧洲马，轮胎和欧式油灯等。

慈禧的陵墓位于河北省遵化的清东陵。北京到清东陵有75英里的路程，这75英里，早在慈禧在世时就开始了修建，到慈禧去世，这条路虽然已比较平整，但给慈禧太后送葬的队伍在这条道路上，还是要走整整五天。

1908年十一月九日，慈禧太后盖着金黄色柩布的灵柩被缓缓地抬过了北京灰色的土丘，据当时目击者回忆，当时清朝外务部的官员们在北京东直门外的一个小土丘上，搭建了一个带顶棚的看台，专门提供给各国公使馆所介绍的在京外国人。另外还在东直门内附近，修建了一个单独的亭子，也是为各国外交官、尊贵的商业权贵，以及报界记者们所搭建的，为的是可以让他们很方便地观看到慈禧太后的送葬队伍。另外，送葬行列中的在京外国人代表，一般走到东直门附近也就不再往前走了，可以在此小憩一会。但这些看台是不可以随便进去的。必须得到清朝外务部发放的入场券，才会被容许进去观看。

慈禧太后的送葬要经过东直门附近那天，街上人山人海，极度拥挤。清朝外务部一些会说英语的官员们，神情严肃地接待客人和收取入场券。

1908年十一月九日的十点三分，慈禧太后的送葬队伍到达东直门附近。送葬队伍的阵容极其壮观：打头的是一队穿着现代军装的长矛轻骑兵，装束齐整，举止得体；接下来是由仆役们用手牵着，成一列纵队的小矮马；再后面就是一大群身穿猩红色绸缎衣服，帽子上插着黄色羽毛的仆役，大约有几百人，他们轮换着抬灵柩。

紧接着又是另一队长矛轻骑兵，在他们的长矛上飘扬着红色长条旗，后面跟着马枪骑兵。他们属于皇家禁卫军，身穿有红镶边的灰色军衣。后面又有一排排穿着红衣服的仆役，举着绿、红、紫、黄等各种颜色的旌旗和低垂的绸缎条幅。那些举着鲜艳旌旗的仆役行列没完没了，似乎他们把皇宫里的旌旗全都搬出来给已故太后送葬了。

天志[1]（上）

【题解】

尊天是墨家十大主张之一，《天志》上篇阐述这一基本观点，文章认为，天是人世间最高的裁判者监督者。天的意志主要是兼相爱交相利。顺天之意必得赏，反天之意必得罚。古之圣王禹汤文武和古之暴王桀纣幽厉就是正反面的事例。文章把天志作为衡量世上一切是非的标准，有如匠人的规与矩。因此一些学者认为天志是墨家推行其学说的工具。

【原文】

子墨子言曰："天下之士君子，知小而不知大。"何以知之？以其处家者知之。若处家得罪于家长，犹有邻家所避逃之；然且亲戚、兄弟、所知识[2]，共相儆戒[3]，皆曰："不可不戒矣！不可不慎矣！恶有处家而得罪于家长而可为也？"非独处家者为然，虽处国亦然。处国得罪于国君，犹有邻国所避逃之；然且亲戚、兄弟所知识，共相儆戒，皆曰："不可不戒矣！不可不慎矣！谁亦有处国得罪于国君而可为也？"此有所避逃之者也，相儆戒犹若此其厚，况无所避逃之者，相儆戒岂不愈厚，然后可哉？且语言有之曰："焉而晏日[4]焉而得罪，将恶避逃之？"曰："无所避逃之。"夫天不可为林谷幽门[5]无人，明必见之；然而天下之士君子之于天也，忽然不知以相儆戒。此我所以知天下士君子知小而不知大也。

【注释】

①天志：即指上天的意志。

②知识：指互相认识的人。

③儆戒：告诫。

④晏日：晏，指天气晴朗。

⑤幽门：幽暗的地方。

【译文】

墨子说道："如今天下的士人君子，只懂得小义而不懂大义。"怎么知道会是这样的呢？从他们处身于家就可以得知。假若一个人在家里得罪了家长，还可以逃避到邻居住处；但是，亲戚、兄弟、相识的人都在一起互相告诫说："不能不警戒啊！不能不谨慎！在家得罪了家长还能够有什么作为吗？"不仅在家里是这样，即使处身于国家之中也是一样。处身于国家之中，得罪了国君，还可以逃避邻国那里；但是，亲戚、兄弟、相识的人，互相警戒说："不能不警惕，不能不谨慎啊！谁又能够在一国之中得罪了国君还能有所作为呢？"这是有地方可以去逃避的人，互相警戒都尚且如此严重，何况是没有地方可去逃避的人，互相警戒岂不是要更严重，然后才行吗？况且有一句话是这样说的："在光天化日之下得罪了人，又能够跑到哪里去呢？"回答说："没有地方逃避。"上天不会忽略林子深谷等没有人的地方，他明亮的眼睛一定会见到的；但是天下的士人君子对于上天竟然疏忽到不知互相警戒。这就是我明白天下的士人君子只知小义而不知晓大义的原因。

【原文】

然则天亦何欲何恶？天欲义而恶不义。然则率天下之百姓，以从事于义，则我乃为天之所欲也。我为天之所欲，天亦为我所欲。然则我何欲何恶？我欲福禄而恶祸祟[①]。若我不为天之所欲，而为天之所不欲，然则我率天下之百姓，以从事于祸祟中也。然则何以知天之欲义而恶不义？曰：天下有义则生，无义则死；有义则富，无义则贫；有义则治，无义则乱。然则天欲其生而恶其死，欲其富而恶其贫，欲其治而恶其乱。此我所以知天欲义而恶不义也。

【注释】

①祟：古人以鬼神降祸于人叫“祟”。

【译文】

那么上天究竟希望什么，憎恶什么呢？上天希望仁义而憎恶不义。那么率领天下的百姓来从事仁义之事，那就是在进行上天所希望的事情了。我干上天所希望做的，上天也给予我所希望的。但是我们又渴求什么、憎恶什么呢？我希望有福有禄而憎恶祸患灾难。假使我不做上天所希望做的事，而被上天所不容，那么我率领的天下百姓，就会陷于祸患灾难之中。那么，怎么才能知晓上天希望仁义而憎恶不义呢？可以说：天下人有仁义就生存，没有仁义就死亡；有仁义就可以富贵，无仁义则会贫困；有仁义就会安定，无仁义就会生乱。那么上天希望世人生存而不愿见到他们死亡，希望人民富裕而讨厌贫困，希望依法治理而憎恶混乱。这就是我知道上天希望有正义而憎恶不正义的原因。

【原文】

曰：且夫义者，政也。无从下之政上，必从上之政下。是故庶人竭力从事，未得次已[①]而为政，有士政之；士竭力从事，未得次已而为政，有将军、大夫政之；将军、大夫竭力从事，未得次已而为政，有三公、诸侯政之；三公、诸侯竭力听治，未得次已而为政，有天子政之；天子未得次已而为政，有天政之。天子为政于三公、诸侯、士、庶人，天下之士君子固明知；天之为政于天子，天下百姓未得之明知[②]也。故昔三代圣王，禹、汤、文、武，欲以天之为政于天子，明说天下之百姓，故莫不犓[③]牛羊、豢犬彘[④]，洁为粢盛酒醴，以祭祀上帝鬼神，而求祈福于天。我未尝闻天下之所求祈福于天子者也，我所以知天之为政于天子者也。

【注释】

①次己：次，通“恣”，放纵。次己，即放纵自己。
②明知：清楚地知道。
③犓：饲养。
④彘：猪的肩膀肉。

【译文】

可以说：义，是正义的意思。不能够从下到上地推行正义，必然是从上到下地推行正义。所以老百姓尽力做事，不能恣意放肆自己胡乱去做，必须有士人君子去纠正；士人君子尽力做事，也不能随随便便地做，要有将军、大夫去纠正；将军大夫治理政事，不能放肆自己去做事，必须有三公、诸侯去帮助纠正；三公诸侯治理政事，不能放肆自己去胡乱做事，必须有天子从旁纠正；天子不能放肆自己而去治理朝政，必须有上天去纠正。天子统治三公、诸侯、读书人、老百姓，天下的人都明白地知道；上天统治天子，天下百姓未必明白地知道。所以以前三代圣王禹、汤、文、武等等，想明白地告知天下百姓，上天管制天子，所以他们没有一个不喂牛羊、养猪犬，搞好洁净的米粮酒水，用来祭祀上帝鬼神，祈求从上天得到幸福的。我没有听说过上天向天子祈求福荫的，我因此得知上天是管制天子的。

【原文】

故天子者，天下之穷贵[①]也，天下之穷富也。故于富且贵者，当天意而不可不顺。顺天意者，兼相爱、交相利[②]，必得赏；反天意者，别相恶、交相贼，必得罚。然则是谁顺天意而得赏者？谁反天意而得罚者？子墨子言曰：“昔三代圣王禹、汤、文、武，此顺天意而得赏也。昔三代之暴王桀、纣、幽、厉，此反天意而得罚者也。”然则禹、汤、文、武，其得赏者何以也？子墨子言曰：“其事上尊天，中事鬼神，下爱人，故天意曰：‘此之我所爱，兼而爱之；我所利，兼而利之。爱人者此为博焉，利人者此为厚焉。’故使贵为天子，富有天下，业[③]万世子孙，传称其善，方[④]施天下，至今称之，谓之圣王。”然则桀、纣、幽、厉，得其罚何以也？子墨子言曰：“其事上诟天，中诟鬼，下贼人，故天意曰：‘此之我所爱，别而恶之；我所利，交而贼之。恶人者，此为之博也；贱人者，此为之厚也。’故使不得终其寿，不殁其世，至今毁之，谓之暴王。”

【注释】

①穷贵：穷，非常。穷贵，即非常高贵的意思。

②交相利：互相获利。

③业：通“叶”，世代。

④方：广布，范围大。

【译文】

所以天子是天下极高贵、极富有的人。所以想富有而且高贵的人，对于天意就不能不顺从。顺从天意的，就互相爱护、互相取利，就一定会得到赏赐；逆天意而为的，就互相憎恶、互相谋害的，就一定会受到处罚。那么哪些是顺从天意而得到赏赐的人呢？哪些是违反天意而受到惩罚的人呢？墨子说：“以往三代圣王禹、汤、文、武，就是顺应天意而得到赏赐的。以往三代的暴君桀、纣、幽、厉王，就是违反天意而受到惩罚的人。”那么禹、汤、文、武是因为什么而得赏赐呢？墨子说：“他们的行事对上尊重上天，中间侍奉鬼神，对下爱护人民，所以上天认为：‘这是我所喜欢的，他们一并喜欢；我所获利的，他们也一起获利。爱护人民这算很广泛了，对人民有利这算是多了。’所以使他们贵为天子，富有天下，传万世子孙，代代都传颂他们的好处，所施的恩德遍于天下，到今天人们还称赞他们，称他们为圣明的君主。”那么桀、纣、幽、厉王怎么受到处罚呢？墨子说：“他们行事，对上辱骂上天。中间诽谤鬼神，对下害人民百姓，所以上天认为：‘这是我所喜欢的，他反而憎恶；我得到利益的，他反而憎恨。憎恶人民，这算很广泛了；残害人民，这算很厉害了。’所以令他们不得善终，没有好下场。至今人们都诋毁他们，称他们为暴虐的君王。”

【原文】

然则何以知天之爱天下之百姓？以其兼而明之。何以知其兼而明之？以其兼而有之。何以知其兼而有之？以其兼而食焉。何以知其兼而食焉？四海之内，粒食之民，莫不犓牛羊，豢犬彘，洁为粢盛酒醴，以祭祀于上帝鬼神。天有邑人，何用弗爱也？且吾言杀一不辜者，必有一不祥。杀不辜者谁也？则人也。予之不祥者谁也？则天也。若以天为不爱天下之百姓，则何故以人与人相杀，而天予之不祥？此我所以知天之爱天下之百姓也。

【译文】

那么，怎么知道上天是爱护黎民百姓的呢？这是因为它兼容明察。怎么知道它是兼容明察的呢？是因为它兼容抚养万民。怎么知道它兼容抚养呢？是因为它供给天下四方食物。怎么知道它供给天下四方食物呢？四海之内，吃谷物的人民，没有不养牛羊、养猪犬、准备清洁的米饭酒水，来祭祀上帝鬼神。上天有包容人的美德，为何不爱护呢？况且我认为杀一个无辜者，必定会遇到一个灾祸。杀无辜人的是谁？就是人。降下灾祸的是谁？是上天。假若上天不爱护天下百姓，那为什么人与人互相残杀，上天就会降灾祸于人呢？这就是我知道上天爱护百姓的原因。

【原文】

顺天意者，义政也；反天意者，力政也。然义政将奈何哉？子墨子言曰：处大国不攻小国，处大家不篡[①]小家，强者不劫弱，贵者不傲贱，多诈者不欺愚。此必上利于天，中利于鬼，下利于人，三利无所不利，故举天下美名加之，谓之圣王。力政者则与此异，言非此，行反此，犹倖驰[②]也。处大国攻小国，处大家篡小家，强者劫弱，贵者傲贱，多诈欺愚，此上不利于天，中不利于鬼，下不利于人。三不利无所利，故举天下恶名加之，谓之暴王。

【注释】

①篡：掠夺。

②倖驰：意思是背道而驰。倖，当作“偝”，同“背”。

【译文】

顺应天意的人，行的是义政；违反天意的人，行的是暴政。那么义政会是怎样呢？墨子说：身为大国不攻打小国，居于大家不扰乱小家，强者不欺负弱者、高贵的不蔑视低贱的，狡猾的不欺诈愚笨的。这一定会上有利于上天，中有利于鬼神，下有利于一般人。做到这三件事就会无往而不利，所以天下人民就给他一个美名，称他为圣王。行暴政的人和这相反，言行不一，背道而驰。身为大国而攻打小国，居于大家而扰乱小家，强者打劫弱者，尊贵的蔑视低贱的，狡猾多计的欺诈愚笨的。这样上不利天，中不利鬼神，下对人民无益。这三种情况，没有什么是有利的，所以天下人给他一个恶名，称他为暴君。

【原文】

子墨子言曰：“我有天志，譬若轮人之有规，匠人之有矩，轮匠执其规、矩，以度天下之方圜，曰：‘中者是也，不中者非也。’今天下之士君子之书，不可胜载，言语不可尽计，上说诸侯，下说列士，其于仁义，则大相远也。何以知之？曰：我得天下之明法以度之。”

【译文】

墨子说：“我有天的意志，好像制车匠人有规尺，木匠有矩尺，制车人、木匠手拿规尺、矩尺，来衡量天下的方圆，说：‘符合它们的就是对的，不符合它们的就是错的。’如今天下士人君子的书，多得不可胜数，言语不能完全记录，向上说到诸侯，向下说到名人，对于仁义，就相去甚远。怎么知道会是这样的呢？可以说：我是用天下的严明法纪来衡量的。”

【评析】

从墨子所描绘的“天志”说，不难看出，这正是他和他所代表的小生产者和手工业者对和平幸福生活的向往。国家的最高统治者（天子）的选派是由“上帝、鬼神”的意志决定的。他所提倡的“尚同”说，他认为世界上一切存在的事物都是按照上帝的意志，为了人民的需要而创造出来的，他用“天志”说来限制国君的权威，让他们知道在他们上面还有上帝的存在，可以掌控他们。这些思想都是从“天志”说这个基础上发展起来的。

【故事阐微】

程门立雪求贤师

宋代有两位学者，一个叫杨时（1053—1135），一个叫游酢（1053—1123）。这两个人都是当时著名的学者，他们知道程氏兄弟很有学问，为了能更好地学习，他们不远万里从南方北上求师。他们先是拜程颢为师，程颢极其认真地向他们传授知识，两个学生也学得不知疲倦。谁知好景不长，程颢不久就因病与世长辞。两个学生悲痛欲绝，但他们并没有因此而停止学习。他们打算继续拜程颐为师。

那是在一个天寒地冻的季节，一天，他俩来到程颐的门前，刚要敲门，却透过窗户看到程老先生正在打盹。他们知道老先生整日忙着讲学与思考问题，难得会有这片刻的小憩，不忍打扰先生，就轻轻地退到大门外等候。其实呢，程老先生根本就没有睡着，只是刚才一直在思考问题，觉得眼睛有点酸，大脑也有点累了，就暂且在闭目养神而已：事实上他从半睁半闭的眼睛里早看出了是杨、游二人。他以前也听兄长夸过这两位学生，常说这两个学生特别刻苦。

知道他俩这是来求学的，想故意考验以下这两位有身份、有地位、年龄也比较大的学生，看他们拜师是否是诚心的。

过了好长时间，老天变了脸，呼啸的北风夹着鹅毛大雪一起袭来。天气瞬间就变得寒冷起来。杨时他们来的时候，没想到会变天，穿的也不多，尤其是双脚，冻得生痛，但他们又不能跺脚，唯恐吵醒老师，所以，就那样一动不动地站在那里，任凭风雪吹打。时间一点点过去了，程颐也觉得时间不短了，就睁开眼睛，把他们请到屋子里，说："天气这么冷，你们还在呀？"他俩连忙说："我们已经在此恭候多时了。"程颐见两位如此有诚意，心里很是过意不去。就亲手帮他们扫掉身上的雪，看到他俩的鞋子已经全湿透了，刚才站过的地方，两对一尺多深的脚印，仍清晰可见。程颐当即收下了这两位学生。

在程颐悉心教育下，两位学生通过发奋苦学，学业进步非常快，成为著名的"程门四大弟子"中的重要人物。

天志（中）

【题解】

《天志》中篇是上篇的发挥。篇幅更长，论述更充分。文章认为，天贵于天子。天意的内容除上篇所提的兼爱外，还包括非攻、睦邻、爱民、强力等等。除继续举禹汤与桀纣等为事例之外，还引用《诗经》《尚书》作为书证。而关于天志之工具性适应范围也扩大了，"上将以度天下之王公大人为刑政也，下将以量天下之万民为文学，出言谈也。"

【原文】

子墨子言曰："今天下之君子之欲为仁义者，则不可不察义之所从出。"既曰不可以不察义之所欲出，然则义何从出？子墨子曰："义不从愚且贱者出，必

自贵且知者出[1]。何以知义之不从愚且贱者出，而必自贵且知者出也？曰：义者，善政也。何以知义之为善政也？曰：天下有义则治，无义则乱，是以知义之为善政也。夫愚且贱者，不得为政乎贵且知者[2]；然后得为政乎愚且贱者。此吾所以知义之不从愚且贱者出，而必自贵且知者出也。然则孰为贵？孰为知？曰：天为贵、天为知而已矣。然则义果自天出矣。"

【注释】

①知：通"智"，下同。

②为政：治政。

【译文】

墨子说："当今天下的君子如想实行仁义，就不能不考察义的由来。"既然不能不考察义的由来，那么义从何而来呢？墨子说："义不是从愚笨和低贱的人那里来的，而必定是从高贵和智慧的人那里来的。何以知道义不从愚笨和低贱的人那里来，而必定从高贵和智慧的人那里来的呢？回答是：因为义就是善政。何以知道义就是善政？回答是：天下有义就安定，无义就混乱，所以知道义就是善政。那愚笨的和低贱的，不能统治高贵的和智慧的，高贵的和智慧的才能统治愚笨的和低贱的。这是我知道义不从愚笨和低贱的人那里来，而必定从高贵和智慧的人那里来的原因。那么谁是高贵者，谁是智慧者呢？答：只有天是高贵者，天是智慧者。那义的确是出自天。"

【原文】

今天下之人曰："当若天子之贵诸侯[1]，诸侯之贵大夫，傐明知之[2]。然吾未知天之贵且知于天子也。"子墨子曰："吾所以知天贵且知于天子者有矣[3]。曰：天子为善，天能赏之；天子为暴，天能罚之；天子有疾病祸祟，必斋戒沐浴，洁为酒醴粢盛，以祭祀天鬼，则天能除去之。然吾未知天之祈福于天子也。此吾所以知天之贵且知于天子者。不止此而已矣，又以先王之书《驯天明不解》之道也知之[4]。曰：‘明哲维天，临君下土[5]。’则此语天之贵且知于天子。不知亦有贵知夫天者乎？曰：天为贵，天为知而已矣。然则义果自天出矣。”

【注释】

①当若：当即。

②儋：毕沅注：“当为碻，言确然可知。”碻，“确”的古写。

③有矣：有道理的。

④驯：同“训”。训天明不解之道：是说训释天的高明而难穷的道理。

⑤曰：指先王之书中说。明哲维天，临君下土：明哲的是天，将它的光明照临天下。

【译文】

当今天下的人说：“天子的确比诸侯高贵，诸侯的确比大夫高贵，这是大家公认的。然而，我不知道上天比天子高贵且智慧。”墨子说：“我所以知道上天比天子高贵且智慧，是有道理的。就是说，天子如果行善，上天会赏赐他；天子如果行恶，上天会惩罚他；天子如果有疾病灾祸，只要洗澡斋戒，准备好洁食美酒，祭祀上天鬼神，那么上天就替他除害消灾。而我从未听说上天曾向天子祈福，所以我知道上天比天子高贵且智慧。不仅如此，从先王的《训天明不解》一书中也可懂得这个道理。书中说：‘只有上天是明哲的，将它的光明照临大地。’这就是说上天比天子高贵且智慧。不知还有比上天高贵、智慧的吗？回答是：只有上天高贵、智慧，所以义的确是出自天。”

【原文】

是故子墨子曰：“今天下之君子，中实将欲遵道利民[1]，本察仁义之本[2]。天之意不可不慎也。”既以天之意以为不可不慎已[3]，然则天之将何欲何憎？子墨子曰：“天之意，不欲大国之攻小国也，大家之乱小家也，强之暴寡[4]，诈之

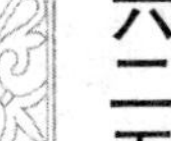

谋愚，贵之傲贱，此天之所不欲也。不止此而已，欲人之有力相营[⑤]，有道相教[⑥]，有财相分也。又欲上之强听治也[⑦]，下之强从事也。上强听治，则国家治矣；下强从事，则财用足矣。若国家治财用足，则内有以洁为酒醴粢盛，以祭祀天鬼；外有以为环璧珠玉，以聘挠四邻[⑧]。诸侯之冤不兴矣[⑨]，边境兵甲不作矣[⑩]。内有以食饥息劳[⑪]。持养其万民[⑫]，则君臣上下惠忠[⑬]，父子兄弟慈孝。故唯毋明乎顺天之意[⑭]，奉而光施之天下[⑮]，则刑政治，万民和，国家富，财用足，百姓皆得暖衣饱食，便宁无忧[⑯]。”是故子墨子曰：“今天下之君子，中实将欲遵道利民，本察仁义之本，天之意不可不慎也。”

【注释】

①中：内心。遵道：指遵循圣王的仁道。

②本察：从根本上考察。

③既以：既然。慎：通“顺”。

④强之暴寡：强者对弱者使用暴力。

⑤有力相营：有力量的相互帮助。营，助。

⑥有道相教：持理者教导别人。

⑦强：努力、勤奋。

⑧聘挠：结交。

⑨冤：通“怨”。

⑩兵甲：指战争。作：发生。

⑪食饥息劳：使饥者得食，使劳者得休，食和息为使动词。

⑫持养：保养。

⑬惠忠：惠，指国君对下施恩。忠：指臣子对上忠诚。

⑭唯毋：语助词。

⑮奉：遵照。光：通“广”。施：实行。

⑯便宁：安宁。

【译文】

所以墨子说："如今天下君子，内心真的想遵先王之道而使民得利，从根本上去推求仁义之本，那么对天意就不能不顺从。"既然以为对天意不能不顺从，那么天意希望什么，憎恶什么呢？墨子说："天的意思不希望大国攻打小国，大家扰乱小家，强者暴虐弱者，诡诈的谋算愚笨的，显贵的傲视低贱的，这些是天不希望的。不仅如此，天还希望人们有力相助，有道相教，有财相分；还希望在上的努力听政，在下的努力做事。在上的努力听政，国家就治理得好；在下的努力做事，国家财用就充足。如果国家治理好了，财用充足了，那么对内就有洁净的酒饭去祭祀上天鬼神，对外就有珠玉环璧去结交四方的邻国，诸侯之间就不会产生仇怨，边境上就不会发生战争。国内能使饥者得食，劳者得休，保养万民。国君施恩于臣，臣对君就忠顺，父对子、兄对弟慈爱，子对父、弟对兄就会孝顺。所以，只要明白了要顺从天意、遵照天意并广泛地推行于天下，那么刑政得治，万民和谐，国家富强，财用充足，百姓都能吃饱穿暖，安宁没有忧愁。"所以墨子说："当今天下的君子，内心真的想遵循先王之道而使民得利，从根本上去推求仁义之本，对天意就不能不顺从。"

【原文】

且夫天子之有天下也。辟之无以异乎国君诸侯之有四境之内也[①]。今国君诸侯之有四境之内也，夫岂欲其臣国万民之相为不利哉[②]？今若处大国则攻小国，处大家则攻小家，欲以此求赏誉，终不可得，诛罚必至矣[③]。夫天之有天下也，将无已异此[④]。今若处大国则攻小国。处大都则伐小都[⑤]，欲以此求福禄于天，福禄终不得，而祸祟必至矣。然有所不为天之所欲，而为天之所不欲，则夫天亦且不为人之所欲，而为人之所不欲矣。人之所不欲者何也？曰疾病祸祟也。若已不为天之所欲，而为天之所不欲，是率天下之万民以从事乎祸祟之中也。故古者圣王明知天鬼之所福[⑥]，而辟天鬼之所憎[⑦]，以求兴天下之利，而除天下之害。是以天之为寒热也节[⑧]，四时调[⑨]，阴阳雨露也时，五谷孰[⑩]，六畜遂[⑪]，疾菑戾疫凶饥则不至[12]。”是故子墨子曰：“今天下之君子，中实将欲遵道利民，本察仁义之本，天意不可不慎也。

墨子发明的连弩之车

【注释】

①辟：同“譬”。辟之：譬如。无以异：没有区别。

②臣国万民：指臣民。为：做。

③诛罚：惩罚。

④无已异：即“无以异”。已：通“以”。

⑤都：城邑，此指卿大夫之封邑。

⑥所福：所要赐福的。

⑦辟：通“避”。

⑧节，有节度。

⑨时：适时。

⑩孰：同“熟”。

⑪遂：顺利生长。

⑫菑：即“灾”字。戾疫：瘟疫。凶饥：饥荒。

【译文】

天子据有天下，譬如国君诸侯拥有国家，没有什么不同的。如今国君诸侯拥有国家，岂能让他的臣民相互做对人不利的事呢？现今如果处大国之位却去攻打小国，处大家之位却去扰乱小家，想以此求得天的赏识和赞誉，不仅最终得不到，而诛戮惩罚必然要降临。上天有天下，与此没有分别。现在若处大国的去攻打小国，处大都的去讨伐小都，还想以此向上天求福禄，不仅最终得不到，而灾祸必定要降临。人们不去做天想做的事，反而做天不想要的事，那么天也将不做人想做的事；而去做人不想要的事了。人不想要的事是什么呢？是疾病和灾祸。如果自己不去做天喜欢的事，而去做天不喜欢的事，这是带领天下万民陷身灾祸之中啊！所以古代的圣王明确知道怎样获得上天鬼神对自己的保护，而避免做上天鬼神所憎恶的事，以此求得兴天下之利，除天下之害。因此上天使寒热有节度，四季调和，阴阳有序，雨露适时，五谷丰登，六畜兴旺，疾病、灾难、瘟疫、饥荒都不会发生。”所以墨子说：“现在天下的君子，内心真的想遵循先王之道而使民得利，从根本上去推求仁义之本，对天意就不能不顺从啊！

【原文】

且夫天下盖有不仁不祥者[①]，曰当若子之不事父[②]，弟之不事兄，臣之不事君也，故天下之君子，与谓之不祥者[③]。今夫天兼天下而爱之，撽遂万物以利之[④]，若豪之末[⑤]，非天之所为也，而民得而利之，则可谓否矣[⑥]。然独无报夫天，而不知其为不仁不祥也。此吾所谓君子明细而不明大也。

且吾所以知天之爱民之厚者有矣。曰[⑦]：以磨为日月星辰，以昭道之[⑧]；制为四时春秋冬夏，以纪纲之[⑨]；雷降雪霜雨露，以长遂五谷麻丝[⑩]，使民得而财利之；列为山川溪谷[⑪]，播赋百事[⑫]，以临司民之善否[⑬]；为王公侯伯，使之赏贤而罚暴，贼金木鸟兽[⑭]，从事乎五谷麻丝，以为民衣食之财，自古及今，未尝不有此也。今有人于此，讙若爱其子[⑮]，竭力单务以利之[⑯]，其子长，而无报子求父[⑰]，故天下之君子与谓之不仁不祥。今夫天兼天下而爱之，撽遂万物以利之，若豪之末，非天之所为，而民得而利之，则可谓否矣。然独无报夫天，而不知其为不仁不祥也，此吾所谓君子明细而不明大也。

【注释】

①盖：大概。祥：善。

②曰：表示下边举出理由。

③与：同“举”，都。

④撽：持。遂：成。撽遂万物：育成万物。

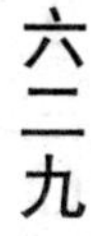

⑤豪之末：秋天鸟身上长的绒毛的末端，称毫毛。豪：通“毫”。

⑥否：俞樾注：“‘否’字义不可通，乃‘后’字误。‘后’读为厚。‘后’、‘厚’古通用。

⑦曰：就是说。

⑧昭：明。道：引导、指示。

⑨纪纲：常规、法度。

⑩长遂：长成。

⑪列：分。

⑫播：布。赋：同“敷”。百事：百官。

⑬临：察视。司：通“治”。否：不好。

⑭贼：孙诒让注：“当为赋，形近而误。”赋：赋敛。

⑮若：形容词词尾，“……的样子”。

⑯单：通“殚”，尽。务：努力从事。

⑰此句苏时学注当云：“其子长而无报乎父。”

【译文】

天下大概有一种不仁不善的人，那就是做人子的不侍奉父亲，做弟弟的不侍奉兄长，做臣子的不侍奉国君。所以天下的君子称他为不善的人。今上天兼爱天下的人，育成万物使民得利。即使细如毫毛的东西，也无不是上天造就的，人民得到的好处可说是很多的了，然而竟不知报答上天，也不知这是不仁不善。这就是我所说的君子只知小而不知大。

我之所以知道天爱百姓是如此深厚，是有理由的：上天分开日月星辰，让它给人民光明和指示；制定春夏秋冬四时，以为纲纪常度；降下雪霜雨露，让五谷丝麻长成，使人民得到财利；分列出山川溪谷，广设百官，以便察视治民的好与不好，然后封王公侯伯，叫他们赏贤罚暴；征收金木鸟兽，从事五谷丝麻，以此作为百姓的衣食之财。从古到今，未尝不都是这样。现在假使此地有一个人，喜爱他的儿子，竭尽全力做事使儿子得利，而儿子长大后却不报答他的父亲，于是天下君子都说他不仁不义。而上天兼爱天下的人民，育成万物使人民得好处，即使是细如毫毛的东西，也无不是上天所造就，人们得到的好处可说是很多的了，然而竟不知报答那上天，也不知道这是不仁不义。这就是我所说的君子只知小而不知大的缘故。

【原文】

且吾所以知天爱民之厚者，不止此而足矣[①]。曰杀不辜者，天予不祥。不辜者谁也？曰人也[②]。予之不祥者谁也？曰天也。若天不爱民之厚，夫胡说人杀不辜，而天予之不祥哉[③]？此吾之所以知天之爱民之厚也。且吾所以知天之爱民之厚者，不止此而已矣。曰爱人利人，顺天之意，得天之赏者有之；憎人贼人，反天之意，得天之罚者亦有矣。夫爱人利人，顺天之意，得天之赏者，谁也？曰：若昔三代圣王尧舜禹汤文武者是也。尧舜禹汤文武，焉所从事[④]？曰：从事兼，不从事别。兼者，处大国不攻小国，处大家不乱小家，强不劫弱，众不暴寡，诈不谋愚，贵不傲贱；观其事，上利乎天，中利乎鬼，下利乎人，三利无所不利，是谓天德[⑤]。聚敛天下之美名而加之焉，曰：此仁也，义也。爱人利人，顺天之意，得天之赏者也。不止此而已，书于竹帛，镂之金石，琢之槃盂[⑥]，传遗后世子孙，曰：将何以为[⑦]？将以识夫爱人利人，顺天之意，得天之赏者也。《皇矣》道之曰[⑧]：'帝谓文王，予怀明德[⑨]，不大声以色[⑩]，不长夏以革[⑪]，不识不知，顺帝之则[⑫]。'帝善其顺法则也，故举殷以赏之[⑬]，使贵为天子，富有天下，名誉至今不息。故夫爱人利人，顺天之意，得天之赏者，既可得留而已[⑭]。

【注释】

①止：只。足："已"字之误。

②曰：答。表示自问自答。

③胡说：为什么说。胡：何。

④焉：何。焉所从事：做什么事。

⑤天德：得天之德。

⑥槃：通“盘”。

⑦何以为：有什么用。

⑧《皇矣》：《诗经·大雅》篇名。

⑨怀：思念。明德：指明德之人。此指文王。

⑩不大声以色：说话不虚张声势。

⑪诸夏指华夏民族，与夷狄对称。

⑫帝：天帝。则：法则。

⑬殷：商王朝。

⑭既可得留而已：根据下段同一句型，此处应作“既可得而知也。”意思是：得到的结果可想而知了。

【译文】

我所以知道天爱民深厚，不止这些理由而已。比如说杀无辜的，天就给他惩罚。无辜者是谁呢？是人。给人惩罚的是谁呢？是天。如果天爱民不深厚，那为什么有人杀无辜，天就要给他惩罚呢？这是我知道天爱民深厚的缘故。我所以知道天爱民深厚，不只这些理由而已。比如说，爱人利人，顺从天意，得天赏赐的人有之；憎人害人，违反天意，受天惩罚的人也有之。那爱人利人，顺从天意得天赏赐的人是谁呢？是从前的三代圣王唐尧、虞舜、夏禹、商汤、周文王、武王等。尧舜禹汤文武实行什么呢？实行兼爱别人，不实行别。所谓兼，就是居于大国的地位不去进攻小国，居于大家的地位不去扰乱小家；强大的不侵夺弱小的，人多的不伤害人少的，巧诈的不算计愚笨的，高贵的不傲视低贱的。观察他们的行事，上有利于天，中有利于鬼神，下有利于人民。有这三利，无所不利，这就叫得天之德。收集天下的美名加在他们头上，指明“这就是仁，这就是义，是爱人利人，顺从天意，得到上天赏赐的人”。不仅如此，还要写到竹帛史书上，镂刻在金石上，雕琢在盘盂中，留传给后代子孙。也许有人会问：这有什么用呀？这将使子孙知道，爱人利人，顺从天意，就会得到天的赏赐。《皇矣》曾说过：‘天帝告诉文王，我只怀念明德之君。你不大声说话虚张声势，不只尊诸夏而轻易更改法度，好像不识古，不知今，只顺着天帝的法则而行。’天帝因为喜欢文王顺着法则行事，所以把商王朝赏给他，使他贵为天子，富有天下，名声荣誉至今不衰。由此看来那爱人利人，顺从天意，得天赞赏的人，其结果就可想而知了。

【原文】

”夫憎人贼人，反天之意，得天之罚者谁也？曰若昔者三代暴王桀纣幽厉者是也。桀纣幽厉焉所从事？曰从事别，不从事兼。别者，处大国则攻小国，处大家则乱小家，强劫弱，众暴寡，诈谋愚，贵傲贱。观其事，上不利乎天，中不利乎鬼，下不利乎人，三不利无所利，是谓天贼[①]。聚敛天下之丑名而加之焉，曰此非仁也，非义也。憎人贼人，反天之意，得天之罚者也。不止此而已，又书其事于竹帛，镂之金石，琢之槃盂，传遗后世子孙。曰：将何以为？将以识夫憎人贼人，反天之意，得天之罚者也。《大誓》之道之曰[②]：‘纣越厥夷居[③]，不肎事上帝[④]，弃厥先神祇不祀[⑤]，乃曰：吾有命[⑥]。无廖僔务[⑦]，天下[⑧]，天亦纵弃纣而不葆[⑨]。’察天以纵弃纣而不葆者，反天之意也。故夫憎人贼人，反天之意，得天之罚者，既可得而知也。”

【注释】

①天贼：天之祸害。贼：作动词，指危害，作名词，指祸害。

②《大誓》：大；即“太”。太誓，指《尚书》中的篇名。

③越厥：发语词，无实义。夷居：意即纣实行夷虐暴政。夷：消灭。居：疑为“虐”之误。

④肎：古“肯”字。

⑤厥：其。先：祖先。祇：地神。

⑥吾有命：吾有天命。

⑦无廖惧务：此句在墨子《非命》上篇引为“无谬排漏”，《非命》中篇引

为"毋谬其务"。在伪孔书中则引为"罔惩其侮"。毕沅认为"廖谬"二字是惩字之误，"傅"字是其字之讹。江声云："谬，读为戮力'戮'。"句意为纣不努力事神，也不警戒自己的过失，即不悔改。

⑧天下：毕沅疑此二字为衍文。

⑨纵弃：放弃，遗弃。葆：保。

【译文】

"那憎恨人危害人，违反天意，而受到上天惩罚的又是谁呢？是从前三代的暴王，夏桀、商纣、周幽王、厉王。桀纣幽厉实行什么呢？答：他们从事别，不从事兼。别，就是处大国还去攻打小国，处大家还去扰乱小家，强大的侵夺弱小的，人多的伤害人少的，巧诈的谋算愚笨的，显贵的傲视低贱的。观察他们做的事，上不利于天，中不利于鬼神，下不利于人民，三不利，就什么利也没有，这就叫天之祸害。收集天下的丑名加到他们头上，指出这就是不仁不义，憎恨人危害人，违反天意，受到上天惩罚的人。不仅如此，又把他写在竹帛史书上，镂刻在金石上，雕琢在盘盂中，留传给后代子孙。也许有人会问：将有什么用呀？将使子孙知道，憎恨人危害人，违反天意，就会受到上天惩罚。《太誓》说：'商纣王实行灭绝人性的暴政，不肯事奉上帝，弃其祖先与天地神灵不祭祀，竟然说：我有天命。不警戒自己的过失，于是上天也遗弃他，不保佑他。'天之所以遗弃纣王不保佑他，是因为他违反天意。所以憎恨人危害人，违反了天意，受到天的惩罚，其结果就可想而知了。"

【原文】

是故子墨子之有天之[①]，辟人无以异乎轮人之有规[②]，匠人之有矩也。今夫轮人操其规，将以量度天下之圜与不圜也[③]。曰："中吾规者谓之圜[④]；不中吾规者谓之不圜。"是以圜与不圜，皆可得而知也。此其故何？则圜法明也[⑤]。匠人亦操其矩，将以量度天下之方与不方也，曰："中吾矩者谓之方，不中吾矩者谓之不方。"是以方与不方，皆可得而知之。此其故何？则方法明也。故子墨子之有天之意也，上将以度天下之王公大人为刑政也，下将以量天下之万民为文学[⑥]，出言谈也[⑦]。观其行，顺天之意，谓之善意行；反天之意，谓之不善意行。观其言谈，顺天之意，谓之善言谈；反天之意，谓之不善言谈。观其刑政，顺天之意，谓之善刑政；反天之意，谓之不善刑政。故置此以为法，立此以为仪[⑧]，将以量度天下之王公大人卿大夫之仁与不仁，譬之犹分黑白也。是故子墨子曰："今天下之王公大人士君子，中实将欲遵道利民，本察仁义之本，天之意不可不顺也。顺天之意者，义之法也[⑨]。"

【注释】

①有：认为。天之：即天志。

②辟：同"譬"。规：圆规。

③圜：同"圆"，下同。

④中：符合。

⑤圜法明：圆的标准明确。法：法则，标准。

⑥为文学：作文。

⑦出言谈：发表言论。

⑧仪：准则。

⑨法：法则。

【译文】

因此墨子认为天有意志，好比做车轮的工人有圆规，木匠有曲尺，没有什么不同。今轮人拿着他的圆规，将用来度量天下圆与不圆，说："符合我圆规的就是圆的，不符合我圆规的就是不圆的。"因此圆与不圆，都能知道。这是什么原因？是圆的标准明确啊！匠人也拿着他的曲尺，将用来量度天下方与不方，说："符合我的矩的就是方的，不符合我的矩的就是不方的。"因此方与不方，都能知道。这是什么原因？是方的标准明确啊！所以墨子认为天的意志，对上将用来衡量天下王公大人治理刑事政治的情况，对下将用来衡量万民写作文章，发表言论的情况。观察他们的行为，顺从天意的，称为好的德行；违反天意的，称为不好的德行。观察他们的言论，顺从天意的，称为好的言论；违反天意的，称为不好的言论。观察他们的政治，顺从天意的，称为好的政治；违反天意的，称为不好的政治。所以设此作为法则，立此作为标准，将用来衡量天下的王公大人、卿、大夫仁还是不仁，就好比区分黑与白一样。因此墨子说："现在天下的王公大人士君子，内心真的想遵循圣王之道以利于民，从根本上考察仁义之本，那么天意不能不顺从。顺从天意，就是义的标准。"

【评析】

在墨子生活的年代，战争频繁，人乱不得治，自己身份低微只能求助于上天和鬼神来协助他们治理好国家，因此，他提出了著名的"天志"说，其实他的很多思想都是建立在这个基础上的。"故子墨子之有天之意也，上将以度天下之王公大人为刑政也，下将以量天下之万民为文学、出言谈也。"从这句话中我们可以知道墨子所提倡的"天志"就是用来作为王公大人和天下万民言行的尺度的。墨子认为只有"天志"才是人类行为的客观标准。

【故事阐微】

改邪归正成就大事

周处是西晋时期人，少年时期曾横行乡里，被乡亲们是为一大祸患。他特别喜欢打猎，不拘小节，纵情私欲，祸害乡里。有一次，他对邻居说："今年是个丰收年，大家应该高兴才是，怎么都哭丧个脸？"乡亲们对他说："不出三害，怎么高兴的起来呢？"周处问："有那三害呢？"人们告诉他："南山上的白额虎，长桥河里的蛟龙，加上你，就是三害。"周处听了心里咯噔一下，原来自己是如此的可恶呀！他决定改过自新，说道："我先把两害除掉，再来见你们。"

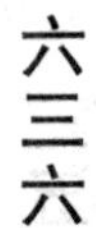

从此周处开始出害。他先杀了南山上的白额虎，又在河里与蛟龙大战了三天三夜，人们以为周处被蛟龙吃了呢，都在庆贺，周处杀了蛟龙回到村里，听到这种情况，心里难受极了，他真正感到了人们对他的厌恶，于是他悄悄地离别了老家，到了吴地，找到了自己过去的好友陆云，伤心地说："我现在也想学好，可是已经蹉跎了多年，恐怕来不及了。"陆云说："古人提倡朝闻夕改，你的前途是光明的，只要你自己下定决心，还怕讲来出不了名吗?"听了好友的一番话，周处下定决心，处处严格要求自己，勤奋学习，言行有信。由于他的言己正身，所以屡被升迁，最后官至御史中丞。

天志（下）

【题解】

《天志》下篇的前半部分在上篇、中篇大致已有论述。后半部分着重论证何以说天之意在兼爱百姓，尤其反对侵略战争。有些文字接近《非攻》上篇。文章指出，凡不与其劳而获其实，非其有而取之者，都应受到处罚与谴责。这就从劳动理论和所有权方面阐明了掠夺行为的非正义性。

【原文】

子墨子言曰："天下之所以乱者，其说将何哉？则是天下士君子，皆明于小而不明于大。"何以知其明于小不明于大也？以其不明于天之意也。何以知其不明于天之意也？以处人之家者知之。今人处若家得罪，将犹有异家所，以避逃之者。然且父以戒子，兄以戒弟，曰："戒之！慎之！处人之家，不戒不慎之，而有处人之国者乎?"今人处若国得罪，将犹有异国所，以避逃之者矣。然且父以戒子，兄以戒弟，曰："戒之！慎之！处人之国者，不可不戒慎也。"今人皆处天下而事天，得罪于天，将无所以避逃之者矣。然而莫知以相极戒[1]也。吾以此知大物则不知者也。

【注释】

①极戒：应该是“儆戒”。

【译文】

墨子说：“天下之所以会混乱，究竟是为什么呢？就是因为天下的士人君子只懂得小义而不懂得大义。”何以知道他们只懂得小义而不懂得大义呢？就是因为他们不能明白天意。为什么知道他们不能明白天意呢？从他们处身于家就可以得知。假若一个人在家里得罪了家长，还有其他家庭可以逃避。但是即使这样，父亲依然告诫儿子，兄长依然告诫弟弟说：“要警戒啊！要谨慎啊！在家里尚且不警戒、不谨慎，还能安身于国家吗?”现在一个人如果在某个国家获罪，那他还有其他国家可以逃避。但是即使这样，父亲依然告诫儿子，兄长依然告诫弟弟，说：“要警戒啊！要谨慎啊！在国家里不能不警戒谨慎啊!”现在人们都安身于天下，都侍奉上天，得罪了上天，就没有逃避的地方了。但是却不知道要互相警诫，我由此就可以知道他们对大的事物是无知的。

【原文】

是故子墨子言曰：“戒之慎之，必为天之所欲，而去天之所恶。”曰：天之所欲者，何也？所恶者，何也？天欲义而恶其不义者也。何以知其然也？曰：义者，正也。何以知义之为正也？天下有义则治，无义则乱，我以此知义之为正也。然而正者，无自下正[①]上者，必自上正下。是故庶人不得次[②]己而为正[③]，有士正之；士不得次己而为正，有大夫正之；大夫不得次己而为正，有诸侯正之；诸侯不得次己而为正，有三公正之；三公不得次己而为正，有天子正之；天子不得次己而为政，有天正之。今天下之士君子，皆明于天子之正天下也，而不明于天之正天子也。是故古者圣人明以此说人，曰：“天子有善，天能赏之；天子有过，天能罚之。”天子赏罚不当，听狱不中，天下疾病祸福，霜露不时，天子必且犓豢其牛羊犬彘，洁为粢盛[④]酒醴[⑤]。以祷祠祈福于天，我未尝闻天之祷祈福于天子也。吾以此知天之重且贵于天子也。是故义者不自愚且贱者出，必自贵且知者出。曰：谁为知？天为知。然则义果自天出也。

【注释】

①正：作动词用，匡正的意思。

②次：同“恣”，恣睢、放肆的意思。

③正：同“政”，从事、做的意思。

④粢盛：指稷和粟米。粢盛指盛在祭器中的谷米。

⑤醴：指甜酒。

【译文】

所以墨子说：“警戒和谨慎，一定要做上天所喜欢的。一定要去除上天所憎恶的。”说：上天喜欢的，那是什么呢？上天憎恶的，那又是什么呢？上天喜欢义而憎恶不义的。怎么知道是这样的呢？回答说：所谓的义，就是正气的东西。那又是怎么知道义就是正气的东西呢？因为天下有了义就可以安治，没有义就会混乱，我由此知道义就是正气的东西。但是正气的东西，没有由下级匡正上级的，一定是由上级匡正下级的。所以庶人不能放肆地去做事，有士人匡正他们；士人不能放肆地去做事，有大夫匡正他们；大夫不能放肆地去做事，有诸侯匡正他们；诸侯不能放肆地去做事，有三公匡正他们；三公不能放肆地去做事，有天子匡正他们；天子不能放肆地去做事，有上天匡正他。现在天下的士人君子，对天子匡正天下都很明白，但不明白上天匡正天子。所以古代的圣人阐明这个道理告诉人们说：“天子做了好事，上天会赏赐他；天子犯了过错，上天能惩罚他。”天子赏赐和处罚不当，审判案件不准确，天就会降下疾病、祸殃，降霜和打露就会不按时序，天子一定要豢养牛羊猪狗、洁净盛在祭器中的谷物和所酿的甜酒，用以祭祀上天并向上天祈福，我从来没有听说过上天要祭祀天子并向天子祈福的。我由此知道上天比天子更庄重而且更高贵。所以，义并不是从愚鲁卑贱的人中间产生，而一定是从高贵而且智慧的人中间产生。那么谁才是真正智慧的呢？上天就是智慧的。那么义一定是从上天产生的了。

【原文】

今天下之士君子之欲为义者，则不可不顺天之意矣！曰：顺天之意何若？曰：兼爱天下之人。何以知兼爱天下之人也？以兼而食之也。何以知其兼而食之也？自古及今，无有远灵孤夷之国，皆犓豢[①]其牛羊犬彘，洁为粢盛酒醴，以敬祭祀上帝、山川、鬼神，以此知兼而食之也。苟兼而食焉，必兼而爱之。譬之若楚、越之君：今是楚王食于楚之四境之内，故爱楚之人；越王食于越，故爱越之人。今天兼天下而食焉，我以此知其兼爱天下之人也。

【注释】

①犓豢：豢养的牲畜。

【译文】

现在天下想要行义的士人君子，就一定要顺从天意了。问：怎么样做才算是顺从天意呢？回答说：兼爱所有的天下人。怎么知道上天是兼爱所有的天下人的？由上天享用所有人的祭品这一点就可以知道。那又是怎么知道上天享用所有人的祭品呢？从古到今，无论任何一个遥远偏僻的国家，都要豢养牛羊猪狗、洁净盛在祭器中的谷物和所酿的甜酒，用以祭祀上帝、山川、鬼神，从这一点可以知道上天享用所有人的祭品。只要是享用所有人的祭品，那一定是兼爱所有人。就比如越国、楚国的国君：现在楚国国君享食整个楚国，所以爱楚国的人民；越国的国君享食整个越国，所以爱越国的人民。现在上天享用所有人的祭品，我由此就知道上天是兼爱所有天下人的。

【原文】

且天之爱百姓也，不尽物[①]而止矣。今天下之国，粒食之民，杀一不辜者，必有一不详[2]。曰："谁杀不辜？"曰："人也。""孰予之不辜[3]？"曰："天也。"若天之中实不爱此民也，何故而人有杀不辜，而天予之不祥哉？且天之爱百姓厚矣，天之爱百姓别矣，既可得而知也。何以知天之爱百姓也？吾以贤者之必赏善罚暴也。何以知贤者之必赏善罚暴也？吾以昔者三代之圣王知之。故昔也三代之圣王，尧、舜、禹、汤、文、武之兼爱之天下也，从而利之，移其百姓之意焉，率以敬上帝、山川、鬼神。天以为从其所爱而爱之，从其所利而利之，于是加其赏焉，使之处上位，立为天子以法[4]也，名之曰圣人。以此知其赏善之证。是故昔也三代之暴王桀、纣、幽、厉之兼恶天下也，从而贼之，移其百姓之意焉，率以诟侮上帝、山川、鬼神。天以为不从其所爱而恶之，不从其所利而贼之，于是加其罚焉，使之父子离散，国家灭亡，抎[5]失社稷，忧以及其身。是以天下之庶民属而毁之。业万世子孙继嗣，毁之贲[6]，不之废也，名之曰失王[7]。以此知其罚暴之证。今天下之士君子欲为义者，则不可不顺天之意矣。

【注释】

①不尽物：应该为"不尽此"，"不只这样"的意思。

②详：同"祥"，吉祥。

③不辜：根据上文，这里应该是"不祥"。

④以法：应该是"以为仪法"，脱二字。

⑤抎：有所失。

⑥失王：应该是"暴王"。

⑦贲：应该是"者"。

【译文】

而且上天对老百姓的爱，不仅仅就这样。现在天下的每一个国家，吃粮食的生民，凡是杀害一个无辜者，就一定会有一个不祥。问："谁杀了无辜者？"回答说："人杀的。"问："谁给杀人者不祥？"回答说："是上天。"如果上天心中确实不喜爱这个子民，那为什么一旦有人杀害了无辜者，上天就会降予不祥呢？而且上天爱护百姓的深厚、上天爱护百姓的普遍，我们都是可以知道的。怎么知道上天是爱护百姓的呢？我是根据贤能的人一定都是赏赐好人、惩罚暴徒而得知的。那又是怎么知道贤能的人都是赏赐好人、惩罚暴徒的呢？我是根据三代圣王而得知的。以前三代圣王，比如尧、舜、禹、商汤、文王、武王都是兼爱天下的，从而有利于人民，使百姓受到潜移默化的影响，率领百姓敬祀上帝、天地、鬼神。上天认为他们是根据他所爱的而爱人，根据他所利的而利人，所以就对他们加以赏赐，让他们处在上位，把他们立为天子，并以此为法度标准，把他们称为圣人。这就是上天赏赐好人的明证了。所以三代的暴君夏桀、商纣、周幽王、周厉王兼恶天下，从而为害人民，转移老百姓的心性，率领百姓诟骂侮慢上帝、山川、鬼神。上天认为他们不根据他所爱的去爱人却反而是憎恶人，不根据他所利的去利人却反而为害于人，所以对他们加以惩罚，使他们父子离散，国家灭亡，社稷丧失，并且忧及他们自身。所以天下的人民，接连地毁骂他们，即使历经万世子孙继嗣，人们依然毁骂他们，并他们叫作暴王。这就是上天惩罚暴徒的明证了。所以现在想要行义的士人君子，就不能不顺从天意了。

【原文】

曰：顺天之意者，兼也；反天之意者，别也。兼之为道也，义正[①]；别之为道也，力正[②]。曰："义正者何若?"曰：大不攻小也，强不侮弱也，众不贼寡也，诈不欺愚也，贵不傲贱也，富不骄贫也，壮不夺老也。是以天下之庶国，莫以水火、毒药、兵刃以相害也。若事上利天，中利鬼，下利人，三利而无所不利，是谓天德。故凡从事此者，圣知也，仁义也，忠惠也，慈孝也，是故聚敛天下之善名而加之。是其故何也？则顺天之意也。曰："力正者何若?"曰：大则攻小也，强则侮弱也，众则贼寡也，诈则欺愚也，贵则傲贱也，富则骄贫也，壮则夺老也。是以天下之庶国，方以水火、毒药、兵刃以相贼害也。若事上不利天，中不利鬼，下不利人，三不利而无所利，是谓之贼[③]。故凡从事此者，寇乱也，盗贼也，不仁不义，不忠不惠，不慈不孝，是故聚敛天下之恶名而加之。是其故何也？则反天之意也。

【注释】

①正：同“政”。

②力正：即“力政”，指暴力政治。

③之贼：应该是“天贼”。

【译文】

顺从天意的，叫作“兼”；违反天意的，叫作“别”。用“兼”为政的，就是道义政治，用“别”为政的，就是暴力政治。问：“道义政治应该是什么样子的？”回答说：大的不攻打小的，强的不轻侮弱的，人多的不为害人少的，狡诈的不欺骗愚鲁的，高贵的不傲视低贱的，富裕的不轻视贫困的，年壮的不抢夺年老的。所以天下的众多国家，都不会用水火、毒害、兵刃互相为害。如果于上有利于上天，于中有利于鬼神、于下有利于人民，三方面都有利而没有不利，那就是所谓的天德了。所以凡是从事这些方面的，是圣智、是仁义、是忠惠、是孝慈，所以天下的好名声都齐聚起来，累加到他头上。这是为什么呢？就是顺从上天的旨意了。“暴力政治又是什么样的呢？”回答说：大的攻打小的，强的轻侮弱的，人多的为害人少的，狡诈的欺骗愚鲁的，高贵的傲视低贱的，富裕的轻视贫困的，年壮的抢夺年老的。所以天下的众多国家，都用水火、毒害、兵刃互相为害。如果于上不利于上天，于中不利于鬼神、于下不利于人民，三方面都只有不利而没有利益，那就是所谓的天贼了。所以凡是从事这些方面的，是寇乱，是盗贼，是不仁不义，是不忠不惠，是不慈不孝，所以天下的坏名声都齐聚起来，累加到他头上。这是为什么呢？就是违背上天的旨意了。

【原文】

故子墨子置立天之[①]，以为仪法，若轮人之有规，匠人之有矩也。今轮人以规，匠人以矩，以此知方圜之别矣。是故子墨子置立天之，以为仪法，吾以此

知天下之士君子之去义远也！何以知天下之士君子之去义远也？今知氏[②]大国之君宽者然[③]曰："吾处大国而不攻小国，吾何以为大哉？"是以差论蚤牙[④]之士，比列其舟车之卒，以攻罚[⑤]无罪之国，入其沟境[⑥]，刈其禾稼，斩其树木，残其城郭以御[⑦]其沟池，焚烧其祖庙，攘杀其牺牷。民之格者则到拔之，不格者则系操而归，丈夫以为仆圉[⑧]、胥靡[⑨]，妇人以为舂、酋[⑩]。则夫好攻伐之君，不知此为不仁义，以告四邻诸侯曰："吾攻国覆军，杀将若干人矣。"其邻国之君，亦不知此为不仁义也，有[⑪]具其皮币，发其緫处，使人飨贺焉。则夫好攻伐之君，有重不知此为不仁不义也，有书之竹帛，藏之府库。为人后子者，必且欲顺其先君之行，曰："何不当发吾府库，视吾先君之法美[⑫]？"必不曰文、武之为正者若此矣，曰"吾攻国覆军，杀将若干人矣。"则夫好攻伐之君不知此为不仁不义也，其邻国之君，不知此为不仁不义也，是以攻伐世世而不已者。此吾所谓大物则不知也。

【注释】

①天之：应该为"天志"。

②今知氏："知"是衍文，应该删去；"氏"应作"是"，所以"今知氏"应该是"今是"。

③宽者然："者"是衍文。应该是"宽然"；"宽"应该是"嚣"的借字。"宽然"应作"嚣然"，即很嚣张的样子。

④蚤牙：应该是"爪牙"，爪牙之士，指士兵、军队。

⑤攻罚：应该是"攻伐"。

⑥沟境：应该是"边境"。

⑦御：应该是"抑"，即"堙"，堵塞的意思。

⑧圉：古代称养马的为圉。

⑨胥靡：古代指服劳役的刑徒。

⑩酋：古代指从事造酒、掌酒的女仆。

⑪有：通"又"。

⑫法美：应该是“法仪”。

【译文】

所以墨子把天志设立为法度标准，这就好像是做车轮的人有了圆规，木匠有了方尺。现在做车轮的人使用圆规，木匠使用方尺，由此就可以知道方和圆的区别了。所以墨子把天志设立为法度标准，我由此知道天下的士人君子，跟义的距离还是非常之远的。怎么得知天下的士人君子跟义的距离还很遥远呢？现在的大国国君都很嚣张地说：“我作为大国，如果不攻打小国，那我还算什么大呢？”所以派遣军队，阵列他们的战船兵车士卒，攻打无罪的国家，进入他们国境，抢掠收割那里的庄稼，砍伐他们的树木，毁坏那里的城郭以堵塞那里的城沟，烧毁那里的祖庙，屠杀那里的牲口。人民反抗的，就割断他们的脖子，不反抗的，就把他们绑起来抓回去，男的充当马夫、劳役的刑徒，女的充当舂米酿和造酒、酿酒的家奴。喜好攻打侵略的国君，不知道这是不仁义的行为，反而去告诉四邻的诸侯说：“我攻打下其他国家，覆灭他们的军队，杀死了将领多少多少人。”他四邻那些国家的国君，也不知道这是不仁义的行为，又准备皮币，派遣车队，派人前去进献庆贺。这样一来，喜好攻打侵略的国君，就更不知道这样做是不仁义的了，又把这些事写在竹帛上，藏在府库中。作为后代子孙的，一定要顺从他们先辈的行为，说：“为什么不打开我的府库，看看我们先辈所遗留的仪法标准？”一定不会说文王、武王施政就是这样了——说：“我攻打下其他国家，覆灭他们的军队，杀死将领多少多少人。”喜好攻打侵略的国君，不知道这是不仁义的行为，四邻那些国家的国君，也不知道这是不仁义的行为，所以攻打侵伐世世代代不停止。这就是为什么我说他们对大的事物是很无知的。

【原文】

所谓小物则知之者，何若？今有人于此，入人之场园，取人之桃李瓜姜者，上得且罚之，众闻则非之。是何也？曰：不与其劳，获其实，已非其有所取之故。而况有逾于人之墙垣，担[①]格[②]人之子女者乎！与角[③]人之府库，窃人之金玉蚤累[④]者乎！与逾人之栏牢。窃人之牛马者乎！而况有杀一不辜人乎！今王公大人之为政也，自杀一不辜人者，逾人之墙垣，担格人之子女者，与角人之府库，窃人之金玉蚤累者，与逾人之栏牢，窃人之牛马者，与入人之场园，窃人之桃李瓜姜者，今王公大人之加罚此也，虽古之尧、舜、禹、汤、文、武之为政，亦无以异此矣。今天下之诸侯，将犹皆侵凌攻伐兼并，此为杀一不辜人者数千万矣！此为逾人之墙垣，格人之子女者，与角人府库，窃人金玉蚤累者数千万矣！逾人之栏牢，窃人之牛马者，与入人之场园，窃人之桃李瓜姜者数千万矣！而自曰："义也！"故子墨子言曰："是蕡[⑤]我者，则岂有以异是蕡黑白、甘苦之辩者哉！"今有人于此，少而示之黑，谓之黑，多示之黑，谓白。必曰："吾目乱，不知黑白之别。"今有人于此，能少尝之甘谓甘，多尝谓苦，必曰："吾口乱，不知其甘苦之味。"今王公大人之政也，或杀人，其国家禁之。此蚤越有能多杀其邻国之人，因以为文[⑥]义。此岂有异蕡黑白、甘苦之别者哉！

【注释】

①担：取、掠夺。

②格：拘执、捉拿。

③角：应该是"穴"字，作动词，钻洞、钻穿的意思。

④蚤累：应该是"布缲"，即布帛。

⑤蕡：同"棼"，纷乱的意思。

⑥文：应该是"之"字。

【译文】

所谓只知道小事物的人，又是怎么样的呢？现在有这么一个人，进入别人的菜园，偷窃别人的桃子、李子、瓜菜、生姜之类的东西，上级得悉就会惩罚他，众人知道了也就会非议他。这是为什么呢？回答说："不参加劳动，却获得了劳动果实，因为不是他自己的却窃取劳动果实的缘故。况且还有人翻越人家的围墙，捉拿掠夺人家的子女的！还有打穿别人的府库，偷窃别人的金玉布帛的！还有翻越人家的牛栏马厩，偷盗人家牛马的！何况还有杀害一个无辜者的呢！现在王公大人施政，自己杀害了无辜者，对翻越人家的围墙，捉拿掠夺人家的子女的，对打穿别人的府库，偷窃别人的金玉布帛的，对翻越人家的牛栏马厩，偷盗人家牛马的，对进入别人的菜园，偷窃别人的桃子、李子、瓜菜、生姜的，王公大人都对他们加以惩罚，即使是古代的尧、舜、禹、商汤、文王、武王跟这也没什么不同。现在天下的诸侯，都互相侵凌攻伐兼并，这跟杀害一个无辜者比起来就严重数千万倍了！这跟翻越人家的围墙，捉拿掠夺人家的子女，跟打穿别人的府库，偷窃别人的金玉布帛比起来也严重数千万倍！这跟翻越人家的牛栏马厩，偷盗人家牛马，跟进入别人的菜园，偷窃别人的桃子、李子、瓜菜、生姜比起来同样严重数千万倍！但却自己说："这是义的！"所以墨子说："这样来混乱我的学说，跟混乱黑白、甘苦之间的差别的又有什么不同呢！"现在有这么一个人，你给他看少许黑颜色的东西，他就说那是黑的，你给他看很多黑颜色的东西，他就说那是白的。一定会说："我的眼睛迷乱了，看不清黑色和白色之间的差别。"现在有这么一个人，稍微尝一点甘甜的东西，就说那是甘甜的；多尝一点，就说是苦的东西。一定会说，"我的味觉乱套了，分不清甜和苦的味道。"现在的王公大人施政，有人杀人了，在他的国内这是禁止的。大量杀害邻国百姓的，却说这是义的。这跟混乱黑白、甘苦之间分别的，又有什么不同呢！

【原文】

故子墨子置天之以为仪法。非独子墨子以天之志为法也，于先王之书《大夏》[①]之道之然："帝谓文王，予怀明德，毋大声以色，毋长夏以革，不识不知，顺帝之则。"此诰文王之以天志为法也，而顺帝之则也。且今天下之士君子，中实将欲为仁义，求为上士，上欲中圣王之道，下欲中国家百姓之利者，当天之志而不可不察也。天之志者，义之经也。

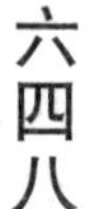

【注释】

①《大夏》：即诗经中的《大雅》。

【译文】

所以墨子把天志立为法仪标准。也不只是墨子把天志立为法仪标准，先王的书《大雅》是这样说的："天帝告诉文王说，我只归向有明德的人，他不大声说话，也不轻易变革，不卖弄自己的见识和智慧，顺从天帝的法则。"这是告诫文王要以天志为法度，顺从天帝的法则。现在天下的士人君子，于中想要行仁义之道，追求做上层的士人，于上想要符合圣王的法度，于下想要符合国家百姓的利益，对天志就不能不详细地体察了。天志，就是义的原则了。

【评析】

墨子认为只有"天志"才是人类行为的客观标准。上帝的意志不但在消极方面限制人们某些事情不能做，并且在积极方面还鼓励人们，某些事情要努力去做，天志希望人有力相营，有道相救，有财相分，这样做的结果就是国家安定、万民团结、经济繁荣、百姓安居乐业。

"天子赏罚不当，听狱不中"，如果天子赏罚不公的话，那么这个国家就会混乱，忠臣不敢言语，小人当道，社稷频临危境。先王之书《大夏》之道之然："帝谓文王，予怀明德，毋大声以色，毋长夏以革，不识不知，顺帝之则。"因此，在做任何事情时都应给顺从上天的旨意，即使是拥有权力的帝王。为了国家的长久发展，也应该挑选有能力的人，而不能为了一己私利，置国家社稷于不顾。

【故事阐微】

吐谷浑王为国禅让

吐谷浑是从东晋到唐初活动于青海高原的一个鲜卑族政权，历辈国王中出现了一些很有作为的人物，而阿柴是其中影响很大的一位。他是吐谷浑国的第九代王，史书上又写作阿柴。

公元418年，阿柴的哥哥树洛干病死，年轻的阿柴便继承了王位，自号骠骑将军、沙州刺史。随之向周围扩张，逐渐强盛起来了。

为了对付强大的西秦，阿柴主动与南朝的刘宋政权取得联系。相传他曾登上西强山（今西顷山）眺望垫江（今白龙江）源头，感叹说："水尚知归，吾虽塞表小国，而独无所归乎？"公元423年二月，他正式派使者到刘宋那里献财物通好。宋少帝很高兴，封阿柴为安西将军、沙州刺史、浇河公、督塞表诸军事。虽然由于各种原因，阿柴没能亲自"拜受"封职就去世了。但是他所开创的联宋抗秦、同时又结好周邻诸国的策略却为吐谷浑的强盛起了很大的作用。刘宋从此也称吐谷浑为"阿柴虏"。吐蕃人则直接称吐谷浑人为"阿柴"，可见其影响是很大的。

阿柴英年早逝。在病中，他召集诸弟子说：他死后不要立他的儿子为王，而应以国家大事为重，立他的同母弟，叔父乌纥提的儿子慕璝为王。在临终时，他又将20个儿子召集在一起，让每人拿一支箭放在地下。先叫弟弟慕利延拿起一支折断，慕利延很轻松地折断了。然后又让他拿起另外的19支箭一齐折，慕利延怎么也折不断。阿柴这才对大家说："汝曹知否？单者易折，众则难摧，勠力一心，然后社稷可固。"他告诫弟子们要团结一致，戮力同心，才能保住国家。这就是历史上有名的"折箭遗教"故事。阿柴讲完后就瞑目辞世了。

据推算，他死时年仅30余岁。他死后，大家按照家训，拥立慕璝为王，苦心经营，吐谷浑王国逐渐走向了兴盛。慕容慕璝也才略过人，他采取多种安邦治国的措施，妥善地安抚了秦州、凉州的贫苦老百姓，并安定羌族、氐族等民族五六百个部落，使下属部众不断增多，国家日益强盛。

而后来土族人在家中供奉神箭之说也是由此而来！

明鬼（下）

【题解】

墨家认为鬼神是确实存在的，并具有赏善罚暴的职能。《明鬼》篇从多方面进行论证，同时回答无鬼的质疑。一、举周宣王、秦穆公、燕简公、宋文公、齐庄公皆曾白日见鬼，以证鬼神乃众人耳目之实；二、以三代圣王敬鬼祭神为例，说明明鬼乃圣王之务；三、授引周书，商书，夏书的记述作为明鬼的文献根据；四、以夏桀、殷纣之亡，说明鬼神能赏贤罚暴；五、敬鬼不妨碍孝亲，祭神也不是浪费。有鬼论属于迷信，然而墨子企图利用鬼神来劝善惩恶，也有其用心良苦的一面。

【原文】

子墨子言曰：逮自昔三代圣王既没，天下失义，诸侯力征。是以存夫为人君臣上下者之不惠忠也，父子弟兄之不慈孝弟长贞良也。正长之不强于听治，贱人之不强于从事也。民之为淫暴寇乱盗贼，以兵刃毒药水火，退无罪人乎道路率径[1]，夺人车马衣裘以自利者并作，由此始，是以天下乱。此其故何以然也？则皆以疑惑鬼神之有与无之别，不明乎鬼神之能赏贤而罚暴也。今若使天下之人偕若信鬼神之能赏贤而罚暴也，则夫天下岂乱哉！

【注释】

①退：当为“迓”，即“御”，有袭击的意思。率径：当读为“术径”，在

古代，术为车行的道路，而径为步行的道路。

【译文】

墨子说：自从当初夏、商、周三代的圣王去世以后，天下就失去了道义，诸侯以武力相征讨。所以出现了君主对于臣子没有恩惠、臣子对君主没有忠心，父对子不慈爱、兄对弟不关心、子对父不孝顺、弟对兄不恭敬的现象。各级行政长官不努力于政事，平民不努力生产。民众中变为淫暴的流寇与混乱的盗贼，用兵器、毒药、水火，在大小道路上袭击无辜的人，抢夺别人的车马衣服来为自己谋得利益的人一起出现，从这时起，天下就大乱了。这是什么原因呢？都是因为人们还疑惑不定于鬼神究竟是有是无，也不了解鬼神能赏贤罚暴。现在如果天下的人都相信鬼神能赏贤罚暴，那么天下怎么还会混乱！

【原文】

今执无鬼者曰："鬼神者固无有。"旦暮以为教诲乎天下，疑天下之众，使天下之众皆疑惑乎鬼神有无之别，是以天下乱。是故子墨子曰：今天下之王公大人士君子，实将欲求兴天下之利，除天下之害，故当鬼神之有与无之别，以为将不可不明察此者也。既以鬼神有无之别，以为不可不察已，然则吾为明察此，其说将奈何而可？子墨子曰：是与天下之所以察知有与无之道者，必以众之耳目之实知有与亡为仪者也。请惑闻之见之[①]，则必以为有，莫闻莫见，则必以为无。若是，何不尝入一乡一里而问之，自古以及今，生民以来者，亦有尝见鬼神之物，闻鬼神之声，则鬼神何谓无乎？若莫闻莫见，则鬼神可谓有乎？

【注释】

①请惑：即"诚或"。请，通"情"。

【译文】

现在坚持无鬼论的人说："鬼神本来就是没有的。"而且从早到晚拿这些话

来宣扬于天下，惑乱天下民众，使得天下的人都对于鬼神有无的辨别产生了疑惑，因此天下大乱。所以墨子说：当今天下的王公大人和士人君子，确实想要兴起天下之利，而除去天下之害，那么对于鬼神有无的辨别，就是不可不考察清楚的。既然鬼神之有无的问题，是不可不考察清楚的，那么我为了说明这个问题，将怎样论证才行呢？墨子说：凡是天下要考察有无的原则，必定是以众人耳目所见所闻的实情以知有无来作为标准的。确实有人听见了、看见了，那就肯定是有，从未听见过、看见过，那就必定是无。如果这样，为什么不到一个乡里去问问，从古到今，自有人以来，曾经有人见过鬼神的形状，听到过鬼神的声音，那么怎么能说鬼神是没有的呢？如果没有人听到过、见到过，那怎么能说鬼神是有的呢？

【原文】

今执无鬼者言曰：夫天下之为闻见鬼神之物者，不可胜计也。亦孰为闻见鬼神有无之物哉？子墨子言曰：若以众之所同见与众之所同闻，则若昔者杜伯是也。周宣王杀其臣杜伯而不辜。杜伯曰："吾君杀我而不辜，若以死者为无知，则止矣；若死而有知，不出三年，必使吾君知之。"其三年①，周宣王合诸侯而田于圃②，田车数百乘，从数千，人满野。日中，杜伯乘白马素车，朱衣冠，执朱弓，挟朱矢，追周宣王，射之车上，中心折脊，殪车中③，伏弢而死④。当是之时，周人从者莫不见，远者莫不闻，著在周之春秋。为君者以教其臣，为父者以警其子，曰："戒之！慎之！凡杀不辜者，其得不祥，鬼神之诛，若此之僭遬也⑤！"以若书之说观之，则鬼神之有，岂可疑哉？

【注释】

①其：同"期"。

②田：打猎。

③殪：仆倒。

④弢：弓套。

⑤僭遬：快速的意思。

【译文】

现在坚持无鬼论的人说：全天下说听到看到鬼神声音与形状的人多得数不清。但究竟是谁听到看到了鬼神呢？墨子说：如果要以众人共同看到并共同听到为准，那么从前杜伯的事就是这样的例证。周宣王杀死了他的臣子杜伯，而杜伯是无辜的。杜伯说："我的君王要杀我，但我是无辜的，如果人死后没有知觉了，那也就罢了；如果人死了还有知觉，那么不出三年，必定要让我的主上知道。"三年之后，周宣王会合诸侯在圃打猎，打猎用的车子有几百辆，随从有几千人，遍布田野。到了中午，杜伯乘着白马素车，穿戴红色的衣帽，握着红色的弓，挟着红色的箭，追赶周宣王，往车上射箭，射中了周宣王的心窝，周宣王折断了脊骨，倒在车中，伏在弓袋上死了。那个时候，随从的周人无人不见，远方的人也无人不闻，并被记录在周朝的史书上。当君主的用此来教育他的臣子，做父亲的用此来警诫他的儿子，说："要戒惧啊！要谨慎啊！凡是杀害无辜之人的，就会得到不祥的结果，遭受鬼神的惩罚，就像这件事这样快啊！"从这一书的记载来看，鬼神的存在还有什么可怀疑的呢？

【原文】

非惟若书之说为然也，昔者郑穆公[①]，当昼日中处乎庙[②]，有神入门，而左鸟身[③]，素服三绝[④]，面状正方。郑穆公见之，乃恐惧，犇[⑤]。神曰："无惧！帝享女明德，使予锡女寿十年有九[⑥]，使若国家蕃昌，子孙茂，毋失。"郑穆公再拜稽首曰："敢问神名？"曰："予为句芒[⑦]。"若以郑穆公之所身见为仪，鬼神之有，岂可疑哉？

【注释】

①郑穆公：据考当作"秦穆公"。下同。

②当：通"尝"，曾经。

③而左：当为“人面”二字讹而互乙者，据文义改。

④三绝：当作“玄纯”。

⑤犇：即“奔”。

⑥锡：即“赐”。

⑦句芒：古代传说中的木神，也是春天之神。

【译文】

不只这本书的说法是这样的，从前，秦穆公有一天中午正在庙里，有一位神人进门，长着人的脸面、鸟的身子，素色的衣服上有多重细细的鸟羽，脸形方正。秦穆公见到他，就因害怕而想逃跑。神说：“不用害怕！上帝赞赏你的道德，让我赐给你十九年寿命，使你的国家昌盛，子孙繁茂，不会失去国家。”秦穆公拜了两拜，叩头说：“敢问尊神大名？”回答说：“我是句芒神。”如果以秦穆公亲身经历的事为准则，那么鬼神的存在，还有什么可怀疑的呢？

【原文】

非惟若书之说为然也，昔者，燕简公杀其臣庄子仪而不辜。庄子仪曰：“吾君王杀我而不辜，死人毋知亦已，死人有知，不出三年，必使吾君知之。”期年，燕将驰祖[①]。燕之有祖，当齐之社稷，宋之有桑林，楚之有云梦也[②]，此男女之所属而观也。日中，燕简公方将驰于祖涂[③]，庄子仪荷朱杖而击之，殪之车上。当是时，燕人从者莫不见，远者莫不闻，著在燕之春秋。诸侯传而语之曰：“凡杀不辜者，其得不祥，鬼神之诛，若此其憯遬也！”以若书之说观之，则鬼神之有，岂可疑哉？

【注释】

①祖：祖泽，燕国大湖的名字，也称为“沮”，是燕国祭祀之地。

②社稷、桑林、云梦：本指齐、宋、楚三国地方，此指三国在这些地方的祭祀活动。

③涂：同“途”。

【译文】

不只这本书的说法是这样的，从前，燕简公杀死他的臣子庄子仪，而庄子仪是无辜的。庄子仪说：“我的君王要杀我，而我是无辜的，死了的人若没有知觉就罢了，死后若有知觉，不出三年，必定要让我的君王知道。”一年之后，燕国人要坐车到祖泽去。燕国有到祖泽祭祀的活动，就像齐国到社稷、宋国到桑林、楚国到云梦去祭祀一样，这是男女百姓聚集在一起观赏的地方。到了中午，燕简公刚要坐车到祖泽去，庄子仪扛着红色的木棒来打他，燕简公仆倒在车上。在那个时候，随从的燕人无人不见，远方的人也无人不闻，并被记录在燕国的史书上。诸侯间谈论起此事来，都说：“凡是杀害无辜之人的，就会得到不祥的结果，遭受鬼神的惩罚，就像这件事这样快啊！”从这一书的记载来看，鬼神的存在还有什么可怀疑的呢？

【原文】

非惟若书之说为然也，昔者，宋文君鲍之时[①]，有臣日裾观辜[②]，固尝从事于厉[③]。袾子杖揖出[④]，与言曰：“观辜！是何珪璧之不满度量，酒醴粢盛之不净洁也，牺牲之不全肥，春秋冬夏选失时[⑤]，岂女为之与？”意鲍为之与？观辜曰：“鲍幼弱，在荷繦之中[⑥]，鲍何与识焉。官臣观辜特为之。”袾子举揖而槀之[⑦]，殪之坛上。当是时，宋人从者莫不见，远者莫不闻，著在宋之春秋。诸侯传而语之曰：“诸不敬慎祭祀者，鬼神之诛，至若此其憯遬也！”以若书之说观之，鬼神之有。岂可疑哉？

【注释】

①宋文君鲍：指宋文公，他名叫鲍。

②裾观辜：裾，当为“祝”字，掌管祭祀的人。观辜，此人的名字。

③厉：祭祀没人祭祀的鬼。

④祩子：指有神灵附体的巫师。揖：当为“楫”。

⑤选：即“献”，指祭祀。

⑥荷繦：“荷”当为“葆”字，葆緥，即襁褓。

⑦槀：同“敲”。

【译文】

不只这本书的说法是这样的，从前，宋文公鲍的时候，有个祝人叫观辜，曾经掌管宋国的祭祀。有一次，一个巫师手持船桨走出来，对他说：“观辜，为什么祭祀用的宝玉不合规格和分量，祭祀的物品也不洁净，祭祀的牲畜不完整也不肥美，春夏秋冬四季的祭祀不能按时进行，这是你干的呢，还是鲍干的？”观辜说：“鲍还很小，尚在襁褓之中，他哪里会知道这个呢。这是专管此事的臣子观辜我特意这么做的。”巫师举桨就打观辜，把他打死在祭坛上。在那个时候，随从的宋人无人不见，远方的人也无人不闻，并被记录在宋国的史书上。诸侯间谈论起此事来，都说：“凡是不恭敬谨慎对待祭祀的人，鬼神的惩罚，就像这件事这样快啊！”从这一书的记载来看，鬼神的存在还有什么可怀疑的呢？

【原文】

非惟著书之说为然也，昔者，齐庄君之臣有所谓王里国、中里徼者，此二子者，讼三年而狱不断。齐君由谦杀之[①]，恐不辜；犹谦释之，恐失有罪。乃使二人共一羊，盟齐之神社。二子许诺。于是泏洫[②]，摾羊而漉其血[③]。读王里国之辞，既已终矣。读中里徼之辞，未半也，羊起而触之，折其脚，祧神之[④]，而槀之，殪之盟所。当是时，齐人从者莫不见，远者莫不闻，著在齐之春秋。诸侯传而语之曰：“请品先不以其请者[⑤]，鬼神之诛，至若此其憯遬也。”以若书之说观之，鬼神之有，岂可疑哉？是故子墨子言曰：虽有深蹊博林，幽涧毋人之所，施行不可以不董[⑥]，见有鬼神视之。

【注释】

①由谦：与下句的“犹谦”同，“由”“犹”均有“欲”意。谦，即

"兼"。

②油洫：当作"掘洫"，即在地上挖坑。

③摽：当为"刭"，宰杀的意思。漉：当为"洒"。

④祧：本指神祠。这里代看守神祠的人。

⑤请品先：当为"诸诅矢"。诅，小的盟誓。矢，即"誓"。下"请"字即"情"字。

⑥董：当为"堇"，即"谨"。

【译文】

不只这本书的说法是这样的，从前，在齐庄公的臣子中有名叫王里国与中里徼的，这两个人打了三年官司还是不能定案。齐庄公想把两个人都杀了，怕错杀了无辜之人；想把两个人都放了，又怕错放了有罪之人。就让他们共牵一只羊，到齐国的神社中去盟誓。两个人都答应了。于是在地上挖了坑，把羊杀了把血洒在神社前。先读王里国的誓词，读完了。再读中里徼的誓词，还没读到一半，死羊突然跳起来用头抵他，折断了他的脚，守神祠的人看到羊显灵了，就来打中里徼，把他打死在盟誓的地方。在那个时候，随从的齐人无人不见，远方的人也无人不闻，并被记录在齐国的史书上。诸侯间谈论起此事来，都说："凡是设盟誓却不诚实的，鬼神的惩罚，就像这件事这样快啊！"从这一书的记载来看，鬼神的存在还有什么可怀疑的呢？所以墨子说：即使处于深山老林之中，幽僻隔绝无人居住的地方，行事也不可不谨慎，因为有鬼神在注视着你。

【原文】

今执无鬼者曰：夫众人耳目之请，岂足以断疑哉？奈何其欲为高君子于天下①，而有复信众之耳目之请哉？子墨子曰：若以众之耳目之请，以为不足信也，不以断疑，不识若昔者三代圣王尧舜禹汤文武者，足以为法乎？故于此乎，自中人以上皆曰："若昔者三代圣王，足以为法矣。"若苟昔者三代圣王足以为法，然则姑尝上观圣王之事。昔者，武王之攻殷诛纣也，使诸侯分其祭曰："使

亲者受内祀[2]，疏者受外祀[3]。”故武王必以鬼神为有，是故攻殷诛纣，使诸侯分其祭。若鬼神无有，则武王何祭分哉？

【注释】

①高：当作“高士”。

②内祀：古代庙祭之一，指以同姓立国者，可以行此祭祀。

③外祀：在国都外祭祀山川，指以异姓立国的所行之祭祀。

【译文】

现在坚持无鬼论的人说：普通人耳闻目见的情形，哪里足以解决疑惑呢？怎么会有人想成为天下的高人君子，却又去相信普通人耳闻目见的情形呢？墨子说：如果认为普通人耳闻目见的情形不足以相信，不能用来解决疑惑的话，不知道像从前夏、商、周三代的圣王，如尧、舜、禹、汤、周文王、周武王，能不能拿来做判断的标准呢？对于这一点，一般中等以上的人都会说：“像从前夏、商、周三代的圣王，那是足以作为标准的。”如果从前夏、商、周三代的圣王足以作为标准，那么就姑且向上看看圣王之事吧！从前，周武王攻打殷商并诛杀商纣王的时候，命令诸侯分掌殷商的祭祀，说：“让同姓诸侯祀于先祖庙宇，让异姓诸侯祀于山川。”因此，周武王必定认为鬼神是存在的，所以攻打殷商并诛杀商纣王之后，让诸侯来分掌殷商的祭祀。如果没有鬼神，周武王何必命令诸侯分掌祭祀呢？

【原文】

非惟武王之事为然也。故圣王其赏也必于祖，其修也必于社[1]。赏于祖者何也？告分之均也；修于社者何也？告听之中也。非惟若书之说为然也，且惟昔者虞、夏、商、周三代之圣王，其始建国营都日，必择国之正坛，置以为宗庙；必择木之修茂者，立以为菆位[2]；必择国之父兄慈孝贞良者，以为祝宗[3]；必择六畜之胜，腯肥倅毛以为牺牲[4]；畦璧琮璜[5]，称财为度；必择五谷之芳黄，以为酒醴粢盛，故酒醴粢盛与岁上下也。故古圣王治天下也，故必先鬼神而后人者，此也。故曰官府选效，必先祭器祭服，毕藏于府，祝宗有司，毕立于朝，牺牲不与昔聚群。故古者圣王之为政若此。

【注释】

①谬：通“戮”，杀。

②菆位：即神社。菆，同“丛”。

③祝宗：即太祝与宗伯，祝是主赞词的人，宗是主宗庙的人。

④腯肥：肥胖。倅毛：指毛色纯粹。倅，同“粹”。牺牲：供祭祀用的牲畜。

⑤珪璧琮璜：都是祭祀时要用到的玉器。

【译文】

不仅周武王的事迹是这样的。从前圣王赏赐功臣必定在祖庙里，杀戮罪人则必定在神社里。行赏为什么一定要在祖庙里呢？是祭告祖先恩惠分配得很平均；杀戮罪人为什么一定要在神社里呢？是祭告神明断案很允当。不只是这本书上是这样说的，并且虞、夏、商、周三代的圣王，他们开始建立国家营造都城的时候，肯定要选择国都中心的祭坛，来修建宗庙；必定是选择林木繁茂的地方，来修建神社；必定选择国部中父慈子孝、忠诚优秀的人，来做太祝和宗伯；必定选择六畜中最好的，肥壮而又毛色纯正的来做祭祀时用的牺牲；置备珪璧琮璜等祭祀用的玉器，要以适合自己的财力为度；必定要选择五谷中芳香而黄熟了的，作为祭祀用的供品。所以酒醴粢盛这些供品是按年成的好坏而有增减的。因此，古代圣王治理天下，必定是先祭祀鬼神而后事人，正是这个原因。所以说，官府选择考察物品，一定要先治办祭祀鬼神的祭服祭器，并都收藏在府中，太祝与宗伯等有关人员，全都站立在朝廷上，供祭祀用的牲口不得与以前的群牲在一起。古代圣王为政的方式就是这样的。

【原文】

古者圣王必以鬼神为有，其务鬼神厚矣。是以莫有一人敢放幽闲，拟乎鬼神之明显，畏上诛罚。又恐后世子孙不能知也，故书之竹帛，传遗后世子孙。咸恐其腐蠹绝灭，后世子孙不得而记，故琢之盘盂，镂之金石以重之。有恐后世子孙不能敬著以取羊[①]，故先王之书，圣人一尺之帛[②]，一篇之书，语数鬼神之有也，重有重之。此其故何？则圣王务之。今执无鬼者曰："鬼神者固无有。"则此反圣王之务。反圣王之务，则非所以为君子之道也！

【注释】

①著：通"威"。羊：即"祥"。

②圣人：或当为"即其"。

【译文】

古代圣王必定认为鬼神是存在的，所以他们对于祭祀鬼神才会如此隆重。因此，没有一个人敢在即使是幽僻之处放肆，因为他们知道鬼神无不明察，怕得到上天的惩罚。又害怕后代的子孙不知道这一点，所以把这写在竹、帛上，传给后世的子孙。又都怕它会腐朽虫蛀而消失，让后世子孙找不到记载，因此把它雕刻在盘盂上，镂刻在金石上以表示重视。又害怕后代的子孙不能敬顺上天的威信来获取吉祥，所以先王的书，即使只是一尺长的帛书，一篇文字，也要多次说到鬼神的存在，重复了又重复。这是什么缘故呢？就是先王认为这是急务啊！现在坚持无鬼论的人说："鬼神本来就是没有的。"这就是违反了先王所认为的急务。违反了先王所认为的急务，那就不是作为君子所应有的行为了。

【原文】

今执无鬼者之言曰：先王之书，慎无一尺之帛[①]，一篇之书，语数鬼神之有，重有重之，亦何书之有哉？子墨子曰：周书《大雅》有之[②]。《大雅》曰："文王在上，於昭于天。周虽旧邦，其命维新。有周不显，帝命不时[③]。文王陟降[④]，在帝左右。穆穆文王[⑤]，令问不已[⑥]。"若鬼神无有，则文王既死，彼岂能在帝之左右哉？此吾所以知周书之鬼也。

【注释】

①慎无：当为"惟无"，发语词。

②周书：古代"书""诗"二字互用，此当指"周诗"，下举之诗出自《诗经·大雅·文王》。

③不：通"丕"，大的意思。时：同"是"，正确的意思。

④陟：升。

⑤穆穆：仪表美好。

⑥令问：即"令闻"，好声誉。

【译文】

现在坚持无鬼论的人说：先王的书，每一尺帛上，每一篇文章里，都反复讲到了鬼神的存在，重复了又重复，但都是哪些书里有呢？墨子说：周诗《大雅》里就有。《大雅》里说："文王在万民之上，功德昭著于天。周虽是古老的国家，但文王接受了天命就面目一新。周的功业多么显赫，天帝的授命多么正确。文王的神灵上下于天地间，伴随在天帝的左右。勤勉的文王，他的美名永不泯灭。"如果鬼神不存在，那么文王死后，他怎么能伴随在天帝的左右呢？这就是我所知道的周诗里对鬼神的记载。

【原文】

且周书独鬼，而商书不鬼，则未足以为法也。然则姑尝上观乎商书，曰："呜呼！古者有夏，方未有祸之时，百兽贞虫[①]，允及飞鸟，莫不比方。矧隹人面[②]，胡敢异心？山川鬼神，亦莫敢不宁。若能共允[③]，隹天下之合，下土之

葆。”察山川鬼神之所以莫敢不宁者，以佐谋禹也。此吾所以知商书之鬼也。

【注释】

①贞：当读为“昆”。

②矧隹：即“况唯”。下文之“隹”亦为“唯”字。

③共：通“恭”。允：诚的意思。

【译文】

另外，如果只有周诗记载了鬼神的存在，而商书没有记载，那也不足以为依据。那么我们姑且向上看看商书，它说：“啊！在古时的夏朝，在尚未发生灾祸的时候，所有的禽兽和昆虫，还有飞鸟，没有不顺其道而行的。何况是人类，谁敢有异心呢？山川鬼神，也没有谁敢不安宁。如果能够恭敬诚恳，就能将天下统一，领土得到保全。”细察山川鬼神之所以无不安宁，就是因为他们在辅佐大禹。这就是我所知道的商书里对鬼神的记载。

【原文】

且商书独鬼，而夏书不鬼，则未足以为法也。然则姑尝上观乎夏书，禹誓曰：“大战于甘[①]，王乃命左右六人[②]，下听誓于中军。曰：有扈氏威侮五行[③]，怠弃三正[④]，天用剿绝其命。有曰：日中，今予与有扈氏争一日之命。且[⑤]！尔卿大夫庶人，予非尔田野葆士之欲也[⑥]，予共行天之罚也[⑦]。左不共于左，右不共于右，若不共命。御非尔马之政，若不共命。是以赏于祖而僇于社。”赏于祖者何也？言分命之均也；僇于社者何也？言听狱之事也。故古圣王必以鬼神为赏贤而罚暴，是故赏必于祖而修必于社，此吾所以知夏书之鬼也。故尚者夏书，其次商周之书，语数鬼神之有也，重有重之，此其故何也？则圣王务之。以若书之说观之，则鬼神之有，岂可疑哉？

【注释】

①甘：河的名字，在今陕西鄠邑区。

②左右六人：指六卿，即六军之将。天子亲征，王居中军，六卿居左右。

③五行：圣王所行的盛德。

④三正：天地人的正道。

⑤且：通“徂”，去的意思。

⑥葆士：当为“宝玉”。

⑦共：通“恭”。下同。

【译文】

还有，如果只有商书记载了鬼神的存在，而夏书没有记载，那也不足以为依据。那么我们姑且向上看看夏书，《禹誓》说：“大战将在甘河边开始，夏王便命令左右六军的将领，下车到夏王亲领的中军来听训示。训示说：有扈氏因其威势而轻慢五行，抛弃天地间的正道，上天因此命我们去消灭他。又说：中午的时候，我将要与有扈氏一决胜负。去吧！各位卿大夫与庶人们，我们并不是想要得到田地与宝玉，我是在恭敬地替上天行使诛罚。在左边的如果不好好掌射，在右边的如果不好好操戈，那就是不恭行天命。御者不能驾驭好车马，也是不恭行天命。所以行赏在祖庙，诛罚在神社。”行赏于祖庙是为什么呢？是祭告祖先赏赐分配得很公平；杀戮罪人为什么一定要在神社里呢？是祭告神明断案很允当。古代圣王必定认为鬼神是要赏赐贤人，诛罚有罪的，因此才一定要在祖庙里行赏，在神社里诛罚，这就是我所知道的夏书里对鬼神的记载。所以，上有夏书，其次有商书、周书，多次讲到了鬼神的存在，重复了又重复，这是为什么呢？这是因为圣王以此为急务。从这一书的记载来看，鬼神的存在还有什么可怀疑的呢？

【原文】

若以为不然[1]，于古曰[2]：吉日丁卯，周代祝社方岁于社考[3]，以延年寿。若无鬼神，彼岂有所延年寿哉！

【注释】

①若以为不然：此五字原在下文“利万民之道也”下，依文义移此。

②古：当为“书”字。

③周代祝社方岁于社考：当为“周公代祝于社方岁祖考”。社，土地之神。方，四方之神。岁，主岁事之神。祖，死去的先祖。考，死去的父亲。

【译文】

如果认为不是这样的，那么书上说：在丁卯这个吉日里，周公代武王祭祀于社、方、岁、祖、考，祈求能使武王延年益寿。如果没有鬼神，他们向谁去祈求延年益寿呢？

【原文】

是故子墨子曰：尝若鬼神之能赏贤如罚暴也[1]。盖本施之国家，施之万民，实所以治国家利万民之道也。是以吏治官府之不絜廉，男女之为无别者，鬼神见之。民之为淫暴寇乱盗贼，以兵刃毒药水火，退无罪人乎道路，夺人车马衣裘以自利者，有鬼神见之。是以吏治官府，不敢不絜廉，见善不敢不赏，见暴不敢不罪，民之为淫暴寇乱盗贼，以兵刃毒药水火，退无罪人乎道路，夺车马衣裘以自利者，由此止[2]。是以天下治。

【注释】

①尝若：即“当若”。如：而。

②此下原有“是以莫放幽闲，拟乎鬼神之明显，明有一人畏上诛罚”二十一字，移编于上文。

【译文】

所以墨子说：应当相信鬼神是能够奖赏贤人而处罚恶人的。用此来治理国家，治理万民，才真正是安定国家有利万民的正道啊！因此官吏在治理官府时的不廉洁，男女混杂而没有分别的，鬼神都看见了。民众中变为淫暴的流寇与盗贼，用兵刀、毒药、水火，在道路上袭击无辜的人，抢夺别人的车马衣服来为自己谋得利益的人，也有鬼神能看见。所以官吏治理官府，不敢不廉洁，看到了善的行为不敢不奖赏，看到了暴行不敢不惩治，民众中变为淫暴的流寇与盗贼，用兵刀、毒药、水火，在大小道路上袭击无辜的人，抢夺别人车马衣服来为自己谋得利益的人，也就从此绝迹了。所以天下太平。

【原文】

故鬼神之明，不可为幽闲广泽，山林深谷，鬼神之明必知之。鬼神之罚，不可为富贵众强，勇力强武，坚甲利兵，鬼神之罚必胜之。若以为不然，昔者夏王桀贵为天子，富有天下，上诟天侮鬼，下殃傲天下之万民[①]，祥上帝伐[②]，元山帝行[③]，故于此乎天乃使汤至明罚焉[④]。汤以车九两，鸟陈雁行，汤乘大赞，犯遂下，众人之蟜遂[⑤]。王乎禽推哆大戏[⑥]。故昔夏王桀，贵为天子，富有天下，有勇力之人推哆大戏，生列兕虎[⑦]，指画杀人，人民之众兆亿，侯盈厥泽凌[⑧]，然不能以此圉鬼神之诛[⑨]。此吾所谓：鬼神之罚，不可为富贵众强、勇力强武、坚甲利兵者，此也。

【注释】

①殃傲：当为“殃杀”。下同。

②祥：或当为“牂”，即“戕”。

③元：或当为“亢”。山：当为“上”。

④至：同“致”。

⑤遂：地名。螪：当为“犒”。

⑥乎：即“呼”。禽：“擒”的古字。

⑦列：同“裂”。兕：犀牛。

⑧矦：发语词。厥：代词，其。

⑨圉：同“御”。

【译文】

所以鬼神是明察秋毫的，不要依恃处在或幽深或广漠的地方，或山林深谷之中，鬼神的明察必然会知道。鬼神的惩罚，不要以为身处富贵，人多势众，勇武强悍或有坚固的铠甲和锋利的兵器，鬼神的惩罚必然会胜过这些。如果以为不是这样，从前的夏王桀贵为天子，富有天下，对上咒骂上天、侮辱鬼神，对下残杀天下的民众，窃取上帝的功绩，拒绝上帝的正道，所以在这个时候，上天就命令商汤对他进行惩罚。商汤用了九辆战车，摆了乌云阵和雁行阵，汤乘着一辆大的战车，进攻遂地，夏朝民众都来到遂地犒劳商师。商汤叫人擒获了推哆与大戏。所以说从前的夏王桀，虽贵为天子，富有天下，又有大勇士推哆与大戏，他们能生裂野牛和猛虎，挥手之间就能杀人，臣民也成兆上亿，遍布于山陵湖泽，但还是不能用以此抵挡鬼神的诛罚。这就是我说的：鬼神的惩罚，不要以为身处富贵，人多势众，勇武强悍或有坚固的铠甲和锋利的兵器就可以抵挡，正是这个意思。

【原文】

且不惟此为然。昔者殷王纣贵为天子，富有天下，上诟天侮鬼，下殃傲天下之万民，播弃黎老，贼诛孩子，楚毒无罪[①]，刳剔孕妇，庶旧鳏寡，号眺无告也[②]。故于此乎，天乃使武王至明罚焉。武王以择车百两，虎贲之卒四百人，先庶国节窥戎[③]，与殷人战乎牧之野，王乎禽费仲、恶来，众畔百走[④]。武王遂奔入宫，万年梓株[⑤]，折纣而系之赤环，载之白旗，以为天下诸侯谬。故昔者殷王纣，贵为天子，富有天下，有勇力之人费仲、恶来、崇侯虎，指寡杀人，人民之众兆亿，侯盈厥泽陵，然不能以此圉鬼神之诛。此吾所谓鬼神之罚，不可为富贵众强、勇力强武、坚甲利兵者，此也。且禽艾之道之曰：得玑无小[⑥]，灭宗无大。则此言鬼神之所赏，无小必赏之；鬼神之所罚，无大必罚之。

【注释】

①楚毒：当为“焚炙”，即商纣王所设的炮烙之刑。

②号眺：即号陶。

③庶：即“诸”。

④百：疑为“背”“北”或“败”之误。

⑤此四字其义未详，迄无确解。疑当在上旬“入”字之后，脱一“之”，即原或为“武王逐奔，入万年梓株之官”。

⑥玑：当为“祺”。

【译文】

而且不只是夏桀的例子是这样。从前的商纣王贵为天子，富有天下，对上咒骂上天、侮辱鬼神，对下残杀天下的民众，抛弃老人，杀害儿童，炮烙无罪的人，剖开孕妇的肚子，庶民旧臣与鳏寡孤独，号啕大哭却无处求告。因此在这个时候，上天于是命令周武王对他进行惩罚。周武王精选了一百辆战车，四百名勇士，先与已受符节的诸侯一起观兵，与商军大战于牧野，武王命人擒获了费仲和恶来，商军纷纷倒戈或败走。武王乘胜追击，进入用珍贵木材建造的宫中，砍下商纣王的头，用赤环系着，挂在白旗之上，以代表天下诸侯对他的惩罚。所以说从前的商纣王，虽贵为天子，富有天下，又有大勇士费仲、恶来和崇侯虎，他们挥手之间就能杀人，臣民也成兆上亿，遍布于山陵湖泽，但还是不能用以此抵挡鬼神的诛罚。这就是我说的鬼神的惩罚，不要以为身处富贵，人多势众，勇武强悍，或有坚固的铠甲和锋利的兵器就可以抵挡，正是这个意思。况且《禽艾》书上记载说：得到吉祥的奖赏是不论它多么微小，而得到灭宗之祸的也不论它多么强大。这就是说，鬼神要行奖赏，无论多么小的德行也会受到奖励；鬼神要行惩罚，无论多么强大也一定要受惩罚。

【原文】

今执无鬼者曰：意不忠亲之利[①]，而害为孝子乎？子墨子曰：古之今之为鬼，非他也。有天鬼，亦有山水鬼神者，亦有人死而为鬼者。今有子先其父死，弟先其兄死者矣。意虽使然，然而天下之陈物曰[②]：先生者先死。若是，则先死者非父则母，非兄而姒也[③]。今絜为酒醴粢盛，以敬慎祭祀，若使鬼神请有，是得其父母姒兄而饮食之也，岂非厚利哉？若使鬼神请亡，是乃费其所为酒醴粢盛之财耳。自夫费之[④]，非特注之污壑而弃之也[⑤]，内者宗族，外者乡里，皆得如具饮食之。虽使鬼神请亡，此犹可以合欢聚众，取亲于乡里。

【注释】

①忠：即“中”。

②陈物：故事，常理。

③姒：姐妹中年长的叫“姒”，年幼的叫“娣”。

④自：当为“且”。

⑤特：当作“直”。

【译文】

现在坚持无鬼论的人说：你的意思是不合于双亲的利益的，这不是妨碍你做一个孝子吗？墨子说：古今的鬼神，不是别的。有天上的鬼神，也有山水的鬼神，也有人死后变成的鬼神。现在也有儿子比父亲先死的，也有弟弟比哥哥先死的。虽然如此，但天下的常理是：先出生的先死亡。如果是这样，那么先死的人不是父亲就是母亲，不是哥哥就是姐姐。现在准备好洁净的祭品，用来恭敬谨慎地祭祀，如果鬼，神确实存在，这就等于使得父母姊兄得到了饮食，难道不是很大的好处吗？如果鬼神确实不存在，这不过是花费了一些准备祭品

的钱财而已。况且这些花费，并不是把祭品倒在污水沟中扔掉了，内有宗族近亲，外有乡里邻人，都可以请他们来享用。即使鬼神确实不存在，这也可以用来聚集众人来欢乐，使得邻里亲近。

【原文】

今执无鬼者言曰："鬼神者固请无有，是以不共其酒醴粢盛牺牲之财[①]。吾非乃今爱其酒醴粢盛牺牲之财[②]，于其所得者臣将何哉[③]？"此上逆圣王之书，内逆民人孝子之行，而为上士于天下，此非所以为上士之道也。是故子墨子曰：今吾为祭祀也，非直注之污壑而弃之也，上以交鬼之福[④]，下以合欢聚众，取亲乎乡里。若神有，则是得吾父母弟兄而食之也。则此岂非天下利事也哉！是故子墨子曰：今天下之王公大人士君子，中实将欲求兴天下之利，除天下之害，当若鬼神之有也，将不可不尊明也，圣王之道也。

【注释】

①共：通"供"。

②爱：吝惜。

③臣：当作"巨"，即"讵"，表示反诘的副词，岂，难道。

④交：当为"徼"，通"邀"，求取。

【译文】

现在坚持无鬼论的人说："鬼神确实不存在，所以不必花费钱财去供酒醴粢盛与牺牲等祭品。我们现在并不是吝啬酒醴粢盛与牺牲等祭品，只是在其中我们又能得到什么呢？"这种说法对上违逆了圣王之书，对内不符合孝子的行为，竟然还作为天下的上士，这实在不是做上士的正道啊！所以墨子说：现在我实行祭祀，并不是把祭品倒在污水沟中扔掉了，上可以祈请鬼神降福，下可以聚集众人来欢乐，使得邻里亲近。如果鬼神存在，那就能够请来我去世的父母兄弟来共享饮食。这难道不是对天下都有利的事吗？所以墨子说：当今天下的王公大人和士人君子，如果心中确实想要兴起天下之利，消除天下的大害，那么对于鬼神的存在，就不能不尊奉它宣扬它，这才是圣王之道啊！

【评析】

墨子认为鬼神不仅存在，而且能对人间的善恶予以赏罚。他所说的“天”和“鬼神”都是按照当时小生产者所要求的公平合理的愿望塑造出来的，他所诚心信奉的上帝和鬼神是他所代表的这一社会阶层自身的虚幻的化身，因为当时这一社会阶层还不可能形成自觉的力量，更无从认识自己的力量，但是在痛苦的生活压榨下，在不公平的待遇下，小私有者和手工业者逐渐取得独立的地位，形成一定的社会力量时，他们不能不提出改善自己的生活条件和社会地位的要求。我们应当看到，墨子明鬼的目的，主要是想借助超人间的权威以限制当时统治集团的残暴统治。

【故事阐微】

古弼忠心为国家

古弼，北魏大臣。这个人很正直，只认理不认人，连皇帝都敢得罪。

他曾经认为，皇家园林上谷苑面积太大，希望能减少一半，分给贫苦百姓。于是入朝晋见北魏王，想把自己的想法面奏魏王。当他进宫准备上奏时，魏王正与给事中刘树下围棋，魏王专心致志，没有理睬站在旁边的古弼。古弼等了很久，仍然没有机会向魏王陈述此事。忽然间，古弼站起身来，一把抓住刘树的头发，将他拉下座椅，又揪耳朵，又猛打他的后背，斥责道：“国家没有管好，完全是你的罪责！”魏王被这突如其来的打骂吓呆了，赶忙放下棋子说：“没有听你的上奏，过错在我。刘树有何罪过！快放了他！”古弼于是把事情一一奏明皇上，魏王全都同意。之后，古弼说：“我身为臣下，在皇上面前这般无礼。罪过实在太大了！”然后直奔公交车署，脱下帽子，赤着脚请有关官员处罚。皇帝知道后，叫人将他召回，对他说："我听说修筑神坛的人，弯腰驼背干活的样子，看上去不甚雅观，但神坛修好后，当我们前去虔诚祭拜时，却非常高雅神圣，神灵不仅不责怪，反而会赐福给他们。既然这样，你又有什么罪过呢？你还是戴好帽子，穿好鞋，去履行好你的职责吧！只要是有利于国，方便于百姓的事，你只管努力去做，不要有任何顾虑！"

同年八月，拓跋焘要去河西打猎，让古弼留守京城。他给古弼发了一道指示，要他把肥壮的马送去打猎，古弼却尽送一些老弱马去河西。拓跋焘气得大骂："这个笔头奴！竟敢节制捉弄我！等我回去，先斩此奴！"古弼手下的官吏，都惶恐不安，生怕受牵连被杀头。古弼却安慰他们说："我为人臣，不让皇帝沉迷于游猎之中，如果有罪过的话，我想这个罪也是小的。如果不考虑国家的安危，做到有备无患，而是使军国乏用，这个罪才是大的。现在柔然人还十分强大，经常来骚扰我国边境，南朝的宋国也还没有消灭。我把肥壮的马供军队使用，安排老弱的马让皇帝打猎，这是为国家大业着想的，如果为此而死，我又有什么伤心的呢！再说，这件事是我一人决定的，好汉做事好汉当，你们忧虑什么呢？"拓跋焘听到这些话，叹服道："有臣如此，国之宝也！"于是"赐衣一袭（即一副）、马二匹、鹿十头"。

河西打猎回来不几天，拓跋焘又到京城的北山去打猎了。这次打猎收获甚丰，猎获麋鹿数千头。拓跋焘于是给古弼写了一封信，要他征发民车五百辆去运麋鹿。送信的人去了不久，拓跋焘就醒悟到了，这次肯定又要碰钉子。他对身边的人说："笔公一定不会给我征发民车来，你们还不如就用马把麋鹿运回去吧！"说完，就命令大家动身同京城。走了百来里，遇到送信的人回来，车子一辆没有，带来的只有古弼的一封回信。信上说："现在正是谷黄椒熟时节，麋鹿和野猪不停地到农田里来糟蹋庄稼，鸟雀也不断地来啄食粮食，加上风吹雨打，地里的粮食晚上去收获，就只能收到早上的三分之一，一天损失这么重，民车都正用于运送庄稼，怎么能征用去运麋鹿呢？请缓几天吧！，'拓跋焘见信后，说："果然如我说的，笔公可谓社稷之臣矣！"

非乐（上）

【题解】

所谓“非乐”，就是否定文化娱乐活动。本文认为：一、娱乐对社会无益，不能解决饥寒、攻战、欺诈等现实问题；二、娱乐势必浪费大量财力物力人力；三、娱乐影响各行业的正常工作与劳动。所以墨家一再强调“为乐非也”。这种观点，忽视文化娱乐对人类社会的积极作用，似乎人们只应该一味进行物质生产，而不需要休息和精神生活，这是片面的，狭隘的。

【原文】

子墨子言曰：“仁之事者[①]，必务求兴天下之利，除天下之害，将以为法乎天下。利人乎，即为，不利人乎，即止。且夫仁者之为天下度也，非为其目之所美，耳之所乐，口之所甘，身体之所安，以此亏夺民衣食之财，仁者弗为也。”

是故子墨子之所以非乐者，非以大钟、鸣鼓、琴瑟，竽笙之声，以为不乐也；非以刻镂华文章之色，以为不美也[②]；非以犓豢煎炙之味，以为不甘也；非以高台厚榭邃野之居，以为不安也[③]，虽身知其安也，口知其甘也，目知其美也，耳知其乐也，然上考之不中圣王之事，下度之不中万民之利。是故子墨子曰：“为乐非也。今王公大人，虽无造为乐器，以为事乎国家，非直掊潦水折壤坦而为之也[④]，将必厚措敛乎万民，以为大钟、鸣鼓、琴瑟、竽笙之声。古者圣王亦尝厚措敛乎万民，以为舟车。既以成矣，曰：‘吾将恶许用之[⑤]？曰：舟用之水，车用之陆，君子息其足焉，小人休其肩背焉。’故万民出财赍而予之[⑥]，不敢以为慼恨者，何也？以其反中民之利也。然则乐器反中民之利亦若此，即我弗敢非也。然则当用乐器譬之若圣王之为舟车也，即我弗敢非也。

【注释】

①仁之事者：当为“仁者之事”。

②本句中“华”为衍字。

③邃野：“野”通“宇”，即深居。

④折、坦：疑为“拆”“垣”。

⑤许：所。

⑥赍：送物。

【译文】

墨子说：“仁人做事，必须讲求对天下有利，为天下除害，将以此作为天下的准则。对人有利的，就做；对人无利的，就停止。仁者替天下考虑，并不是为了能见到美丽的东西，听到快乐的声音，尝到美味，使身体安适。如果因为这些来掠取民众的衣食财物，仁人是不做的。”

墨子之所以反对音乐，并不是认为大钟、响鼓、琴、瑟、竽、笙的声音不使人感到快乐，并不是以为雕刻、纹饰的色彩不美，并不是以为煎烤的牛肉猪肉等的味道不香甜，并不是以为居住在高台厚榭深远之屋中不安适。虽然身体知道安适，口里知道香甜，眼睛知道美丽，耳朵知道快乐，然而向上考察，不符合圣王的事迹；向下考虑，不符合万民的利益。所以墨子说：“从事音乐活动是错误的！现在的王公大人为了国事制造乐器，不是像扒开路上的积水、扔掉地上的泥土那么容易，而必是要向万民征取很多钱财，用以制出大钟、响鼓、琴瑟、竽笙等乐器。古时的圣王也曾向万民征取很多的钱财，造成船和车，制成之后，圣王就要问：‘我将在哪里使用它们呢？说：船用于水上，车用于地上，君子可以休息双脚，小人可以休息肩和背’。所以万民都送出钱财来，并不敢因此而幽怨，是什么原因呢？因为它反而符合民众的利益。然而乐器要是也这样反而符合民众的利益，我则不敢反对；然而当像圣王造船和车那样使用乐器，我则不敢反对。

【原文】

民有三患：饥者不得食，寒者不得衣，劳者不得息。三者民之巨患也。然即当为之撞巨钟、击鸣鼓、弹琴瑟、吹竽笙而扬干戚[①]，民衣食之财将安可得乎？即我以为未必然也。

意舍此，今有大国即攻小国，有大家即伐小家[②]，强劫弱，众暴寡，诈欺愚，贵傲贱，寇乱盗贼并兴，不可禁止也。然即当为之撞巨钟、击鸣鼓、弹琴瑟、吹竽笙而扬干戚，天下之乱也，将安可得而治与？即我未必然也。”是故子墨子曰：“姑尝厚措敛乎万民，以为大钟、鸣鼓、琴瑟、竽笙之声。以求兴天下之利，除天下之害而无补也。”是故子墨子曰：“为乐非也。”

【注释】

①干：盾。戚：似斧形兵器。

②家：大夫的封地。

【译文】

民众有三种忧患：饥饿的人得不到食物，受冻的人得不到衣服，劳苦的人得不到休息。这三种是民众的最大忧患。那么当为他们撞击大钟、敲打鸣鼓、弹奏琴瑟、吹奏竽瑟并挥动干戈来跳舞，民众的衣食之资就可以得到解决了吗？我认为这是不可能的事。

姑且不论这个，现在大国要去攻打小国，大家族要去掠夺小家族，强者胁迫弱者，人多势众的欺压势单力薄的，狡诈的人欺骗憨厚的人，尊贵的人傲视低贱的人，外侵内乱，盗贼并起，无法禁止。在这种情况下，倘若叫人民去撞击大钟、敲打鸣鼓、弹奏琴瑟、吹奏竽笙并挥动干戈来跳舞，那天下的混乱会得到治理吗？我认为这是不可能的事。因此墨子说：“如果向民众增加赋税，用来制造大钟、鸣鼓、琴瑟、竽笙等乐器而得声色之美，用这来求得天下的利益，去除天下的祸害，是没有任何补益的。”所以墨子说：“从事音乐是不对的。”

【原文】

“今王公大人，唯毋处高台厚榭之上而视之，钟犹是延鼎也[①]。弗撞击将何乐得焉哉？其说将必撞击之。惟勿撞击[②]，将必不使老与迟者。老与迟者耳目不聪明，股肱不毕强[③]，声不和调，明不转朴[④]。将必使当年，因其耳目之聪明，股肱之毕强，声之和调，眉之转朴[⑤]。使丈夫为之，废丈夫耕稼树艺之时，使妇人为之，废妇人纺绩织紝之事。今王公大人唯毋为乐，亏夺民衣食之时，以拊乐如此多也[⑥]。”是故子墨子曰：“为乐非也。”

“今大钟、鸣鼓、琴瑟、竽笙之声既已具矣，大人锈然奏而独听之[⑦]，将何乐得焉哉？其说将必与人。与君子听之，废君子听治；与贱人听之，废贱人之从事。今王公大人惟毋为乐，亏夺民之衣食之财，以拊乐如此多也。”是故子墨子曰：“为乐非也。”

【注释】

①延：覆的意思。延鼎：像倒放的鼎，形容钟空悬的样子。

②惟勿：即“唯毋”，发语词。

③毕：快捷。

④明：当为“鸣”字。朴：急速的意思。

⑤眉：同上注，当为“鸣”字。

⑥拊乐：即“击乐”。

⑦锈：即当为“肃”。

【译文】

“当今的王公大人，处在高耸的楼台亭榭之上往下看，钟就像一种倒扣着的鼎一样。如果不去撞击它，那有什么乐趣可言呢？要想娱乐就必定要撞击它。要撞击它，就必定不会用那些年老迟缓的人。年老迟缓的人耳不聪目不明，手脚不灵敏强健，奏出的声音不和谐，音节不会激烈。所以必然要使用年轻力壮

的人，因为这些人耳聪目明，手脚灵敏强健，奏出的声音和谐，音节可以很激烈。但是若让男子去做这件事，就耽误了男子耕田种地的时机；让妇女去做这件事，就耽误了妇女纺线织布的事。现在的王公大人从事于音乐，损害夺取人民的衣食之时，仅从命人奏乐这一点来看就已经很厉害了。”所以墨子说：“从事于音乐是不对的。”

“现在大钟、鸣鼓、琴瑟、竽笙等乐器所奏出的声色之美都已经具备了，王公大人如果是肃然地演奏并独自来听，那有什么乐趣可言呢？想娱乐就必定要与别人一起。与君子一起听，就会耽误君子治理政务；与平民一起听，就会耽误平民的生产。现在的王公大人从事于音乐，损害夺取人民的衣食之资，仅从命人听乐这一点来看就已经很厉害了。”所以墨子说：“从事音乐是不对的。”

【原文】

“昔者齐康公兴乐万[①]，万人不可衣短褐，不可食糠糟。曰食饮不美，面目颜色不足视也：衣服不美，身体从容丑羸不足观也[②]。是以食必粱肉[③]，衣必文绣，此掌不从事乎衣食之财[④]，而掌食乎人者也[⑤]。”是故子墨子曰：“今王公大人惟毋为乐，亏夺民衣食之财，以拊乐如此多也。”是故子墨子曰：“为乐非也。”

【注释】

①齐康公：孙诒让疑其当为齐景公之误。

②从容：指人的举止。

③粱肉：精美的饭菜。

④掌：通“常”。

⑤食乎人：吃别人生产的东西。

【译文】

“从前，齐景公大兴一种“万舞”，跳“万舞”的人不可以穿粗布短衣，不能吃粗劣的食物。据说饮食如果不精美，脸上的颜色就不好看；衣服不华美，身体举止就显得瘦弱丑陋不好看。所以吃的必须是精美的饭菜，穿的必须是华丽的锦绣，这都是常常不从事于衣食之物的生产，反而需要人们长期供养的人。”因此墨子说：“现在的王公大人为了快乐，夺取百姓衣食之资来奏乐已经很厉害了。”所以墨子说：“从事音乐是不对的。”

【原文】

“今人固与禽兽麋鹿、蜚鸟、贞虫异者也，今之禽兽麋鹿、蜚鸟、贞虫，因其羽毛以为衣裘，因其蹄蚤以为绔屦[①]，因其水草以为饮食。故唯使雄不耕稼树艺，雌亦不纺绩织紝，衣食之财固已具矣。今人与此异者也，赖其力者生，不赖其力者不生。君子不强听治，即刑政乱；贱人不强从事，即财用不足。今天下之士君子，以吾言不然，然即姑尝数天下分事，而观乐之害。王公大人蚤朝晏退，听狱治政，此其分事也；士君子竭股肱之力，亶其思虑之智[②]，内治官府，外收敛关市、山林、泽梁之利，以实仓廪府库，此其分事也；农夫蚤出暮入，耕稼树艺，多聚叔粟[③]，此其分事也；妇人夙兴夜寐，纺绩织纴，多治麻丝葛绪綑布縿[④]，此其分事也。今惟毋在乎王公大人说乐而听之，即必不能蚤朝晏退，听狱治政，是故国家乱而社稷危矣。今惟毋在乎士君子说乐而听之，即必不能竭股肱之力，亶其思虑之智，内治官府，外收敛关市、山林、泽梁之利，以实仓廪府库，是故仓廪府库不实。今惟毋在乎农夫说乐而听之，即必不能蚤出暮入，耕稼树艺，多聚叔粟，是故叔粟不足。今惟毋在乎妇人说乐而听之，即不必能夙兴夜寐，纺绩织紝，多治麻丝葛绪綑布一縿。是故布参不兴。曰：孰为大人之听治而废国家之从事[⑤]？曰乐也。”是故子墨子曰：“为乐非也。”

【注释】

①蚤：即“爪”。绔：《说文》：“绔：胫衣也。”胫衣，即绑腿。屦：古时指用麻、葛制成的鞋。

②亶：通“殚”，竭尽。

③叔：即“菽”，指豆类作物，菽黍：泛指粮食。

④絪：当为“细”。縿：通“绡”，绢帛。

⑤此句当为“孰为而废丈人之听治、贱人之从事?”。

【译文】

“现在的人当然不同于禽兽、麋鹿、飞鸟、昆虫，现在的禽兽、麋鹿、飞鸟、昆虫，用它们的羽毛做衣裳，用它们的蹄爪做绑腿和鞋子，把水、草当作饮食。所以，即使雄的不耕田种植，雌的不纺线织布，衣食的用度就已经具备了。可人类与它们不同，人必须要依赖自己力量才能生存，不依赖自己力量就不能生存。君子不努力去治理政事，刑法与政治就要混乱；平民不努力生产，财用就会不足。现在天下的士人君子如果认为我的话不对，那就姑且试着列举天下分内的事，来看音乐的害处。王公大人早晨上朝，晚上退朝，听审案件，治理政事，这是他们分内的事；士人君子用尽全身的力气，竭尽智力去思考，对内治理官府，对外征收关市、山林、河桥的赋税，用来充实仓廪府库，这是他们分内的事；农夫早出晚归，耕田种植，多收获粮食，这是他们分内的事；妇女早起晚睡，纺线织布，多制出麻丝葛布，这是她们分内的事。现在如果王公大人喜欢音乐而去听它，就必定不能很早上朝、很晚退朝，也不能尽心听审案件、治理政事，这样国家就会混乱，江山就会有危险。现在如果士人君子喜欢音乐而去听它，就必定不能川尽全身的力气，竭尽智力去思考，对内治理官府，对外征收关市、山林、河桥的赋税，用来充实仓廪府库，因此仓廪府库就会空虚。现在如果农夫喜欢音乐而去听它，就必定不能早出晚归，耕田种植，多收粮食，因此粮食就会不足。现在如果妇女喜欢音乐而去听它，就必定不能早起晚睡，纺线织布，多制出麻丝葛布，因此布帛的生产就不会发展。人们不禁要问：是什么荒废了王公大人们的听审与治理以及平民百姓的生产活动呢？回答是音乐。”所以墨子说：“从事音乐是不对的。”

【原文】

何以知其然也？曰先王之书，汤之官刑有之曰：“其恒舞于宫，是谓巫风[1]。其刑君子出丝二卫[2]，小人否[3]，似二伯黄径。”乃言曰[4]：“呜乎！舞佯佯[5]，黄言孔章[6]，上帝弗常[7]，九有以亡，上帝不顺，降之百殚[8]，其家必坏丧。”察九有之所以亡者，徒从饰乐也。于武观曰[9]：“启乃淫溢康乐，野于饮食。将将铭苋磬以力[10]，湛浊于酒[11]，渝食于野。万舞翼翼。章闻于大，天用弗式[12]。”故上者天鬼弗戒[13]，下者万民弗利。

是故子墨子曰：“今天下士君子，请将欲求兴天下之利，除天下之害，当在乐之为物，将不可不禁而止也。”

【注释】

①巫风：事鬼神之风。

②卫：当作“纬”，束。

③否：即“倍”。

④乃言曰：孙诒让注：“疑当作大誓曰。”大誓，即太誓，《尚书》的篇名之一。为周武王会合诸侯，讨伐商纣的誓言，今古文尚书无此内容。

⑤佯佯：即“洋洋”，人众多的样子。

⑥黄：即“簧”，大笙谓之簧。言：亦指乐器，大箫谓之言。

⑦常：读为“尚”，即佑护之意。

⑧殚：即“殃”字。

⑨武观：夏启的季子名为五观，即武观，此指《逸书》中的《武观》篇。

⑩将将：即“锵锵”。铭：当为“金石”二字之误合，从之。苋：即“筦”，指笛子。

⑪湛：沉溺。浊：当为“沔”，即“湎”湛浊，即沉湎，言饮酒无度。

⑫弗式：不以为法式。式：法式，常规。

⑬戒：当作“式”。

【译文】

怎么知道从事音乐是不对的呢？请看看先王的书籍，汤所做的官刑有记载，上面说："经常在家中跳舞，这就叫作巫风。对此的惩罚是：君子缴纳丝线两束，小人加倍，缴纳两匹帛。"《太誓》上说："哎！乐舞洋洋，其声多么响亮。可上帝不喜欢这样，九州将要灭亡。上帝心中不畅，将降下灾殃，他的家族必然灭亡。"考察九州所以灭亡的原因，只是因为从事于音乐啊！《武观》上说："夏启的儿子五观放纵享乐，在野外大肆吃喝。将将锽锽。声磬交响，沉湎于酒色，并随意在野外听乐进餐。《万舞》的场面十分浩大。这些都被上灭知道了，天认为反常。"所以，在上的天帝鬼神不保佑，在下的民众没有得到利益。

所以墨子说："现在天下的士人君子，诚心要为天下人谋利，为天下人除害，对于音乐这样的东西，是不应该不禁止的。"

【评析】

墨子说："仁之事者，必务求兴天下之利，除天下之害，将以为法乎天下。"因此只要是对国家有利的就应该提倡，对国家有害的就应该铲除。因此墨子反对当时贵族阶级奢侈腐化的享乐生活，指出他们的享乐生活是建立在广大劳动者的饥寒交迫之上的，音乐只能增加小生产者和劳动者的负担，因此向王公大人的腐朽生活提出抗议，但同时他也指出，音乐艺术并不是不美，只是眼前迫切需要解决的是如何解决人民温饱问题，因此，他提出了严厉的抨击，提出必须禁止音乐。

【故事阐微】

晋平公侈乐遭祸患

卫灵公在位的时候，有一次他将要去晋国，走到濮水边上，住在一个上等馆舍中。半夜里突然听到抚琴的声音，问左右跟随的人都没有听到。于是，他召见名叫涓的乐师，让他把琴曲记下来，演奏成乐曲。他们这才动身到晋国，见了晋平公。平公在施惠之台摆酒筵招待他们。

饮酒饮到酣畅痛快的时候，卫灵公道："我们这次来时，得了一首新曲子请为您演奏以助酒兴。"平公道："好极了。"即命乐师涓在晋国乐师旷的身边坐下来，取琴弹奏。一曲没完，师旷甩袖制止说："这是亡国之音，不要再奏了。"平公说："为什么说出这种话来？"师旷道："这是师延作的曲子，他为纣王作了这种靡靡之音，武王伐纣后，师延向东逃走，投濮水自杀，所以这首曲子必是得之于濮水之上，先听到此曲的国家就要被削弱了。"平公说："寡人所喜好的，就是听曲子这件事，但愿能够听完它。"这样乐师涓才把它演奏完毕。

平公道："这是我听到过的最动人的曲子了，还有比这更动人的吗，"乐师旷说："有。"平公说："能让我们听一听吗？"乐师旷说："必须修德行义深厚的才能听此曲，您还不能听。"平公说："寡人所喜好的，只有听曲子一件事，但愿能听到它。"乐师旷不得已，取琴弹奏起来，奏第一遍。有千载玄鹤十几只飞集堂下廊门之前；第二遍，这些玄鹤伸长脖子，呦呦鸣叫起来，还舒展翅膀，随琴声跳起舞来。

平公大喜，起身为乐师旷祝酒。回身落座，问道："再没有比这更动人的曲子了吗？"乐师旷道："有。过去黄帝祭鬼神时奏的曲子比这更动人，只是您德义太薄，不配听罢了，听了将有败亡之祸。平公说："寡人这一大把年纪了，还在乎败亡吗？我喜好的只有听曲，但愿能够听到它。"乐师旷没有办法，取琴弹奏起来。奏了一遍，有白云从西北天际出现；又奏一遍，大风夹着暴雨，铺天盖地而至，直刮得廊瓦横飞，左右人都惊慌奔走。平公害怕起来，伏身躲在廊屋之间。晋国于是大旱三年，寸草不生。

非命（上）

【题解】

非命是墨家极其卓越的观点之一。尤其可贵的是《非命》三篇的开头都提出以“本”“原”“用”三表作为衡量事物存在与否的客观标准，这是对中国古代认识论的重要贡献。在本文中，墨家运用三表法，指斥“命”不见于先王之书，不合于古者圣王之事，人们相信有命，就会“上不听治，下不从事”，造成刑政混乱，财用不足，以致“亡失国家，倾覆社稷”。其批判是深刻的。

【原文】

子墨子言曰：“古者王公大人，为政国家者，皆欲国家之富，人民之众，刑政之治。然而不得富而得贫，不得众而得寡，不得治而得乱，则是本失其所欲，得其所恶，是故何也？”子墨子言曰：“执有命者以杂于民间者众[①]。执有命者之言曰：‘命富则富，命贫则贫，命众则众，命寡则寡，命治则治，命乱则乱，命寿则寿，命夭则夭，命[②]，虽强劲何益哉？’以上说王公大人[③]，下以驵百姓之从事[④]，故执有命者不仁。故当执有命者之言，不可不明辨。”

然则明辨此之说将奈何哉？子墨子言曰：“必立仪[⑤]，言而毋仪[⑥]，譬犹运钧之上而立朝夕者也[⑦]，是非利害之辨，不可得而明知也。故言必有三表[⑧]。”何谓三表？子墨子言曰：“有本之者[⑨]，有原之者[⑩]，有用之者。于何本之？上本之于古者圣王之事。于何原之？下原察百姓耳目之实。于何用之？废以为刑政[⑪]，观其中国家百姓人民之利。此所谓言有三表也。

【注释】

①执有命：主张有命运。

②命：王引之注：“此下有脱文，不可考。”

③说（税）：游说，劝说。

④驵（组）：毕沅注：“驵，阻字假音。”

⑤仪：标准、准则。

⑥毋：通“无”。

⑦运：转动。钧：制作陶器所用的转轮。立：定。朝夕：代指东西方向。

⑧表：与“仪”同义，谓准则、原则。

⑨本：追根溯源。

⑩原：原由。

⑪废：王引之注：“废读为发……，发、废古字通。”

【译文】

墨子说：“古代王公大人治理国家，都希望国家富足，人民众多，政治清明。然而国家不得富反得贫，人民不增多反减少，政治不清明反混乱，这正好失去自己所希望的，而得到了自己所厌恶的，这是什么缘故呢？”墨子说：“主张有命论者夹杂在民间的太多了。主张有命论者说：‘命富就富，命贫就贫，命多就多，命少就少，命治就治，命乱就乱，命寿就寿，命夭就夭，即使你有强劲的力量，又有什么用呢？’拿这些话对上游说王公大人，对下阻碍百姓做事，所以主张有命论是不仁的，对有命论者的理论，不能不加以明辨。”

那么怎样来明辨这些说法呢？墨子说：“必须有一个标准，言论没有标准，就好比要在转动着的钧轮上来确定早晚的时间，这是不可能的。对是非利害的分辨，是不会知道的。所以言论必须有三个原则。”三个原则是什么呢？墨子说：“第一对事要追根溯源；第二要推究它的缘由；第三要用之于实践。向何处去溯源呢？就是向上去探求古代圣王的事情。向何处去推究它的缘由呢？就是向下考察百姓耳目的实情。实践中怎样用呢？就是把它应用到刑事与政务方面，看它符不符合国家百姓人民的利益。这就是所说的言论必须遵循的三个原则。

【原文】

然而今天下之士君子，或以命为有。盖尝尚观于圣王之事[1]。古者桀之所乱，汤受而治之；纣之所乱，武王受而治之。此世未易民未渝[2]，在于桀纣，则天下乱；在于汤武，则天下治，岂可谓有命哉！

然而今天下之士君子，或以命为有。盖尝尚观于先王之书，先王之书，所以出国家[3]，布施百姓者，宪也[4]。先王之宪，亦尝有曰：'福不可请，而祸不可讳[5]，敬无益[6]，暴无伤'者乎[7]？所以听狱制罪者，刑也。先王之刑亦尝有曰'福不可请，祸不可讳，敬无益，暴无伤'者乎？所以整设师旅[8]，进退师徒者[9]，誓也。先王之誓亦尝有曰：'福不可请，祸不可讳，敬无益，暴无伤'者乎？"是故子墨子言曰："吾当未盐数[10]，天下之良书不可尽计数，大方论数[11]，而五者是也[12]。今虽毋求执有命者之言[13]，不必得，不亦可错乎[14]？今用执有命者之言，是覆天下之义[15]，覆天下之义者，是立命者也，百姓之谇也[16]。说百姓之谇者，是灭天下之人也。"然则所为欲义在上者[17]，何也？曰："义人在上，天下必治，上帝山川鬼神，必有干主[18]，万民被其大利。"何以知之？子墨子曰："古者汤封于亳[19]，绝长继短[20]，方地百里，与其百姓兼相爱，交相利，移则分[21]。率其百姓，以上尊天事鬼，是以天鬼富之[22]，诸侯与之[23]，百姓亲之，贤士归之，未殁其世[24]，而王天下[25]，政诸侯[26]。昔者文王封于岐周，绝长继短，方地百里，与共百姓兼相爱、交相利，则[27]，是以近者安其政，远者归其德。闻文王者，皆起而趋之[28]。罢不肖股肱不利者[29]，处而愿之曰：'奈何乎使文王之地及我[30]，吾则吾利[31]，岂不亦犹文王之民也哉。'是以天鬼富之，诸侯与之，百姓亲之，贤士归之，未殁其世，而王天下，政诸侯。乡音言曰[32]：义人在上，天下必治，上帝山川鬼神，必有干主，万民被其大利。吾用此知之。"

【注释】

①盖：句首发语词。尚：通"上"。

②此世未易民未渝：这社会没有变更百姓也没有改换。渝：变更。

③出国家：用于国家。

④宪：《尔雅·释诂》："宪，法也。"

⑤讳：孙诒让注："当读为违，同声假借字。"

⑥敬无益：恭敬也无益。

⑦暴无伤：残暴也无害。

⑧整设：整顿配置。师旅；指军队。

⑨师徒：指士卒。

⑩当：孙诒让注："疑'尚'之讹。"盐：毕沅注："盐，'尽'字之讹。"

⑪大方：大略。

⑫五者：毕沅注："当为'三'，即上先王之宪、之刑、之誓是。"

⑬虽毋：即"惟（唯）毋"，语助词。

⑭错：通"措"，措置、放弃。

⑮覆：败坏。

⑯谇：俞樾云："谇读为悴。《说文》心部：'悴，忧也'。"

⑰为：通"谓"，义在上：孙诒让云："文未备，据下文当作'义人在上'，今本脱'人'字。"

⑱干主：孙诒让注："犹言宗主。"古代承祖先祭祀的宗族之长曰宗主。

⑲亳：古地名，在今河南商丘附近。是商汤的封地，灭夏以后在此建都。

⑳绝长继短：即取长补短。

㉑移：毕沅注："言财多则分也。移，或多字。"

㉒富之：使之富足。

㉓与之：亲附他。

㉔未殁其世：未终其身。指在生之时。

㉕王天下：做天下的王。

㉖正诸侯：为诸侯之长。政：通'正'。正：长。

㉗则：王引之注："'是以'上不当有'则'字。"

㉘趋：趋附。

㉙罢：通“疲”。《荀子》杨倞注：“罢，弱不任事者。”不肖：不善，无才。股肱不利：手脚不便。

㉚及：达到。及我：达到我们所处之地。指希望文王的势力范围包括自己所在的地方。

㉛吾则吾利：俞樾说，上一“吾”字与“利”字为衍文。“则吾”二字应与下句相接。

㉜乡者：从前。乡：同“向”。

【译文】

然而现在天下的士君子，有人以为有命。那么，让我们试着往上观察一下圣王的事。古时夏桀搞乱了国家，商汤接过来把国家治理好；商纣王搞乱了国家，周武王接过来把国家治理好。这社会没有变，百姓也没有换，在夏桀、商纣手里，天下就大乱；在商汤、武王手里，天下就太平，怎能说有命呢！

然而现在天下的士君子，有人以为有命。那么，让我们试看一下先王的书。先王的书，用来治理国家和布告百姓的，就是宪法了。先王的宪法，可曾说过：‘福不可求，祸不可违，恭敬没有益，残暴没有害’这样的话吗？用来断案判罪的，就是刑法了。先王的刑法可曾说过‘福不可求，祸不可违，恭敬没有益，残暴没有害’这样的话吗？用来整饬军队，指挥士卒的，就是誓言了，先王的誓言中可曾说过：‘福不可求，祸不可违，恭敬没有益，残暴没有害’这样的话吗？”所以墨子说：“我尚未数完呢，天下的好书实在太多了，不能尽举，但大体说来是这三种。现在主张有命的人的理论，找不到证据，不是可以放弃它吗？如果现在采用有命者的说法，就是破坏天下的义，破坏天下的义，这提倡有命的人，就是喜欢百姓的忧伤。以百姓的忧伤为乐的人，也就是毁灭天下的人。”那么人们要求有义之人居于上位，是为了什么呢？回答是，有义之人在上位，天下一定大治，上帝、山川和鬼神，必定有宗主祭祀，万民将得到大利。凭什么知道是这样呢？墨子说：“古时商汤受封在亳地，取长补短，方圆百里之地，百姓兼相爱，交相利，财多互相分享。他率领百姓，对上尊敬上天侍奉鬼神，所以天帝鬼神使他富足，诸侯归顺他，百姓亲近他，贤士投奔他，他在世的时候，称王天下，成为诸侯之长。从前周文王封在岐山的周原，取长补短，方圆百里之内，百姓兼相爱，交相利，所以近的安于他的统治，远的因他的德政而前来归顺，凡是听到周文王的仁德，都纷纷前来投靠他。疲弱无才及手脚不灵便的人，都在那里盼望着说：‘如何才能使文王的领土扩展到我们这里呢？如果那样，我们不就是文王的人民了吗？’因此天地鬼神使他富足，诸侯归顺他，百姓亲近他，贤士来投奔他，他在世的时候，称王天下，成为一方诸侯之长。我先前说，仁义之人在上位，天下一定大治，上帝、山川、鬼神必定有宗主祭祀，万民将得到大利，就是这个道理。”

【原文】

是故古之圣王发宪出令，设以为赏罚以劝贤，是以入则孝慈于亲戚，出则弟长于乡里[①]，坐处有度[②]，出入有节，男女有辨。是故使治官府，则不盗窃，守城则不崩叛，君有难则死[③]，出亡则送。此上之所赏，而百姓之所誉也。执有命者之言曰：‘上之所赏，命固且赏，非贤故赏也。上之所罚，命固且罚，不暴故罚也[④]。’是故入则不慈孝于亲戚，出则不弟长于乡里，坐处不度，出入无节，男女无辨。是故治官府则盗窃，守城则崩叛，君有难则不死，出亡则不送。此上之所罚，百姓之所非毁也[⑤]。执有命者言曰：‘上之所罚，命固且罚，不暴故罚也。上之所赏，命固且赏，非贤故赏也。’以此为君则不义，为臣则不忠，为父则不慈，为子则不孝，为兄则不良[⑥]，为弟则不弟，而强执此者，此特凶言之所自生，而暴人之道也。

【注释】

①弟：通“悌”。悌：敬爱兄长。

②从处有度：指举止有规矩。

③君有难则死：指国君有难时能为国君尽忠效死力。

④不：王引之注：“不与非同义，故互用。”

⑤非毁：诽议诋毁。非，同“诽”。

⑥良：孙诒让注：“良为兄义不甚切，疑‘良’当为‘长’。”

【译文】

因此古代圣王颁发宪令，制定赏罚的措施，用以鼓励贤明阻止暴行，所以人们在家能孝顺父母，出外能敬爱乡邻，举止有规矩，进出有礼节，男女有分别。派他们去管理官府，就不会贪污盗窃；派他们去守城则不会背叛，国君有难能尽忠效死，国君出奔能跟随护送。这些就是上边要奖赏，百姓要称赞的人。主张有命的人说：‘上面赏他，是他命中注定该得赏，不是因为贤的缘故而得赏的，上面罚他，是命中注定该受罚，不是因为暴虐的缘故才罚他。’所以人们在家中不孝顺父母，出外不能敬爱乡邻，举止无规矩，进出无礼节，男女无分别。派他们去管理官府，就会贪污盗窃，派他们去守城则会背叛，国君有难不能尽忠效死，国君出奔不能跟随护送。这些就是上边要加以惩罚，百姓要加以诋毁的人。主张有命的入说：‘上面罚他，是命中注定该罚，不是因为暴虐的缘故才罚他。上面赏他，是他命中注定该赏，不是因为贤明的缘故才得赏。’按照此观点去实行，为君就会不义，为臣就会不忠，为父就会不慈，为子就会不孝，为兄的不像兄，为弟的不像弟，强持有命之说，只不过成为恶言的根源，暴人的道理罢了。

【原文】

然则何以知命之为暴人之道？昔上世之穷民[①]，贪于饮食，惰于从事，是以衣食之财不足，而饥寒冻馁之忧至，不知曰‘我罢不肖[②]，从事不疾[③]，必曰‘我命固且贫。’昔上世暴王，不忍其耳目之淫[④]，心涂之辟[⑤]，不顺其亲戚，遂以亡失国家，倾覆社稷，不知曰‘我罢不肖，为政不善’，必曰‘吾命固失之’。于《仲虺之告》曰[⑥]：‘我闻于夏人，矫天命布命于下[⑦]，帝伐之恶[⑧]，袭丧厥师[⑨]。’此言汤之所以非桀之执有命也。于《太誓》曰[⑩]：‘纣夷处[⑪]，不宜事上帝鬼神[⑫]，祸厥先神禔不祀[⑬]，乃曰吾民有命[⑭]，无廖排漏[⑮]，天亦纵弃之而弗葆[16]。’此言武王所以非纣执有命也。今用执有命者之言，则上不听治，下不从事。上不听治，则刑政乱；下不从事，则财用不足，上无以供粢盛酒醴，祭祀上帝鬼神，下无以降绥天下贤可之士[17]，外无以应待诸侯之宾客，内无以食饥衣寒[18]，将养老弱[19]。故命上不利于天，中不利于鬼，下不利于人，而强执此者，此特凶言之所自生，而暴人之道也。”

是故子墨子言曰：“今天下之士君子，忠实欲天下之富而恶其贫[20]，欲天下之治而恶其乱，执有命者之言，不可不非，此天下之大害也。”

【注释】

①上：通“尚”，尚世：指古代。

②罢：通“疲”。

③疾：快。

④淫：奢欲。

⑤心涂：王引之注：“心涂，本作‘心志’，‘耳目之淫，心志之辟，并见中篇。下篇作‘心意’，亦‘心志’之伪。”辟：通‘僻’，僻好，邪僻。

⑥仲虺之告：《尚书》篇名，已亡佚。仲虺：商汤王时的贤相。告：即“诰”，古代帝王给臣子的命令。此为仲虺宣读汤的命令。

⑦矫：假借、伪造。

⑧伐：毕沅注：“《非命》（中）作‘式是恶’。‘式’‘伐’形相近，‘之’‘是’音相近也。”按此，伐之，即式是、于是的意思。恶：厌恶，憎恨。

⑨袭：为“用”的假借字（孙星衍说）。厥：其。

⑩太誓：即泰誓，《尚书》篇名，为周武王会合诸侯讨伐商纣的誓言，原文已佚。今本《泰誓》为伪《古文尚书》的一篇。

⑪夷处：王焕镳注：“‘处’疑当作‘虐’，纣夷处：纣实行夷灭酷虐之法。”

⑫肎：“肯”的古字。

⑬祸厥先神禔不祀：孙诒让注：“《天志·中篇》‘祸’作‘弃’‘禔’作

'祇'……，祇、禔声近，古通用。"神禔：神灵。先：祖先。

⑭民：孙诒让注："《天志》中篇无'民'字。"

⑮无廖排漏：见《天志》中篇第六段注释⑦。

⑯纵弃：放弃。葆：通"保"。

⑰降绥：安定。贤可之士：指贤良而可当政的人。

⑱食饥衣寒：使饥者有吃，使寒者有衣。

⑲将养：持养、抚养。

⑳忠：通"中"。

【译文】

那么凭什么知道有命论是暴人的道理呢？从前古代的穷民，贪于饮食，懒于工作，因此衣食之财不足，饥寒冻馁的忧患跟着到来。他们不会说：'我疲弱无能，做事不勤快。'而一定会说：'我命中注定要穷。'从前古代的暴王，不能克制自己的奢欲及心术的邪僻，不顺其父母，终于国破家亡，社稷倾覆。他们不会说：'我疲弱无能，不善于治政。'而一定会说：'我命中注定该失天下。'仲虺宣读商汤王的诰命中曾说道：'我听说夏桀假传天命，布达天下，天帝于是憎恨他，因而要覆灭他的军队。'这就是说商汤认为夏桀相信天命是不对的。武王的《泰誓》上说：'商纣灭绝人性，残酷暴虐，不肯侍奉上帝鬼神，对其祖先及天地神灵弃而不祭，还居然说我有天命，他不努力侍奉神明，不警戒自己的过失，因而上天遗弃他，不保佑他。'这就是说武王认为商纣相信天命是不对的。现在如果相信有命论者的话，那么在上位的不去听政，在下位的不去工作。在上位的如不听政，政事就会混乱；在下位的不工作，财用就会不足，这样，对上没法贡献洁食美酒祭祀天帝鬼神，对下无法安定贤良之士，对外无法款待诸侯宾客，对内无法使饥者得食寒者得衣，扶养老弱病残。所以主张有命的说法，上不利于天，中不利于鬼，下不利于人。如果强持有命的说法，这只不过成为恶言的根源，暴人的道理罢了。"

所以墨子说："当今天下的士君子，心中真想求得天下富足而厌恶天下贫穷，想求得天下太平而厌恶天下动乱，那么对于主张有命的人所说的话，就不能不加以反对，因为这些言论是天下的大祸害。”

【评析】

俗话说：“行善积德，做好事能改善不好的命运，也就能化灾免灾。”可究竟有没有命运的存在呢？墨子提倡“非命”，认为一个人的富贵贫贱不是天生的，而是由自己的努力与不努力所造成的，国家的混乱也不是命定的，而是君主努力与不努力的结果。他认为真正能够决定国家命运和个人命运的是主观的思想，而非命运。因此，不应该坐着等待命运的支配。

墨子的非命说，主要是为了强调人为力量的重要性，反对坐享其成的懒惰消极思想。

【故事阐和微】

行善积德改变命运

唐代的裴度，有一天，一个高僧给他看相，说他一个月内要饿死。但一个月过后，他还好好地活着。于是他找到这个高僧，这个高僧就对他说：“你今后位至三公。”裴度不服气地说：“你一月前说我要饿死，现在又说我今后要位至三公，这究竟是怎么回事？”这个高僧笑着说道：上次我说你要饿死之后，你回去做了好事，所以免灾不死，还要高升。原来裴度一天在赶庙会时，拾到两条贵重的玉带，就在庙前坐等失主。原来失主是一个很富有的小姐，这位小姐为了感谢裴度，就要送他一条玉带。裴度说：“我要是贪求玉带，就不会在这里等失主了。”后来裴度果然官位三公。这究竟是有命运的存在呢？还是没有呢？

清朝有一个人，叫袁了凡，他有着远大的目标。他原来不信命，可后有一个算命的给他算的事件件就验，他就开始信命。这位算卦先生说：你以后不能当官，也不会儿子。他听了之后，虽然很不高兴，但却深信不疑，认为这一切都是命中注定的无法改变，于是只好消极对待，任由命运摆布。也从未再想过当官。

有一天，袁了凡到南京栖霞山遇到云谷高僧，这位高僧对他讲："善恶因果报应循环"的规律，告知他"命由我造，福由我求"的改变命运的道理。袁了凡听后，于是潜心念佛，处处行善积德，立了做三千件好事的决心。三千件好事做完了，又许愿了三千件，结果袁了凡不但当了官，而且生了两个很有出息的儿子。从这里看出人的命运是由自己决定的，而非命中注定的。

非命（中）

【题解】

本篇继续阐发和运用三表法以驳斥有命论。再次强调命之为物是从来没有人见过、听过的。并以主要篇幅考之圣王之事和先王之书，证明只有"暴王"和"穷民"才执"有命"论，而圣王都是主张非命的。

【原文】

子墨子言曰：凡出言谈、由文学之为道也①，则不可而不先立义法②。若言而无义，譬犹立朝夕于员钧之上也③，则虽有巧工，必不能得正焉。然今天下之情伪，未可得而识也，故使言有三法。三法者何也？有本之者，有原之者，有用之者。于其本之也④？考之天鬼之志，圣王之事。于其原之也？征以先王之书⑤。用之奈何，发而为刑政。此言之三法也。

【注释】

①由：当作"为"，下"为"字衍。

②此句当作"则不可不先立义"。义，同"仪"。

③朝夕：即日规，古代用日影以测量时间的仪器。员钧：即运钧，古代制陶器时用的转轮。

④于：当读为“乌”，发问之词。下旬同。

⑤征：证明，验证。

【译文】

墨子说：凡是发表言论、写作文章的原则，不可不先树立一个标准。如果言论没有标准，就好像把测量时间的仪器放在制陶的转轮上一样，即使有能工巧匠，也必定不能得到正确的结果。但现今天下的事物的真假，没办法得到辨识，所以发表言论有三条准则。哪三种法则呢？第一是审查本质，第二是推究情理，第三是用于实践。怎么来求得本质呢？用天帝鬼神的意志和圣王的行事来考察它。怎样推究义理呢？用先王的书来验证它。怎样付诸实践呢？把它用到刑法政令上去。这就是言论的三条标准。

【原文】

今天下之士君子[1]，或以命为亡。我所以知命之有与亡者，以众人耳目之情，知有与亡。有闻之，有见之，谓之有；莫之闻，莫之见，谓之亡。然胡不尝考之百姓之情？自古以及今，生民以来者，亦尝有见命之物，闻命之声者乎？则未尝有也。若以百姓为愚不肖，耳目之情不足因而为法，然则胡不尝考之诸侯之传言流语乎？自古以及今，生民以来者，亦尝有闻命之声，见命之体者乎？则未尝有也。然胡不尝考之圣王之事？古之圣王，举孝子而劝之事亲，尊贤良而劝之为善，发宪布令以教诲，明赏罚以劝沮[2]。若此，则乱者可使治，而危者可使安矣。若以为不然，昔者，桀之所乱，汤治之；纣之所乱，武王治之。此世不渝而民不改，上变政而民易教。其在汤武则治，其在桀纣则乱。安危治乱，在上之发政也，则岂可谓有命哉！夫日有命云者亦不然矣。

【注释】

①此句之下当有“或以命为有”五字。
②沮：阻止。

【译文】

现在天下的士人君子，有的以为命是有的，有的以为命是没有的。我之所以知道命的有无，是根据众人耳目所见所闻的实情来知道有与无的。如果有人听到过，见到过，那就是有；如果没有人听到过，也没有人见到过，那就是没有。那么为什么不试着用百姓的实际情况来考察呢？从古到今，自有人民以来，有曾经见过命的形象，听过命的声音的人吗？那是从未有过的。如果认为百姓愚笨无能，耳目所见所闻的实际情况不足以当作标准，那么为什么不试着考察诸侯之间流传的话呢？从古到今，自有人民以来，有曾经听到过命的声音，见到过命的形体的人吗？那是从未有过的。那么为什么不考察圣王的行事呢？古代的圣王，举用孝子以鼓励他事奉双亲；尊重贤良以鼓励他做作善事，颁发宪令来教诲人民，明确赏罚的规定来鼓励善行而阻止作恶。如果这样做，那么混乱的情况就可以得到治理，危险的情况可以转为平安。如果认为不是这样，从前，夏桀搅乱了天下，由汤来治理；商纣搅乱了天下，由武王来治理。这个世界没有改变，人民也没有改变，君王改变了政令，人民就容易教导。同样的人民在商汤、周武王时就得到治理，在夏桀、商纣时则变得混乱。安危与治乱，在于君王所发布的政令，怎么能说是有命呢！那些说有命的，并不是这样。

【原文】

今夫有命者言曰[①]：我非作之后世也，自昔三代有若言以传流矣。今故先生对之[②]？曰：夫有命者，不志昔也三代之圣善人与[③]？意亡昔三代之暴不肖人也[④]？何以知之？初之列士桀大夫[⑤]，慎言知行[⑥]，此上有以规谏其君长，下有以教顺其百姓。故上得其君长之赏，下得其百姓之誉。列士桀大夫声闻不废，传流至今。而天下皆日其力也，一见命焉⑦。

【注释】

①夫：当为“埶”，即“执”字。下同。

②故：同“胡”。对：即“怼”。

③志：即“识”。

④意亡：即“抑无”，转语词。

⑤初：即“古”。桀：即“杰”。

⑥知：疑当作“疾”。

⑦一见：当作“不曰亓”，“一”为“不”之坏字，“日亓”误合为“见”，“亓”即“其”字。又，此句“一”与“见”之间原本多出四十字，据吴毓江校移于下文“罢不肖”之前。

【译文】

现在坚持有天命的人说：我说的并不是后世才有的说法，从古时三代就有这种话流传了。现在为什么先生您要痛恨这种说法呢？回答是：坚持有天命的人，不知道是远古三代的圣人善人，还是远古三代的暴君和坏人？凭什么知道的呢？古代的有功之士与杰出的大夫，说话谨慎，行事快捷，对上能规劝进谏君主，对下能教导安抚百姓。所以上能得到君主的赏识，下能得到百姓的赞誉。有功之士与杰出的大夫名声不会废止，流传到现在。但天下人都说这是他们努力的结果。而不会说这是他们的命。

【原文】

是故昔者三代之暴王，不缪其耳目之淫①，不慎其心志之辟，外之驱骋田猎毕弋，内沉于酒乐，而不顾其国家百姓之政。繁为无用，暴逆百姓，使下不亲其上。是故国为虚厉②，身在刑僇之中③，必不能曰：“我罢不肖④，我为刑政不

善。”必曰：“我命故且亡[⑤]。”虽昔也三代之穷民，亦由此也。内之不能善事其亲戚，外不能善事其君长，恶恭俭而好简易，贪饮食而惰从事，衣食之财不足，使身至有饥寒冻馁之忧，必不能曰：“我罢不肖，我从事不疾。”必曰：“我命固且穷。”虽昔也三代之伪民，亦犹此也：繁饰有命，以教众愚朴之人。

【注释】

①缪：同“纠”。
②厉：死而无后叫厉。
③僇：同“戮”。
④罢：疲惫。不肖：不贤，不才。
⑤故：即“固”。

【译文】

所以从前三代的暴君，不纠正他们对于声色享受的过分追求，不谨慎他们内心的邪僻，在外就驱车驰骋打猎捕鸟，在内就沉湎于饮酒作乐，而不顾国家和百姓的政务。频繁地做没有益处的事，残暴地对待百姓，使得在下的人不敬重在上的人。所以国力空虚，民众没有子嗣，自己也陷于刑戮之中，但却肯定不会说：“我疲懒无能，我行使刑法政令做得不好。”肯定说：“我命中本来就注定了要灭亡。”即使是从前三代的穷人，也是这样的。在内不能好好侍奉父母，在外不能好好地敬事君长，厌恶恭敬勤俭而喜欢简慢轻率，贪于饮食而懒于劳动，衣食之资不够用，致使有饥寒冻馁的忧患，但却肯定不会说：“我疲懒无能，我劳动不勤快。”肯定要说：“我的命本来就是穷命。”即使是从前三代虚伪的人，也是这样的：过多地粉饰命定之说，用来教育广大的愚昧朴实的民众。

【原文】

久矣，圣王之患此也，故书之竹帛，镂之金石。于先王之书《仲虺之告》

曰[①]：“我闻有夏人矫天命，布命于下，帝式是恶，用阙师[②]。”此语夏王桀之执有命也，汤与仲虺共非之。先王之书《太誓》之言然曰：“纣夷之居[③]，而不肯事上帝，弃阙其先神而不祀也[④]，曰：‘我民有命。毋修其务[⑤]。’天不亦弃纵而不葆[⑥]。”此言纣之执有命也，武王以《太誓》非也。有于三代不国有之曰[⑦]：“女毋崇天之有命也。”命三不国亦言命之无也[⑧]。于召公之执令于然[⑨]，且[⑩]：“敬哉！无天命，惟予二人而无造[⑪]，言不自降天之哉得之[⑫]。”在于商、夏之诗、书曰：“命者，暴王作之。”且今天下之士君子，将欲辩是非利害之故[⑬]，当天有命者[⑭]，不可不疾非也。执有命者，此天下之厚害也，是故子墨子非也。

【注释】

①《仲虺之告》：《逸书》的篇名。仲虺，商汤的左相。告，即诰。

②阙：当作“丧厥”二字。通“倨”，傲慢。

③居：当作“虐”。

④此句当为“弃厥先神祇而不祀也”。

⑤毋谬其务：当为“毋缪罪厉”。

⑥此句当作“天亦纵弃之而不葆”。

⑦有：即“又”。不：当为“百”。

⑧命三不：当作“今三代百”。

⑨于然：即“亦然”。

⑩且：当作“日”。

⑪造：当即“诰”，即告诫之意。

⑫言不自降天之哉得之：当为“吉不降自天，是我得之”。

⑬辩：通“辨”。

⑭天：当为“王”，即“执”字。

【译文】

圣王担忧这个问题已经太久了，所以把它书写在竹和帛上，雕刻在金属和石头上。在先王的书《仲虺之诰》中说："我听说夏代的人假托天命，对下面的人发布命令，所以天帝厌恶他，使他丧失了军队。"这是说夏朝的君王桀坚持有天命，而商汤与仲虺共同来批驳他。先王的书《太誓》里也这样说："纣非常倨傲，并且不肯侍奉上帝，抛弃他祖先的神灵而不去祭祀，说：'我有天命。并且不悔改他的罪愆。'上天也抛弃了他而不保佑他。"这是说纣王坚持有天命，而周武王用《太誓》来反驳他。又在三代百国的书中也说："你们不要崇信上天是有天命的。"现在三代百国的书中都说天命是没有的。而召公的《执令》也如此说："要恭敬啊！不要相信天命，只有我们两人执政，不能不互相告诫，好事不会自己从天下掉下来，都是我们自己求得的。"在商、夏时代的诗、书中说：天命是暴君伪造的。现在天下的士人君子，想要辨明是非利害的原因，对于坚持有天命的人，不能不赶快反驳。坚持有天命的人，是天下的大害，所以墨子反驳他们。

【评析】

墨子认为国家的兴亡、个人的富贵贫贱不完全是命运的安排，而主要是主观的努力。在这里他提出了统治者的主观努力对天下的治乱起着决定的作用。他把推动社会发展的力量，从不可知的"命运"搬到少数圣王的手中，他认为夏桀、商纣王等人之所以会乱天下，不是命中注定的，而是自己不努力的结果。他的这种思想有一定的进步意义。但同时他认为"天下之治"是"商汤、周武王"等人的力量，这却是不符合事实的。处在那种情况下，不是商汤、周武王等人推翻他们，肯定也还会有别人做的。

【故事阐微】

陆贽谏言唐太宗

陆贽，字敬舆，苏州嘉兴心今浙江嘉兴人。唐朝的科举重进士，轻明经，陆贽在十八岁就考中了进士，复参加制举中了博学宏词科：按理说，少年得志的陆贽，铺在他面前的该是一条锦绣大道，可他执拗的性格，使他在当县尉后，就遭到了一次大挫折，被罢了官。

唐太宗

唐德宗在当太子时就听闻了陆贽之名，到登位后，又从派出的使者那里，获悉了陆贽对治国之道的至切建议，遂召为监察御史，再升为翰林学士。从此，陆贽开始谏言，他的谏言直切无讳，他的谏言每每中的。

唐德宗与陆贽谈及天下变乱的原因，深深自责。陆贽说："产生今日的祸患都是群臣的罪过。"唐德宗说："这也是天意，并非人为的。"陆贽退朝后，写上章疏，奏与唐德宗。他认为："陛下志在统一天下，四次讨伐朝廷叛逆，罪恶的魁首终于被诛杀，叛逆的将领却又相继作乱，战火连年不断，历经三年。征发的军队日益增多，征收的赋税日益繁重，内自京城，外到边陲，行路之人有遭遇刀兵的忧虑，居家之人有苛刻搜刮的困苦。因而叛乱此起彼伏，痛恨和怨言四处掀起，非同寻常的忧患，是亿万人民共同的忧虑。只有陛下一人蒙在鼓里，一点也不知道，致使凶恶的军队击鼓噪进，在大白天里攻打宫门，这难道不是朝廷有漏洞，人心离散，给他们以可乘之机吗？陛下有得力辅佐，有亲信，有谏官，有防卫官署，他们见到危险而不能尽力竭心，面对灾难而不敢赴汤蹈火，臣所说的招致现在的祸乱，是群臣的过失，怎么会是凭空乱说！陛下又认为国家的兴衰，都是上天注定的。臣听说上天的所见所闻，都是来自人的所见所闻。所以祖伊斥责殷纣王的文辞说：'我生来是没有命运在天的！'周武王列数殷纣王的罪责时说：'竟然说我有天命在身，不肯以自己所受的惩罚为戒。'这些都说明不谈人事而只讲天命是一定行不通的道理啊！《易经》说：'观此履卦，考究吉祥。'又说：'吉凶是得失的表象。'这便是说天命是人为的，意义是非常明确的。圣人贤哲的思想在《六经》中是相互贯通的，都说祸福在于人为，没有说过盛衰是命运注定的。所以，治理好了人事，上天却降下变乱，这样的事是没有的，把人事处理乱了，上天却降下安康，这样的事也是没有的。不久以前，征战讨伐的事很多，刑法稍嫌严厉，物力消耗已尽，人心惊恐疑虑，有如置身风波之上，总是动荡不安。上自朝廷百官，下到黎民百姓，宗族邻里友人日夜相聚议论，果真如大家所曾预料的一样。京城人口，往往超过十万，固然并非人人都懂推算之术，个个都晓占卜之书，这正好说明产生敌寇的原因，未必全都与天意有关。臣听说治理有时会产生变乱，变乱有时会有助于治理；有的因为没有危难而失去天下，有的因为诸多危难而振兴国家。而今，产生变乱失去成业的事，已经成为过去，是无法复原的；而那些有助于治理和振兴邦国的事情，则要看陛下能否勤勉而慎重地修明政治了。何必担忧叛乱之人？何必畏惧危难的命运？勤于政事，自勉不息，足以再致太平盛世，岂是只弭平叛乱，光复大唐江山而已！”

非命（下）

【题解】

本篇的前半部分与中篇大致相同，后半部分针对命运决定一切而提出“强力”能够创造一切。所谓“强力”就是努力从事本职工作，充分发挥主观能动性。王公大人“强必治，不强必乱；强必宁，不强必危”，卿大夫“强必贵，不强必贱；强必荣，不强必辱”。农夫妇人“强必富，不强必贫；强必饱，不强必饥”。“强必暖，不强必寒。”这是富于积极进取精神的自强不息论。

【原文】

子墨子言曰：“凡出言谈，则必可而不先立仪而言。若不先立仪而言，譬之犹运钧之上而立朝夕焉也。我以为虽有朝夕之辩[①]，必将终未可得而从定也，是故言有三法[②]。何谓三法？曰：有考之者，有原之者，有用之者。恶乎考之？考先圣大王之事。恶乎原之？察众之耳目之请[③]，恶乎用之？发而为政乎国，察万民而观之。此谓三法也。

【注释】

①辩：通“辨”。

②法：法则、标准。

③请：通“情”。

【译文】

墨子说：“凡立言写文章，一定不可以不先确立一个客观的法则。假如不先确立法则而发表言论，就好比要在转动着的钧轮上确定早晚的时间，我认为即使分辨出早晚，但最终是不准的。所以言谈有三条法则。什么叫作三法呢？回答说：有溯源的，有推究的，有实践的。怎么样溯源呢？考察古代圣王的事迹；怎么样推究呢？考察老百姓所闻所见的实情；怎么样实践呢？就是把言语、主张具体化，成为治理国家、管理万民的措施，看它是否符合国家人民的利益。这就是判定言论是否合理的三法。

【原文】

故昔者三代圣王禹汤文武方为政乎天下之时，曰：必务举孝子而劝之事亲，尊贤良之人而教之为善。是故出政施教，赏善罚暴。且以为若此，则天下之乱也，将属可得而治也，社稷之危也，将属可得而定也。若以为不然，昔桀之所乱，汤治之；纣之所乱，武王治之。当此之时，世不渝而民不易，上变政而民改俗。存乎桀纣而天下乱，存乎汤武而天下治。天下之治也，汤武之力也；天下之乱也，桀纣之罪也。若以此观之，夫安危治乱存乎上之为政也。则夫岂可谓有命哉！故昔者禹汤文武方为政乎天下之时，曰：‘必使饥者得食，寒者得衣，劳者得息，乱者得治。'遂得光誉令问于天下[①]。夫岂可以为命哉！故以为其力也！今贤良之人，尊贤而好功道术，故上得其王公大人之赏，下得其万民之誉，遂得光誉令问于天下。亦岂以为其命哉！又以为力也。然今夫有命者，不识昔也三代之圣善人与？意亡昔三代之暴不肖人与？若以说观之，则必非昔三代圣善人也，必暴不肖人也。然今以命为有者，昔三代暴王桀纣幽厉，贵为天子，富有天下，于此乎，不而矫其耳目之欲[②]，而从其心意之辟，外之敺骋田猎毕戈，内湛于酒乐，而不顾其国家百姓之政，繁为无用，暴逆百姓，遂失其宗庙。其言不曰：'我罢不肖，吾听治不强。'必曰：'吾命固将失之。'虽昔也三代罢不肖之民，亦犹此也。不能善事亲戚君长，甚恶恭俭而好简易，贪饮食而惰从事，衣食之财不足，是以身有陷乎饥寒冻馁之忧，其言不曰：'吾罢不肖，吾从事不强。'又曰：'吾命固将穷。'昔三代伪民亦犹此也。

【注释】

①光誉令问：荣誉和美好的名声。
②此句中"不而"当为"而不"。

【译文】

从前三代圣王夏禹、商汤、周文王、周武王，当他们治理天下的时候，就说：一定要尽力举荐孝子，以勉励大家侍养父母，一定要尽力尊重贤良之士，以教导大家去做好事。所以发布政令，施行教化，重在奖赏好的，惩罚坏的。并认为只有这样，天下的动乱局势才可以得到治理，社稷的危难状况才可以渐趋安定。假如认为这种话不对，那么从前夏桀统治下的天下混乱，商汤就治理好了；商纣统治下的天下混乱，周武王就治理好了。在那个时候，社会没有改变，人民也没有变化，只是统治者改变了政治措施，民情风俗也就改变了。在夏桀、商纣的统治下，天下就大乱；在商汤、周武王统治下，天下就大治。天下之大治，在于商汤、周武王的努力；天下之大乱，在于夏桀、商纣的罪孽。假如从这点来看，国家的安定与危殆、治理与动乱，就在于统治者的治政措施，哪里可以说是由天命来主宰的呢？所以从前夏禹、商汤、周文王、周武王当政治理天下的时候，说：‘一定要使得饥饿的人得到食物，受冻寒地得到衣服，劳动者有休息，动乱的局势得到治理。’他们因此而能够扬美名于天下。这哪里可以说是天命呢？这确实是在于他们的努力啊！而今贤良之士喜好研究治国之术，所以上边得到王公大人的奖赏，下边获得天下人民的称赞，便能够扬美名于天下。这难道也是因为有天命吗？所以认为这是由于他们的努力，然而今天主张天命存在的人，他们的观点不知道是根据从前夏商周三代的圣王贤士呢？还是根据从前夏商周三代的暴君恶人呢？如果从他们的说法来看，就一定不是出于从前夏商周三代的圣王贤士，一定是出自暴君恶人。然而，今天坚持天命的人，就像是从前夏商周三代暴王夏桀、商纣、周幽王、周厉王那样，他们贵为天子，富有天下，处在高位不尊重贤士，久而追求声色之乐，放纵他们内心的邪欲恶念。在外驰骋捕猎，在内沉湎于饮酒作乐，不顾他们国家百姓的政事，大量地消费，残暴地对待百姓，违背良心，终于失去了国家。他们不会说：‘我疲弱无能，治政不力。’一定会说：‘我命里注定要丧失国家。’即使是从前夏商周三代的平庸无能之民，也是这样认为的。他们不能很好地侍奉他们的父母和君长，厌恶恭敬节俭，喜好简慢无礼，贪图吃喝而懒于做事，以至衣食财用不足，所以自身常常陷于挨饿受冻的忧虑，他们不会说：‘我疲弱无能，做事不勤快。’而一定会说：‘我命里注定是穷困。’从前夏商周三代的平庸之民也是这样的。

【原文】

昔者暴王作之，穷人术之[①]，此皆疑众迟朴。先圣王之患之也，固在前矣，是以书之竹帛，镂之金石，琢之槃盂，传遗后世子孙。曰何书焉存？禹之《总德》有之曰：‘允不著[②]，惟天民不而葆，既防凶心[③]，天加之咎。不慎厥德，天命焉葆？’《仲虺之告》曰：‘我闻有夏，人矫天命，于下，帝式是增[④]，用爽厥师。’彼用无为有，故谓矫；若有而谓有，夫岂为矫哉！昔者，桀执有命而行，汤为《仲虺之告》以非之。《太誓》之言也，于《去发》曰[⑤]：‘恶乎君子[⑥]！天有显德，其行甚章。为鉴不远，在彼殷王。谓人有命，谓敬不可行，谓祭无益，谓暴无伤。上帝不顺，九有以亡：上帝不川页，祝降其丧。惟我有周，受之大帝[7]。'昔纣执有命而行，武王为《太誓》《去发》以非之。曰："子胡不尚考之乎商周虞夏之记？从十简之篇以尚，皆无之。将何若者也？"

【注释】

①术：通"述"。

②允：诚实。

③防：此处为"放"。

④增：此处当为"憎"。

⑤于去发：当为"太子发"。周武王，名姬发，《太誓》是武王伐纣前观兵于孟津时的誓词，武王受文王之事，故自称太子。

⑥恶乎：发语词。

⑦帝：当作"商"。

【译文】

从前暴戾的君王杜撰天命的论点，一般无知之民又将它进一步演述，以此去欺骗、愚弄那些忠厚老实的百姓。古代圣王早就担忧天命的危害了，所以书在竹简和帛书上，雕刻在金石上，凿镂在盘盂上，留传给子孙后代。有人问：'记载在什么书上？'夏禹的《总德》有这方面的记载，说：'若真对上天不恭顺，那么上天和百姓都不会保护他。既然放纵凶暴的心，上天就要降下灾祸。他的品德放纵不谨慎，天命怎么能保佑他。'《仲虺之告》上说：'我从夏代人那里知道，夏王矫托天命，布达天下，于是引起天帝的厌恶，因而覆灭了他的军队。'夏王把本来不存在的天命谎称为是存在的，所以说是矫托天命。如果天命确实存在，他说是有，哪里谈得上是矫托天命呢！从前夏桀坚持天命论来实行他的统治，商汤就做《仲虺之告》来批判他。《太誓》的《太子发》篇说：'啊！君子！上天具有光辉的德行，它的所为非常光明磊落，作为我们借鉴的相去不远，就在那殷王纣的时代。他说人有天命，对恭敬的德行当弃之不顾，祭祀也没有什么好处，贪暴亦何妨害。上帝因此就不保佑他，使他的九州之地都丧失了。上帝认为他不顺从，断然降下使他覆亡的灾祸。而我们周朝，则继承了商朝的大命。’从前商纣王坚持天命来实行他的统治，周武王就写《太誓》篇来反对他。所以你们何不向上考察商周虞夏的典籍，从十卷以上篇目来看，都没有‘天命’的说法，那还有什么说的呢？”

【原文】

是故子墨子曰：“今天下之君子之为文学出言谈也，非将勤劳其惟舌[①]，而利其唇呡也[②]，中实将欲其国家邑里万民刑政者也。今也王公大人之所以蚤朝晏退，听狱治政，终朝均分而不敢怠倦者[③]，何也？曰：彼以为强必治，不强必乱；强必宁，不强必危，故不敢怠倦。今也卿大夫之所以竭股肱之力，殚其思虑之知，内治官府，外敛关市、山林、泽梁之利，以实官府，而不敢怠倦者，何也？曰：彼以为强必贵，不强必贱；强必荣，不强必辱。故不敢怠倦。今也农夫之所以蚤出暮入，强乎耕稼树艺，多聚叔粟，而不敢怠倦者，何也？曰：彼以为强必富，不强必贫；强必饱，不强必饥，故不敢怠倦。今也妇人之所以夙兴夜寐，强乎纺绩织纴，多治麻统葛绪，捆布缕，而不敢怠倦者，何也？曰：彼以为强必富，不强必贫；强必煖，不强必寒。故不敢怠倦。今虽毋在乎王公大人，蕢若信有命而致行之[④]，则必怠乎听狱治政矣，卿大夫必怠乎治官府矣，农夫必怠乎耕稼树艺矣，妇人必怠乎纺绩织纴矣。王公大人怠乎听狱治政，卿大夫怠乎治官府，则我以为天下必乱矣；农夫怠乎耕稼树艺，妇人怠乎纺绩织纴，则我以为天下衣食之财，将必不足矣。若以为政乎天下，上以事天鬼，天鬼不使[⑤]；下以持养百姓，百姓不利，必离散不可得用也。是以入守则不固，出诛则不胜。故虽昔者三代暴王桀纣幽厉之所以共抎其国家[⑥]，倾覆其社稷者，此也。”是故子墨子言曰：“今天下之士君子。中实将欲求兴天下之利，除天下之害，当若有命者之言，不可不强非也。曰：命者，暴王所作，穷人所术，非仁者之言也。今之为仁义者，将不可不察而强非者，此也。”

【注释】

①惟舌：王念孙云：“惟舌当为喉舌，‘喉’误为‘唯’，因误为‘惟’耳。”

②哏即“吻”字，口边。

③终朝：整天。均分：指均衡恰当地分授职事。

④蕡：俞樾注：“‘蕡’乃‘藉’字之误。藉若，犹言假如也。”

⑤使：依王念孙说为“从”意。

⑥共：依王念孙说当为“失”。抎：抛弃、坠落。

【译文】

所以子墨子说：“当今天下的君子立言、写文章，并不是为了不断搬弄他的喉舌，而磨利他的口舌，他们的内心确实是希望对国家、邑里、人民在治理政务和刑事功能方面做出成绩。而今王公大人早上朝、迟休息，审理案件、治理政务，整天都这样做，不敢有所懈怠，这是为什么呢？这是因为他们认识到办事勤勉，就一定治理得好；办事不勤勉，就会发生动乱。办事勤勉，就会得到安定，办事不勤勉，就会发生危险。所以不敢有所懈怠。而今卿大夫之所以竭尽全身力量、绞尽脑汁，对内治理官府，对外收取关卡、山林、湖泊、鱼梁的税收，以充实官府，而又不敢有所懈怠，这是为什么呢？这是因为他们认识到勉力做事，就一定能得到高贵，不勉力从事，便一定会沦为贫贱。勉力从事一定会获得荣誉，不勉力从事，就一定会遭人侮辱。所以不敢有所懈怠。而今农民们之所以早出晚归，努力于耕田种植，多收粮食，而不敢有所懈怠，这是为什么呢？他们认识到努力生产，一定会得到富足，不努力生产，一定陷于贫穷；努力生产，一定会得到温饱，不努力生产一定会挨饿，所以不敢有所懈怠。而今妇女之所以早起晚睡，勤劳纺纱织布，多制麻丝葛线，织出成捆的布帛，而不敢懈怠，这是为什么呢？她们认识到勤劳从事就一定会得到富足，不勤劳从事，就一定会陷于贫困；勤劳从事，就一定会获得温暖，不勤劳从事，就一定会受冻。所以不敢懈怠。而今王公大人如确实相信有命，并且极力照此去做，那么一定会懒于审理案件、治理政务，卿大夫一定会懒于治理官府，农民们一定会懒于耕田种植，妇女一定会懒于纺纱织布了。王公大人懒于审理案件、治理政务，卿大夫懒于治理官府，农民们懒于耕田种植，妇女懒于纺纱织布，那么我认为天下衣食财产就必然缺乏了。假如按照这种情况去治理天下，对上侍奉天帝鬼神，天帝鬼神也认为是不依顺天意的。对下持养百姓，百姓也认为对他们不利，一定离散流亡，而不能为主上所用。所以入城守卫就不能巩固，出城攻伐也不能获得胜利。所以从前夏商周三代暴王夏桀、商纣、周幽王、周厉王之所以丧失他们的国家，丧失他们的社稷，就是因为这个缘故。"所以墨子说："当今天下的士君子，内心确实希望谋求发展天下的利益，铲除天下的祸害，面对有命论者的说法，不能不坚决有力地加以批驳。也就是说，天命论是暴戾的君王所杜撰出来的，是由一些无知平民演述出来的，并不是仁人所说的话。现在要推崇仁义的人，不能不审察并有力地加以反对的，就是这个天命论。"

【评析】

墨子认为如果王公大人不努力听政，那么国家就会混乱，不得安宁；卿大夫不努力工作，那么国家就不会富强；农夫如果不努力种植，那么人民就不得衣食之资；妇人不努力织麻，人民就没有御寒之物。关于"是谁创造了财富"这个问题，墨子的观点偏颇于统治阶级，这是不合理的，人民才是财富的最终创造者。墨子认为天下的混乱是由治理天下的王公大人的主观努力造成的，而个人的富贵贫贱也是由每一个人的努力或不努力，因此不要怨天尤人，世界是公平的，只要你能抓住机会，你就会有所成就。前提是你必须注意平时的努力，所谓"厚积薄发"就是这个道理。

【故事阐微】

商纣王荒淫侈靡终败国

商纣王即位不久，就命令工匠给他做了一把象牙筷子。纣王庶兄、贤臣箕子感叹说："象牙筷子肯定不能配土瓦直气，而要配犀牛角做得碗、白玉做的杯子。有了玉杯肯定不能盛野菜汤和粗粮做的饭，只有配山珍海味。吃了山珍海味肯定不愿意穿粗布衣服，也不愿住茅草屋子，而要穿锦绣的衣服，乘华贵的车子，住高楼广室。这样下去，肯定我们商国也不能满足他的欲望，他还要去征收远方各国的奇珍异宝，从象牙筷子为开端，我们已经看到纣王的最后结果了。我真的很替纣王担心呀!"果然纣王的贪欲越来越大，他征发了成千上万的民工来修筑鹿台和琼室，搜罗四方的珍奇异兽来充塞其中。而且又毫无节制的寻欢作乐，不仅引起了宫中人的反对，而且士兵也倒戈反商，老百姓也怨声载道，纣王最后也只能葬身于露台的熊熊烈火之中。

非儒①（下）

【题解】

本文对儒家的学说及人格进行多方面的非难和指责。前半段分别批评其久丧不葬，相信有命，提倡古言古服，循而不作，在战场上讲仁义，不主动建言等等。所指多属小人之儒，而非君子之儒。后半段专门批评孔子。两次引用晏子之言，所举口实显然缺乏根据；又举孔子在危难时饥不择食，穷不择主，皆有失公允，近乎捏造罪名，人身攻击。本篇公认为是墨家后学所作。墨子本人则是非儒而不非孔的。

【原文】

儒者曰："亲亲[②]有术，尊贤有等。"言亲疏尊卑之异也。其《礼》曰：丧，父母，三年；妻、后子，三年；伯父、叔父、弟兄、庶子，其[③]；戚族人，五月。若以亲疏为岁月之数，则亲者多而疏者少矣，是妻、后子与父同也。若以尊卑为岁月数，则是尊其妻、子与父母同，而亲伯父、宗兄[④]而卑子[⑤]也。逆孰大焉？其亲死，列尸弗敛，登屋窥井，挑鼠穴，探涤器，而求其人矣，以为实在，则戆愚甚矣；如其亡也必求焉，伪亦大矣！

【注释】

①非儒：本篇主要是写作者对儒家思想的批判。

②亲亲：意思是亲近亲戚朋友。

③其：通"期"，一年。

④宗兄：庶子称年纪大于自己的嫡子为宗兄。

⑤卑子：即庶子。

【译文】

儒家的人说："亲近亲人应有差别，尊敬贤人也应有区别。"这是说明亲疏尊卑的区别。儒家的《礼》中说：服丧的礼仪，死去父母，要守孝三年；死去伯父、叔父、兄弟、其他儿子、长子，也要服丧一年；亲戚或同族的人死去，要服丧五个月。如果以亲疏决定守孝的时间长短，那就是亲的人时间长而疏的人时间短，所以妻子、长子和父母的时间相同。如果以尊卑决定守孝时间的长短，那就是说妻子、长子和父母一样尊贵，却把伯父、同宗兄弟看作和庶子一样。有这么大逆不道的吗？他的亲人死了，陈列着尸体不去殓葬，而登上正屋看井、收拾鼠穴、拿洗器皿，去探求他的人，认为仍然活着，那就是十分愚笨的了；如果他已经死去又一定要探求，也是十分虚伪的！

【原文】

取妻身迎，祗褍[①]为仆，秉辔授绥[②]，如仰严亲；昏[③]礼威仪，如承祭祀。颠覆上下，悖逆父母，下则妻、子，妻、子上侵事亲。若此，可谓孝乎？儒者："迎妻，妻之奉祭祀；子将守宗庙。故重之。"应之曰：此诬言也！其宗兄守其先宗庙数十年，死，丧之其；兄弟之妻奉其先之祭祀，弗散；则丧妻子三年，必非以守、奉祭祀也。夫忧妻子以大负絫[④]，有曰："所以重亲也。"为欲厚所至私，轻所至重，岂非大奸也哉！

【注释】

①祗褍：指衣服的黑色花边。

②绥：指马车上的扶绳。

③昏：通"婚"。

④忧：同"优"，优待。絫：古代的重量单位。

【译文】

娶妻一定要亲自迎娶，像仆人一样身穿黑色下缘的衣裳，拿着缰绳，把丝带交给她，如同仰望父亲一样；婚礼的威仪，如同供奉祭祀时一样。上下颠倒，叛逆父母，使他们和妻子、儿子同列，妻子、儿子地位变高去侍奉父母。像这样，可以说是孝吗？儒家的人说："迎娶妻子，妻子可以供奉祭祀，儿子将会看守宗庙。所以看重他们。"回应说：这是一派胡言！他的宗兄看守宗庙数十年，死后，服丧一年；兄弟的妻子供奉祖先祭祀，而不去服丧；那死去妻子、儿子服丧三年，一定不是因为他们守宗庙和供奉祭祀。丈夫优待妻子、儿子，为他们服丧三年，有人说："这是因为重视亲人。"这是优待自己偏爱的人，轻视重要的人，这难道不是大奸人吗！

【原文】

有强执有命以说议曰："寿夭贫富，安危、治乱，固有天命，不可损益。穷达、赏罚、幸否有极，人之知力，不能为焉！"群吏信之，则怠于分职；庶人信之，则怠于从事。吏不治则乱，农事缓则贫，贫且乱，政之本，而儒者以为道教，是贼天下之人者也。

【译文】

有顽固的人拿着"有命"之说辩解道："夭寿、贫富、安危治乱，本来就有一定的天意，不可以减少或增加。穷达、赏罚、幸与不幸都有一定终极，凭人的知识和力量，不能够改变什么！"众官僚相信了这些话，就会怠慢自己本分的工作；平民相信这句话，就会怠慢自己的劳作。官吏不治理就会混乱，农事放慢就会贫困，贫困就会引起混乱，这不是为政的根本，然而儒家却认为这是正确之途而教给别人，这是伤害天下的人啊！

【原文】

且夫繁饰礼乐以淫人，久丧伪哀以谩①亲，立命缓贫而高浩居②，倍本弃事而安怠傲，贪于饮食，惰于作务，陷于饥寒，危于冻馁，无以违之。是若人气③，鼸鼠④藏，而羝羊视，贲彘⑤起。君子笑之，怒曰："散人焉知良儒！"夫夏乞麦禾，五谷既收，大丧是随，子姓皆从，得厌饮食。毕治数丧，足以至矣。因人之家翠以为，恃人之野以为尊，富人有丧，乃大说喜，曰："此衣食之端也！"

【注释】

①谩：哄骗。

②浩居：傲慢的样子。

③人气：应为“乞人”之误。

④鼸鼠：指田鼠。

⑤贲彘：指阉猪。

【译文】

用烦琐的礼乐去迷惑别人，用长久的守孝伪装哀伤以欺骗亲人，设立“命”说安于贫困高傲地活在世上，背离事物根本而安于怠惰傲慢，吃喝贪婪，懒于农作，使自己陷于饥寒，有挨冻挨饿的危险，没办法逃避。这就像乞丐、像田鼠一样收藏粮食，像公羊一样盯着，像阉猪一样跳起。君子嘲笑他们，他们就愤怒地说：“无用的人怎么会了解好的读书人呢！”那些人夏天就乞求大麦和稻子，五谷丰收了，就有人大办丧事，子孙都跟从，得以吃饱喝足。办完了丧事，就足够了。凭借别人的家势而尊贵，凭借别人的田地收入而富有，富有的人有丧事，就非常欢喜，说：“这是衣食的来源啊！”

【原文】

儒者曰：“君子必服古言，然后仁。”应之曰：“所谓古之言服者，皆尝新矣，而古人言之服之，则非君子也？然则必服非君子之服，言非君子之言，而后仁乎？”

【译文】

儒家的人说：“君子一定要穿古衣说古话，然后才能成仁。”回应说：“所谓的古言古衣，都曾经是新的，然而以前的人却说这些话、穿这些衣服，那难道不是君子了吗？那么就一定要穿不是君子的衣服，说不是君子说的话，然后才能是仁吗？”

【原文】

又曰：“君子循而不作[①]。”应之曰：“古者羿作弓，伃作甲，奚仲作车，巧垂作舟；然则今之鲍[②]、函[③]、车、匠，皆君子也，而羿、伃、奚仲、巧垂，皆小人邪？且其所循，人必或作之；然则其所循，皆小人道也。”

【注释】

①作：指创造。

②鲍：制革工匠。

③函：制甲工匠。

【译文】

（儒家）说：“君子只遵循前人而不创作。”回应说：“以前后羿制造了弓箭，伃制造了铠甲，奚仲制造了车，巧垂制造了小船；那么现在的制革工匠、制铠甲工匠、车匠、木匠都是君子了，而后弈、伃、奚仲、巧垂都是小人吗？况且他们所遵循的，都一定是有人创造出来的；那么他所遵循的，都是小人的东西了。”

【原文】

又曰：“君子胜不逐奔，掩函[①]弗射，施则助之胥车。”应之曰：“若皆仁人也，则无说而相与；仁人以其取舍、是非之理相告，无故从有故也，弗知从有知也，无辞必服，见善必迁，何故相？若两暴交争，其胜者欲不逐奔，掩函弗射，施则助之胥车，虽尽能，犹且不得为君子也，意暴残之国也。圣将为世除害，兴师诛罚，胜将因用儒术令士卒曰：‘毋逐奔，掩函勿射，施则助之胥车。’暴乱之人也得活，天下害不除，是为群残父母而深贱世也，不义莫大焉！”

【注释】

①掩函：遮盖着陷阱。

【译文】

（儒家）又说："君子打了胜仗就不追穷寇，填埋了陷阱也不向败方射箭，敌人走斜了就帮他们察看车子。"回应说："如果都是仁人，那么不必说话就会互相交往；仁人会把他所取舍的、认为对或错的道理说明白，没有道理的就听从有道理的，不知道的就听从知道的，没有道理的一定会折服，看见善行一定会跟从，为什么会相斗呢？如果是两个残暴的人相争，胜者不追赶穷寇，填埋陷阱而又不追射敌人，见敌人走斜了就帮他们察看车子，那么即使他竭尽所能，仍不能成为君子，因为这是残暴的国家。圣明的将领为世上除害，率领军队讨伐，打胜了就用儒家的方法命令士兵说：'不要追打穷寇，填埋了陷阱就不要追射敌人，见敌人走斜了就帮他们察看车子。'这就使残暴作乱的人活了下来，天下的大害就不会被除去，作为人君却深深地伤害着社会，没有比这更不义的了！"

【原文】

又曰："君子若钟，击之则鸣，弗击不鸣。"应之曰："夫仁人，事上竭忠，事亲得孝，务善则美，有过则谏，此为人臣之道也。今击之则鸣，弗击不鸣，隐知豫力[①]，恬漠[②]待问而后对，虽有君亲之大利，弗问不言；若将有大寇乱，盗贼将作，若机辟[③]将发也，他人不知，己独知之，虽其君、亲皆在、不问不言。是夫大乱之贼也。以是为人臣不忠，为子不孝，事兄不弟，交遇人不贞良。夫执后不言，之朝，物见利使己，虽恐后言；君若言而未有利焉，则高拱下视，会噎为深，曰：'唯其未之学也。'用谁急，遗行远矣。"

【注释】

①豫力：不肯出力。

②恬漠：冷淡的样子。

③机辟：捕兽器。

【译文】

（儒家）又说："君子就像钟一样，打它就鸣叫，不打就不叫。"回应说："是仁人，就应该对君主尽忠，对父母尽孝，做好事就赞美，有错误就进谏，这是作为臣子的原则。现在要敲打才出声，不打就不出声，隐藏智力，冷漠地等待问话才对答，即使是对君主和亲人有大利益的事情，如果不问就不说；如果将会有大敌作乱，盗贼将会出现，就好像机关将会发动一样，其他人不知道，唯独自己知道，即使君主、双亲都在，但如果不问就同样不说。这是一个乱臣贼子的行为。用这种态度作臣子就是不忠，做儿子就是不孝，侍奉兄长就不像弟弟，待人就不会贞良。坚持落在后面不说话，到朝廷上，看到对自己有利的东西，就害怕自己说得迟了；若君主讲的话不利于自己，就高高拱手眼睛向下望，像咽喉梗死一样，说：'我未学过。'君主用他虽急，但他的行为上离君主就很远了。"

【原文】

夫一道术学业仁义者，皆大以治人，小以任官，远施周偏，近以修身，不义不处，非理不行，务兴天下之利，曲直周旋，利则止，此君子之道也。以所闻孔某之行，则本与此相反谬也！

【译文】

每一种仁义的原则方法和学问，都是大用来治理人民，小用来任用官员，远用来治理周围，近用来改进自身，不义的地方就不谋取，没有道理就不去做，致力于使天下的利益兴起，他们的所作所为，为自己谋求利益就会停止，这是君子的原则。而我们听说的孔子的行为，在根本上就与此相反了！

【原文】

齐景公问晏子曰："孔子为人何如？"晏子不对。公又复问，不对。景公曰："以孔某语寡人者众矣，俱以贤人也。今寡人问之，而子不对，何也？"晏子对曰："婴不肖，不足以知贤人。虽然，婴闻所谓贤人者，入人之国，必务合其君臣之亲，而弭[①]其上下之怨。孔某之荆[②]，知白公之谋，而奉之以石乞，君身几灭，而白公僇。婴闻贤人得上不虚，得下不危，言听于君必利人，教行下必于上，是以言明而易知也，行明而易从也。行义可明乎民，谋虑可通乎君臣。今孔某深虑同谋以奉贼，劳思尽知以行邪，劝下乱上，教臣杀君，非贤人之行也。入人之国，而与人之贼，非义之类也。知人不忠，趣[③]之为乱，非仁义之也。逃人而后谋，避人而后言，行义不可明于民，谋虑不可通于君臣，婴不知孔某之有异于白公也，是以不对。"景公曰："呜乎！贶[④]寡人者众矣，非夫子，则吾终身不知孔某之与白公同也。"

【注释】

①弭：调和。

②之荆：到了楚国。

③趣：促成。

④贶：教导。

【译文】

齐景公问晏子说："孔子为人如何？"晏子不答。景公又再问，他还是不答。景公说："对我说孔某人的人很多，而且他们都是贤人。现在寡人问你，你不回答，这是为什么呢？"晏子回答说："晏婴无能，不足以认识贤人。即使如此，我还是听说所谓贤人，如果进入了别人的国家，就一定会致力于和合君臣感情，消除上下的积怨。孔子到了荆国，知道了白公的阴谋，却把石乞奉献给他，使国君几乎身死，而白公被杀。我听说贤人得到君主不会白白浪费，得到民心就不会危害国家，对国君说的话就一定有利于人们，教人民做的事就一定有利于君主。所以说话清楚就容易让人知道，行为明白就容易让人跟从。行为可让民众知道，计谋考虑可让君臣知道。现在孔子与国贼同谋，竭尽心思做不正当的事，教唆人以下犯上，教唆臣子弑杀君主，不是贤人的行为。到了别人的国家，却与贼人为伍，不是有义的人所做的。知道别人不忠，还催促他作乱，这不是仁义之人的举动。避开人群策划阴谋，在人后说话，所作所为不能让人民知道，计谋的东西又不可让君臣知道，我不知道孔子的行为与白公有什么差别，所以不回答。”景公说：“哎呀！教寡人的人很多，但如果不是你，我始终不知道孔子和白公是一路货色。”

【原文】

孔某之齐见景公，景公说，欲封之以尼溪，以告晏子。晏子曰：“不可！夫儒，浩居而自顺者也，不可以教下；好乐而淫人，不可使亲治；立命而怠事，不可使守职；宗丧循哀，不可使慈民；机服勉容，不可使导众。孔某盛容修饰以蛊世，弦歌鼓舞以聚徒，繁登降之礼以示仪，务趋翔之节以观众；博学不可使议世，劳思不可以补民；累寿不能尽其学，当年不能行其礼，积财不能赡其乐。繁饰邪术，以营世君；盛为声乐，以淫遇[①]民。其道不可以期世，其学不可以导众。今君封之，以利齐俗，非所以导国先众。”公曰：“善。”于是厚其礼，留其封，敬见而不问其道。孔某乃恚[②]，怒于景公与晏子。乃树[③]鸱夷子皮[④]于田常之门，告南郭惠子以所欲为。归于鲁，有顷，间齐将伐鲁，告子贡曰：“赐乎！举大事于今之时矣！”乃遣子贡之齐，因南郭惠子以见田常，劝之伐吴，以教高、国、鲍、晏，使毋得害田常之乱。劝越伐吴，三年之内，齐、吴破国之难，伏尸以言术数，孔某之诛也。

【注释】

①遇：通“愚”，迷惑，愚弄。

②恚：愤恨。

③树：举荐。

④鸱夷子皮：指范蠡。

【译文】

孔某到齐国拜见景公，景公很高兴，想把尼溪封给他，并把这想法告诉了晏子。晏子说："不可以！凡是儒家中人，都既骄傲而又自作主张，所以不可以用来教导民众；又喜欢以乐来迷惑民众，所以不可令他来亲自管理地方；又设立'命'说怠慢政事，所以不可令他做官；崇尚办丧事而哀伤不止，所以他们不能爱护百姓；又穿奇装异服而做庄重的表情，所以不可令他们引导民众。孔子美容修饰以蛊惑世人，弦乐唱歌打鼓跳舞聚集门徒，纷繁地作上下之礼显示他们的礼仪，致力于奔走、盘旋的礼节让人观看；学问虽多却不可令他们议论世事，努力思考却不能有利于民众；几辈子也学不完他们的学问，壮年的人也不能行完他们的礼节，广积财富也不能供得起他们的音乐。纷繁修饰邪术，以迷惑当世国君；大肆设置乐声，以迷惑愚民。他们的方法不能公之于世，他们的学问不能引导民众。如果国君封地给他，希望他对齐国风俗有利，那并不是引导国家民众的方法。"景公说："对。"于是备厚礼，留下封地，恭敬地接见孔子却不问治国之道。孔子于是大怒，对景公和晏子十分生气，于是他把范蠡推荐给田常，告诉南郭惠子所想要做的事情。回到鲁国后，过了一段时间，听说齐国即将进攻鲁国，孔子对子贡说："子贡啊！现在是干大事的时候了！"于是派遣子贡到齐国，通过南郭惠子见到田常，劝说他攻打吴国，又教导高、周、鲍、晏四姓的人，使他们不要妨碍田常作乱。孔子又劝说越国讨伐吴国，三年之内，齐国、吴国遭到了灭国的灾难，死的人数以亿计，这都是孔子一手造成的。

【原文】

孔某为鲁司寇，舍公家而奉季孙，季孙相鲁君而走，季孙与邑人争门关，决植[1]。

【注释】

①决植：意思是打开城门。

【译文】

孔某做鲁国的司寇时，舍弃公家而去侍奉季孙氏，季孙氏因鲁国的宰相而逃走，和看门人争门关，孔某打断关闭门户用的直木，让季孙逃走。

【原文】

孔某穷于蔡、陈、蔡之间，藜羹不糂[①]。十日，子路为烹豚[②]，孔某不问肉之所由来而食；号人衣以酤酒，孔某不问酒之所从来而饮。哀公迎孔子，席不端弗坐，割不正弗食，子路进请曰："何其与陈、蔡反也?"孔某曰："来，吾语女：曩[③]与女为苟生，今与女为苟义。"夫饥约[④]，则不辞妄取以活身；赢饱，则伪行以自饰。污邪诈伪，孰大于此?

【注释】

①糂：指米粒。
②烹豚：指烤小猪。
③曩：当时。
④饥约：饥饿困顿。

【译文】

孔子被困于蔡、陈之间，没有饭吃。第十天，子路为他蒸了一只小猪，孔子不询问猪的来历就吃了；叫人用衣服去换酒，孔子不询问酒的来历就喝了。哀公迎接孔子，席子摆不端正他不坐，肉割得不正他不吃。子路进来请示说："为什么您现在的举动与在蔡、陈时相反?"孔某说："过来，我告诉你：我与你当时是为了苟且偷生，现在我与你是为了求义。”在饥饿中，就不惜乱拿东西求生；等到衣食无忧之时，就用虚伪的行为来粉饰自身。污邪诈伪，有比这更大的吗？

【原文】

孔某与其门弟子闲坐，曰：“夫舜见瞽叟孰然，此时天下圾[①]乎！周公旦非其人也邪？何为舍其家室而托寓[②]也？”

【注释】

①圾：通“岌”，危险。
②托寓：在外居住。

【译文】

孔某和他的门人弟子闲坐，说：“舜见了瞽叟怎么样，这时天下危险吗？周公旦不是仁义之人吧？为什么舍弃家室而住在别处呢？”

【原文】

孔某所行，心术所至也。其徒属弟子皆效孔某：子贡、季路，辅孔悝乱乎卫，阳货乱乎齐，佛肸以中牟叛，漆雕刑残，莫大焉！

【译文】

孔某的行为，是他心中所想的。他的徒弟都效法他：子贡、季路，辅助孔悝在卫国作乱，阳货在齐国作乱，佛肸在中牟反叛，漆雕用刑罚残害众人，没有比这更残暴的了！

【原文】

夫为弟子后生，其师必修其言，法其行，力不足、知弗及而后已。今孔某之行如此，儒士则可以疑矣。

【译文】

作为弟子，一定会学习他老师的言行，当力量不足、智力不及才会作罢。现在孔某如此行为，那么天下的儒士就更值得怀疑了。

【评析】

本篇反映了儒、墨两家在思想认识上的激烈斗争。墨子反对“君、亲有差”。又指责儒家的礼乐与政事、生产皆无益，又通过晏婴等之口，讽刺孔子与君与民都是口头上讲仁义，实际上鼓励叛乱，惑乱人民。墨子的主要思想之一就是“兼爱”，他所提倡的“兼爱”是无差别、无等级之爱。因此他反对以孔子为代表的儒家思想所注重的“君臣有别”的等级之爱。他认为孔子所提倡的礼义只是口头上的仁义，只站在统治者的立场上，而不管人民的死活。

【故事阐微】

岔路迷羊论学习

杨朱的邻居走失一只羊，邻居率领众人去追反而跑丢了。杨朱问其原因，回答说：“岔路之中又有岔路，所以跑丢了。”杨子忧愁地变了脸色，好久不说话，整天也不笑。弟子们深感疑惑。

弟子孟孙阳出来告诉了心都子。几天后，心都子与孟孙阳一道进去，问道：“从前有兄弟三人，在齐国与鲁国之间游历，同向一位老师求学，把仁义之道全部学到了才回去。他们的父亲问：‘仁义之道怎么样？’老大说：‘仁义使我爱惜身体而把名誉放在后面。’老二说：‘仁义使我不惜牺牲性命去获取名誉。’老三说：‘仁义使我的身体与名誉两全其美。’他们三个人所说的仁义之道各不相同，但都是从儒学中来的，哪一个对，哪一个不对呢？”杨子说：“有个住在河边的人，熟习水性，划船摆渡所获的利益可以供养百人。背着粮食前来学习的人一批又一批，而被水淹死的人几乎达到了一半。本来是学习泅水而不是学习淹死的，但利与害却成了这个样子。你认为哪一种对，哪一种不对呢？"心都子不声不响地走了出来。

孟孙阳责备他说："为什么您问得那么迂腐，先生回答得那么隐晦？我迷惑得更厉害了。"都子说："大路因为岔道多而走失了羊，学习的人因为方法多而没学好知识。学习并不是根源不同，根源一样，而结果的差异却这样大。只有回归到相同，返回到一致才行。你在先生的弟子中是位长者，学习先生的学说，却不懂得先生的譬喻，可悲啊！"

经（上）

【题解】

《庄子·天下》篇说："相里勤之弟子，五侯之徒，南方之墨者苦获、己齿、邓陵子之属，俱诵《墨经》。"《墨子·经》和《经说》篇各分上下，合共4篇，一般称此4篇为狭义《墨经》，此4篇与《墨子·大取》《小取》合计6篇，称为广义《墨经》。《墨经》又称《墨辩》《辩经》。晋鲁胜说："《墨辩》有上、下《经》，《经》各有《说》，凡四篇。"又说："作《辩经》以立名本。"清汪中《述学·墨子序》说："《经上》至《小取》六篇，当时谓之《墨经》。"清孙诒让《墨子间诂·墨子后语上》说："案《墨经》即《墨辩》，今书《经》《说》四篇及《大取》《小取》二篇，盖即相里氏、邓陵子之伦所传诵而论说者也。"《墨经》用简练的《经》体，以极浓缩、精练的文字，述说古代科学和逻辑学的内容，学术价值极高，是墨家学者贡献给人类的宝贵知识遗产，是中国传统文化的精品。《墨经》在秦汉至清代的两千多年中被埋没，无人研究、通晓，未被学者系统引用、解释、说明和发挥。晋代鲁胜为《墨经》作注，称为

《墨辩注》，可惜没有得到流传，只有其《墨辩注序》300余字，因为被《晋书·隐逸传》引用，而得以传播。清代毕沅、孙诒让等为《墨子》作注，《墨经》的崇高学术价值逐渐为世人所瞩目。自清代张惠言到近人高亨等整理、校注《墨经》，卓有成效。沈有鼎等解释《墨经》逻辑学，方孝博等解释《墨经》自然科学，各有成绩。经清代和近代学者对《墨经》文字的整理、校注及对其义理的研究、阐发，《墨经》的文字已大体可读，其所包含的逻辑学和科学内容也大致可以理解。《墨经》体例特殊，语法结构过简，文字浓缩凝练，在长期传抄过程中多有讹错窜乱，至今没有一个公认的标准、模范读本，其精言妙道学界仍多有不解和误解。本书在前人注释、研究成果的基础上，凝聚个人研究心得，试用现代汉语译注《墨经》文字，作为解读这一千古奇书的一种努力。《墨子·经》和《经说》各分为上下篇，《经说》上下分别解释《经》上下。

云梯

【原文】

故[①]，所得而后成也[②]。

止，以久也[③]。

【注释】

①故：缘故，即事物之所以然。此"故"，是后面《经说》中的"大故"。

②所得：指所得的种种原因。

③以久：谭戒甫云："'以'与'用'同。此谓用力。'久'，一作'灸'，有'挡住'的意思。"又云："据今动力学，凡物体运动时忽然停止，必定有外

力久柱。”

【译文】

现象所依赖的缘故都具备了，这一现象就要形成。

运动的物体静止，是因为有外力阻挡。

【原文】

体[①]，分于兼也[②]。

必，不已也[③]。

【注释】

①体：部分。

②兼：全部、整体。

③不已：言不是一已的主观，而是客观的、必然的。

【译文】

部分，是从整体中分出来的。

必然，是指事物具有客观的性质，必定这样。不是一已的主观，也不由一已的主观来决定。

【原文】

知[①]，材也。

平[②]，同高也。

【注释】

①知：孙诒让云：“此言智之体也。”

②平：《诗经·小雅·伐木》郑笺云："平，齐等也。"

【译文】

知，就是人们感知的官能，用以认识外物的工具。

水平，是同一高度。

【原文】

虑，求也[①]。

同，长以缶相尽也[②]。

【注释】

①求：思求。

②以："与"也。缶：即"正"，意"直"。相尽：见《经》"尽，莫不然也。"相尽，即相一致。

【译文】

虑，是一种思求。

同，指长与直相一致。（这是墨家对正方形的界说。）

【原文】

知[①]，接也[②]。

中[③]，同长也[④]。

【注释】

①知：知觉。

②接：接触。

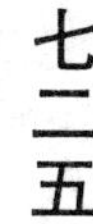

③中：中点，指一线段之中点。

④同长：由线段中点到线段两端是同长的。

【译文】

知觉，是人的官能与外物的一种接触。

中点，是线段上距离两端相等的地方。

【原文】

恕[①]，明也。

厚[②]，有所大也。

【注释】

①恕：顾广圻云："恕，即智字。"

②厚：《说文》："厚，山陵之厚也。垕：古文厚，从后土。"谭戒甫云："山陵是有长、广、高的立体，故'厚'即是长广高之积的立体形。"又说："平面只有长广而无高，立体却有长广而又有高，高是二者间唯一区别。所以此'厚'和'高'的意义相同，才知'厚'确是有所大之积的立体形。"本条论几何学中立体形成的原理。

【译文】

聪智，就是明白。

厚，能使'有所大'之积的立体形成。

【原文】

仁，体爱也[①]。

日中[②]，缶南也[③]。

【注释】

①体爱：见《经》“体，分于兼也。”体爱，是指“兼”中的任何一个“体”都爱之。

②日中：指太阳居于天之中央。

③缶：即正。缶南：言太阳在地球的正南方。杨向奎云：“《墨经》此条系针对惠施的另一理论：‘我知天之中央，燕之北、越之南是也。’（《庄子·天下》）……《墨经》之‘日中正南’是针对‘天之中央’立说。墨家不同意‘天之中央，燕之北、越之南’的说法，而认为‘天之中央’是太阳，也就是以太阳为宇（地球）的坐标点，太阳居于天之中央。……太阳居中而在宇（地球）的正南方，这为宇徙建立了参照系（坐标点），宇自南向北移，背太阳而进（循环周），所以越往北越近日暮，越近黄昏，所以古代称北方曰‘玄冥’。”

【译文】

仁慈，就是对任何一个部分都亲近爱护。

太阳居于天之中央，而在宇（地球）的正南方。

【原文】

义，利也①。

直，参也②。

【注释】

①利：有利于人。

②此《经》极简，过去注释多歧义。今按杨向奎先生说，此是墨家关于“圆三径一”的界说。直：圆的直径。参：杨云：“过去之所以未做出这种解释，是忽略了‘参’字的古代用法，中国古代‘参’字用法不同于‘三’，而

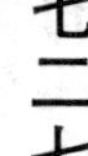

是‘三分之一’。此处‘参’言圆周的三分之一。这是我国古代数学上圆周率的粗率。”

【译文】

义气，就是有利于人。

圆的直径，是圆周的三分之一。

【原文】

礼[①]，敬也。

圜[②]，一中同长也[③]。

【注释】

①礼：原意是事神致礼，后引申为人们交际的礼仪。合乎礼仪的为尊敬有礼，不合乎的为傲慢无礼。这里的“礼”，是尊敬的意思。

②圜：同“圆”。下同。

③中：指圆的中心。同长：由圆心至圆周的半径相等。

【译文】

礼，就是尊敬。

圜，是从圆心至圆周的半径都相等之形。

【原文】

行[①]，为也[②]。

方[③]，柱隅四讙也[④]。

【注释】

①行：品行。

②为：作为、能力。

③方：本《经》为几何学中正方形界说。

④柱：正方形的四边。隅：正方形的四角。讙：栾调甫云："讙，读为权，权言等也。"

【译文】

品行，就是人的作为、能力。

正方形，是四边和四角相等之形。

【原文】

实①，荣也②。

倍，为二也③。

【注释】

①实：指人内在的美。

②荣：指人内在的美，在外在的表现，即荣名。

③为二：以二乘之。

【译文】

内在美，表现于外在的荣誉。

倍数，就是将原数乘以二。

【原文】

忠，以为利而强低也①。

端②，体之无序而最前者也③。

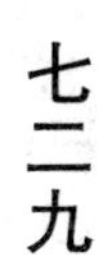

【注释】

①低：孙诒让云："'低'疑当为'君'，'君'与'氏'篆书相似，因而致误'氏'，复误为'低'耳。"故此句当为：以为利而强君也。

②端：端点。

③体：部分。此处作动词，分割。"体之"，即不断地分割线段。无序：分割到最小，再无次序可言，也就是最前面的一"点"。

【译文】

忠心，就是为利于国，并使君王强大。

端点，是不断地分割线段到最前面的那一点。

【原文】

孝，利亲也[①]。

有间[②]，中也。

【注释】

①亲：指父母双亲。

②间：空间。

【译文】

孝敬，就是爱利双亲。

有间，指两者之中有空隙。

【原文】

信，言合于意也[①]。

间，不及旁也[2]。

【注释】

①意：预料。

②及：相接、涉及。

【译文】

信，是言语符合预料的事实。

空间，是不涉及旁边的中间空隙。

【原文】

佴[1]，自作也[2]。

𬣙[3]，间虚也[4]。

【注释】

①佴：辅助。

②自作：张纯一云："自作者，即身先天下勤劳以尽本分，是辅助群众之正义也。"

③𬣙：张纯一云："此章冢上有间与间而次之，盖由渐入微。谓间有目不及见而中虚者。"

④间虚：言中间空隙很小，虚而难目见部分。

【译文】

辅助，即身先天下勤劳以尽本分。

𬣙，是指两物中间的空隙微小得虚而难见。

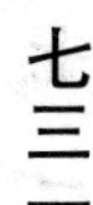

【原文】

诣[①]，作嗛也[②]。

盈[③]，莫不有也。

【注释】

①诣：狷之借字，洁身自好，不同流合污。

②嗛：《战国策·魏策》高注云："嗛，快也。"言狷者洁己心自快足。

③盈：包含。如几何上的体含面、含线、含点。一几何体固必含面、线、点，任何几何体也莫不包含面、线、点。所以"盈，莫不有也。"

【译文】

洁身自好，所作所为心自快足。

包含，就是没有什么不具有的了。

【原文】

廉[①]，作非也[②]。

坚白[③]，不相外也[④]。

【注释】

①廉：廉耻。

②作非：张纯一云："言廉者常自省察其身口意之非礼而修治之。"

③坚白：坚白之辩，是战国时各学派都参加的辩论。他们开始辩论的是物质的属性，如：坚白等性质是否为物质本身所固有，后来所辩的是在事物的共相，如坚白等概念是否存在于事物自身之内。当时有"离坚白"论的形名家，后期辩者著作《公孙龙子》中的《坚白论》是"离坚白"诡辩之集大成者。他

们的学说属唯心论的范畴。前期《坚白论》主要是说“坚白相离”，后期主要是说“坚白离石”。《坚白论》中有这样的话：“知与不知相与离。”这话的意思是：通常人们认为的一块坚硬白色的石头，实际不是一块坚白石。因为眼见石时所见的只是白石，手摸石时所触的只是坚石。就眼见白时说，白是所知，坚是所不知，所知的并不是所不知的，可见客观方面的白和坚本来就是相离的。就手摸坚时说，也亦然。结果只有一块坚石和一块白石，并没有一块坚白石。这是典型的主观唯心论。

另一派以墨子为代表的名家则反对“离坚白”论。他们坚持唯物论的立场，主张“坚白相盈”。本经是墨子驳“坚白相外”之说。坚：指石质坚。白：指石色白。

【译文】

廉耻，就是知道自己所作所为有过错。

质坚色白的石头，坚白是不能相互排外而分离的。

【原文】

令[①]，不为所作也[②]。

撄[③]，相得也[④]。

【注释】

①令：张纯一云：“此章上冡狷廉，下断任勇，不应间以非德操之令。今疑本作卩。传写者不解其意，因而致误。卩，《说文》部首，瑞信也。象半分之形，即符节之本字。节为符卩之假字。《说文·竹部》云：‘节，竹约也。’人之操行，常有约束。修短合度，如竹有节。所谓绳墨自矫也。引申为节制节义字。此言卩之为名，以限度严密为义。设有行事稍逾分量者，虽欲有所作，终不敢为也。”

②所作：所欲为。

③撄：相交、相遇。

④相得：张纯一云：“相得，犹言合一。”

【译文】

节，就是限度严密，不为所欲为。

撄，就是相交合一。

【原文】

任①，士损己而益所为也②。

似③，有以相撄，有不相撄也。

【注释】

①任：毕沅云：“谓任侠。”任侠，即见义勇为。

②士：春秋战国时的“士君子”，这种人文武双全，好见义勇为。

③似：孙诒让云：“‘似’当依说作‘仳’，形近而误。仳与比通，言相合比者，有相撄。相次比者，不相撄。”比，即比较。此条是分析说明几何学中两形相比的意义、方法。这里的形体相比必须是同类形体，因为《经下》有一条：“异类不仳，说在量。”下面举同类相比的例子以说明“经”意：

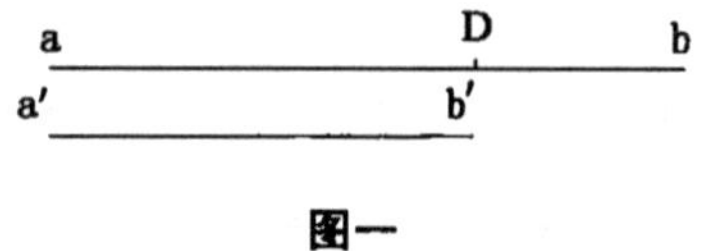

图一

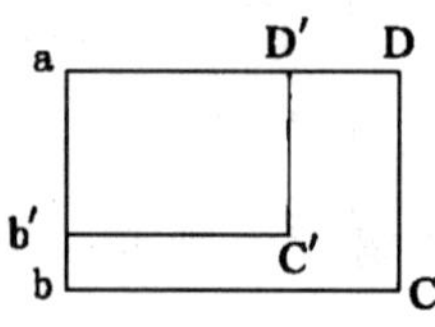

图二

如图一，比较两直线 ab 和 a′b′的长短。将 a 点和 a′点相撄，再将 a′b′重叠在 ab 线上。然后观察判断两线的长短之差。

如图二，比较两个矩形的大小。把矩形 ab′C′D′叠置在矩形 ahCD 之上，令他们的一个∠a 和夹这个角的两邻边相重合。然后观察判断两矩形面积的大小。

从以上两例图可看出，在同类两形的比较中，必有一部分形体相撄重合，而另一部分则不相撄重合。

【译文】

任侠，是“士君子”牺牲自己，而使自己的作为有益于他人。

同类形体相比，有一部分相撄重合，有一部分不相撄重合。

【原文】

勇①，志之所以敢也②。

次③，无间而不撄撄也④。

【注释】

①勇：《说文》云：“勇者，气也。气之所至，力亦至焉。心之所至，气乃至焉。故古文勇从心。”勇，即力胜、气胜，不惧怕。

②志：意志。敢：决，敢作敢为。

③次：谭戒甫云：“次是序次、排列。”

④无间：层叠而无间隙。不撄撄：孙诒让云：“‘撄撄’，当作‘相撄’，非衍文。言两物相次，则中无间隙，然不相连合。”例如一本书，页与页相次，页与页之间“无间”，但又不相连合。

【译文】

勇气，是意志之所以敢于作为的体现。

顺次排列，是层叠无间隙而又不相连合。

【原文】

力，刑之所以奋也[①]。

法，所若而然也[②]。

【注释】

①刑：毕沅云："刑同形。"此言物形，即物体。奋：《尔雅·释诂》云："奋，动也。"

②若：毕沅云："若，顺。"

【译文】

力，是用来改变物体动止状态的。（即现代物理学说的：力作用在物体上，使物体由静止变为运动或者得到加速度）

法则，是所要依顺而又必须这样做的。

【原文】

生[①]，刑与知处也[②]。

佴[③]，所然也。

【注释】

①生：生命。

②刑：同"形"，形体。处：同时存在于一处。

③佴：《尔雅·释言》云："佴，贰也。"郭璞注："佴，次，为副贰。"孙诒让云："次贰与顺义近。"

【译文】

生命，是形体与知觉的结合体。

顺循，就是所要这样就这样的。

【原文】

卧，知无知也[①]。

说[②]，所以明也。

【注释】

①前一“知”：知材，指人的感知官能。后一“知”：知觉。此《经》言人睡觉时不同醒时有知觉，但睡觉是生非死。

②说：张之锐云：“说，解说也。说明事理之所以然，而解释之也。”“说”，是墨辩论式组织中，立“辞”后，说明所持意见的依据部分。《经下》各条均有“说在……”一句，便是“说”。

【译文】

睡觉，是感知官能处在无知觉的状态。

说，就是用依据来说明立论。

【原文】

梦，卧而以为然也。

攸[①]不可，两不可也[②]。

【注释】

①攸：从胡适校为“彼”。彼，通“诐”。《说文》：“诐，辩论也。”《经说》标“彼”字，也当为“彼”。“彼”是墨辩中的术语，是“辩”的对象，指“辩”的双方所争论的是非。“彼”后应有逗号，与“不可”隔开。

②不可，两不可：从沈有鼎校为：“不两可，两不可也。”疑脱“两”字，

补上意义完备。

【译文】

梦，是睡卧中以为如此如此的。

“辩”的双方所争论的对论，是非不可能“两可”，也不可能“两不可”。

【原文】

平①，知无欲恶也。

辩，争彼也②。辩胜，当也③。

【注释】

①平：《说文》云：“平，正也。”无欲望邪恶之念。

②争彼：争“佊”，争是非。

③当：合理、正确。

【译文】

平正，是没有欲望与邪恶的念头。

辩论，就是争是非。辩论胜利，是因为说得合理、正确。

【原文】

利，所得而喜也。

为①，穷知而倛于欲也②。

【注释】

①为：行为。此指错误的行为。

②倛：悬挂、牵制、支配。

【译文】

利益，是得到它后而高兴的。

错误的行为，是知识短缺、被欲望所支配而造成的。

【原文】

害，所得而恶也。

已[1]，成、亡[2]。

【注释】

①已：过去。

②成：成功。亡：消失。

【译文】

祸害，是得到它后而憎恶的。

已成过去，一是成功了，一是消失了。

【原文】

治，求得也[1]。

使[2]，谓、故[3]。

【注释】

①求得：张纯一云："求所得者，有利无害，斯可谓治矣。'治'有'平'义。欲恶不得其平，天下终不治。故欲平天下，先平自心，唯其欲恶得其平而已。"

②使：假使。此《经》是墨子论述假言判断的规则。

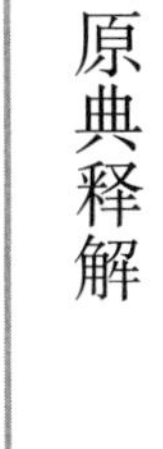

③谓、故：假言判断是假定某一事物情况为另一事物情况的条件的判断。它是一种复合判断，由两个支判断构成。其中前一判断是假设的条件，叫作“前件”，后一判断是随假设条件而出现的事件，叫作“后件”。这里的“故”是指假言判断的“前件”，“谓”是指假言判断的“后件”。

【译文】

治理，是求平欲恶。

假使（假言判断），是由“故”（前件）和“谓”（后件）两个支判断构成。

【原文】

誉[①]，明美也[②]。

名[③]，达、类、私[④]。

【注释】

①誉：表扬、誉扬。

②明：彰明。

③名：名词、名称。

④达、类、私：墨家把名词分作达、类、私三类。

【译文】

誉扬，是彰明美德。

名称，分达名、类名、私名三类。

【原文】

诽[①]，明恶也。

谓[②]，移、举、加。

【注释】

①诽：批评、谴责。

②谓：谓词，用来表述主词是什么或干什么的。

【译文】

批评，是指明错误。

谓词，包括移谓、举谓、加谓三种。

【原文】

举[①]，拟实也[②]。

知[③]，闻、说、亲[④]。名、实、合、为[⑤]。

【注释】

①举：拟举。

②拟：《说文》云："拟，度也。"拟实：孙诒让云："度量其实而言之。"

③知：知识。此指获取知识的途径和方法。

④闻、说、亲：此指获知的途径有：闻知、说知、亲知。

⑤名、实、合、为：指获知的四种方法。

【译文】

拟举，是拟度客观事物的实状。

知识，获知的途径有三：闻知、说知、亲知。获知的方法有四：名知、实知、合知、为知。

【原文】

言，出举也[①]。

闻，传、亲[②]。

【注释】

①出举：提出拟举的事物。

②传、亲：传闻、亲闻。

【译文】

言，提出拟举的实物。

闻知，分传闻、亲闻两种。

【原文】

且[①]，言然也[②]。

见[③]，体[④]、尽[⑤]。

【注释】

①且：张纯一云："且为更端之语助。具前后方然三义。如《说》。依前后《经》义言之，或属未来之期望，或属已往之事实，或属方然之讨论。故立且名以寄意。"

②然：指代以上讲的前、后、方然三义。

③见：目睹。

④体：部分。

⑤尽：全部。

【译文】

且，包含前、后、方然三义。

见，分“体见”和“尽见”两种。

【原文】

君，臣、萌[1]，通约也[2]。

合，缶[3]、宜、必。

【注释】

①萌：氓。古代称百姓。

②通约：共同约定。

③缶：即“正”字。

【译文】

君主，是臣、民所共同约定的。

合，分为正合、宜合、必合三种。

【原文】

功[1]，利民也。

欲击权利[2]，且恶缶权害。

【注释】

①功：《说文》：“功，以劳定国也。”段注：“《周礼·司勋》曰：‘国功曰功’。”

②权：权衡。

【译文】

功绩，是有利于人民的。

希望端正就可权衡利，厌恶端正就应权衡害。

【原文】

赏，上报下之功也[①]。

为[②]，存、亡、易、荡、治、化。

【注释】

①报：酬报。

②为：作为，此指事物运动变化。此《经》分释事物运动变化有六种。后面的《经说》分别举例说明了六种变化的情况。

【译文】

奖赏，是上司酬报下级的功劳。

事物的运动变化有：存在、消亡、交易、荡散、治化、变易六种。

【原文】

罪[①]，犯禁也。

同[②]，重、体、合、类。

【注释】

①罪：本字作“辠”，秦以“辠”字似“皇”字，改为“罪”。《说文》：“辠，犯法也。”

②同：相同。

【译文】

犯罪，是违犯禁令。

相同，分重同、体同、合同、类同四种。

鲁班与墨子

【原文】

罚，上报下之罪也①。

异②，二、不体、不合、不类。

【注释】

①报：《说文》："报，当辠人也。"谭戒甫云："《史记·路温舒传》：'奏当之成。'崔浩注：'当，谓处其罪也。'据此，报为处分罪人。"

②异：不同。

【译文】

处罚，是上司处罚下级的罪过。

不同，分二异、不体异、不合异、不类异四种。

【原文】

同，异而俱于之一也①。

同异交得放有无②。

【注释】

①异而俱于之一：孙诒让云："之一，犹言是一。谓合众异为一。"

②同异交得：指"同""异"交互相依相得，有则俱有，无则俱无。放：

《玉篇》："放，比也。""放有无"，言同异是在比较中知道有无的。

【译文】

同一，就是合众异为一。

同和异交互相依相得，是在比较中知道有无的。

【原文】

久[1]，弥异时也[2]。宇，弥异所也。

闻，耳之聪也[3]。

【注释】

①久：义与"宙"同。《淮南子·齐俗训》云："往古来今谓之宙，四方上下谓之宇。"今谓"宙"为时间，"宇"为空间。

②弥：王引之云："弥，遍也。"

③聪：察也，即"明"。

【译文】

宙，是周遍地包括各种不同的时间。宇，是周遍地包括各种不同的处所。

听闻，是耳朵的明敏。

【原文】

穷，或有前不容尺也[1]。

循所闻而得其意，心之察也[2]。

【注释】

①或："域"的本字，指空间。前不容尺：前面不能容纳一线。

②察：敏察。

【译文】

穷极，是在一个区域再向前便不能容下一根线了。

顺循所听到的声音而得知别人所表达的意思，这是心灵敏察的缘故。

【原文】

尽，莫不然也[①]。

言，口之利也[②]。

【注释】

①然：这样。

②利：指口齿快利。

【译文】

穷尽，事物无不是这样的。

言谈，是口齿的快利。

【原文】

始，当时也。

执所言而意得见[①]，心之辩也[②]。

【注释】

①见：同“现”，表现。

②辩：明辩。

【译文】

开始，就是正碰上的最初时刻。

掌握所说的话，而自己的意思得以表现于人，这是心灵善于明辩的缘故。

【原文】

化，征易也[①]。

诺[②]，不一利用[③]。

【注释】

①征易：杨葆彝云："验其变易也。"

②诺：应诺。

③不一利用：孙诒让云："谓辞气不同，于用各有所宜。"

【译文】

物化，是验其变易。

应诺，辞气不同，于用各有所宜。

【原文】

损，偏去也[①]。

服[②]，执說[③]。

巧[④]，转则求其故[⑤]。

【注释】

①偏去：去掉一部分。

②服：说服人使其心服。

③执說：旧本“执說”下旁注“音利”二字。孙诒让云：“利，与說音绝远，疑为‘言利’二字之正文，误作小注也。”伍非百云：“《墨经》无注音之例，孙校疑作正文者是也。音，疑作‘者’。‘服执說者利’与‘诺不一利用’相对，皆五字为句，执說者利，谓能执持己说而說伺他人之说者，胜也。”伍说是，从之。

④巧：《说文·工部》云：“巧，技也。”此条接“服”条言辩术的技巧。

⑤则：同“侧”。故：所以然。

【译文】

损失，就是偏去整体中的一部分。

信服，能执持己见并能說伺他人之瑕点，批却导窍，就一定能使人信服。

巧妙的辩术，必须辗转反侧求其所以然。

【原文】

大益[①]。

【注释】

①大益：孙诒让云：“此与前云‘损，偏去也’，损益义似正相对。疑凡体损之则小，益之则大也。以旁行句读次第校之，疑当在‘巧转则求其故’句上，错箸于此，而又佚其说耳。”伍百非云：“孙校是。但当增一‘也’字。”据上二人校，此《经》应为：“益，大也。”

【译文】

增加，就是扩大。

【原文】

儇稘秖[①]。

法同[②]，则观其同。

【注释】

①儇稘秪：孙诒让云：“当为‘环俱柢’，皆声之误。……《尔雅·释言》云：‘柢，本也。’……凡物有耑则有本，环之为物，旋转无斋，若互相为本，故曰俱柢。”环：循环往复。

②法：法则。

【译文】

循环，是指宇宙万物都是互相为本，旋转无端的。

法则相同，就要观察其相同点。

【原文】

库，易也[①]。

法异，则观其宜[②]。

【注释】

①库句：张之锐云：“库，藏也。易，变易也。言库虽不变，而其所藏之物则常变易。举库者，明天地为万物之大库藏也。”

②宜：此指唯一不同之处。

【译文】

藏物之库，所藏之物常变易。

法则不同，就观察唯一不同之处。

【原文】

动，或从也[①]。

止[2]，因以别道[3]。

（读此书旁行）缶[4]，无非。

【注释】

①或：孙诒让云：“‘或’，当为‘域’之正字。”从：孙云：“当作‘徙’。”

②止：张纯一云：“安居于此，而不迁于彼，笃行也。”此言真实地行墨道。

③因以别道：张纯一云：“墨者总异同于一兼，止于爱人，因与不墨者别道也。”

④缶：正。《说文·正部》云：“正，是也。”

⑤无非：《说文·非部》云：“非，韦也。”韦者，相背也。无非，即不背于正道。

【译文】

运动，就是迁徙一个地域。

墨者忠实地行墨道，因此与不墨者别道。

正，就是与正道不相违背。

经（下）

【原文】

止，类以行人[1]，说在同[2]。

所存与者[3]，于存与孰存[4]。

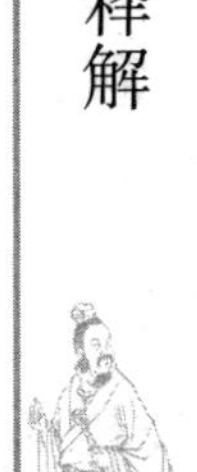

【注释】

①止，类以行人：孙诒让云："疑'人'当作'之'。"句读从伍百非校："止类以行之。"止类：同类。行：推也。此条言演绎推理的原理，凡同法者必定同类，故可以类为推。

②说在同：《经下》中的"说在……"，这是用一两个字概括地标出例证和理由。《经说下》则是较详细地解释"说在……"的含义。

③所存与者：张惠言云："'与'下脱'存'字。"原文应为"所存与存者。"所存：指人所存在居住之地。存者：指存在居住的人。

④于存：存居于何，即存居于何地。孰存：与谁存居。

【译文】

同一类可以相推，因为基于同一原理。

人所居住存在之地与存居的人存居在何处？与谁存居？

【原文】

驷异说[①]，推类之难[②]，说在之大小[③]。

五行毋常胜[④]，说在宜。

【注释】

①驷异说：孙诒让云："'驷'疑当为'四足牛马'四字讹脱合并为一字。""四足牛马异说"，即言"四足"与"牛马"这两个概念是有不同的。

②推类之难：言不能按上条那样推类。上条演绎推理的原则是：

A 为 C

C 为 B

那么，A 为 B 或 B 为 A 是必然了。我们现在推"四足"与"牛马"的关系就要注意了。

牛、马为四足兽

四足兽为四足

那么，“牛马为四足”是可以的，但是，“四足为牛马”就不行，因为，猪、狗、羊等都是四足，但不是牛马。所以说“推类之难”。

③说在之大小：孙诒让云：“‘之’上疑脱‘名’字。凡总名为大，散名为小。”此言要认真区别名的大小分类。

④五行毋常胜：此《经》讨论构成物质的基本元素——“五行”，即金、木、水、火、土。春秋战国之际，阴阳家倡导“五行相生相克”的学说。他们认为“五行常胜”，即火胜于金，所以火克金；金胜于木，所以金克木；水胜于火，故水克火等。墨子则坚决反对这种“常胜”的说法。在本条中提出了自己的看法：“五行毋常胜。”胜与否，要看环境、条件是否适宜，故云“说在宜”。

【译文】

“四足”与“牛马”这两个概念是不相同的，推论物类是困难的，因为物名（概念）有大小之分。

五行是不能常胜的。胜与否，要看环境、条件是否适宜。

【原文】

物尽同名[①]，二与斗[②]，爱[③]，食与招，白与视，丽与[④]，夫与履。

【注释】

①物尽同名：孙诒让云：“物犹事也。谓意异而辞同。”曹耀湘说：“实异而名偶同。”此《经》是墨子的“同名”之论，即逻辑上所谈的“名词歧义”。

②二与斗：张纯一云：“‘二与斗’上疑脱‘说在’二字。”

③爱：据谭戒甫校为：“子与爱”。

④丽与：顾广圻云："据《说》，似当有'暴'字。"故此句应为："丽与暴"。

【译文】

万物中尽有实异而名称偶同的。如二与斗，子与爱，食与招，白与视，丽与暴，夫与履等就是这样。

【原文】

一，偏弃之[①]。

【注释】

①孙诒让云："《经说下》作'偏去'，与此下文及《经上》合。去、弃义同。谓凡物或分析一体为二，或累比两一为二，皆可去其一偏。"此《经》义与《经上》"损，偏去"章大旨均同。此言有些物体虽"一"而可"偏去"。

【译文】

分一体为二偏，可去其一偏。

【原文】

谓而固是也[①]，说在因。

【注释】

①詹剑峰云："'谓'即因其固是而是之。换一句话说，'谓'即因对象的固有属性是什么，而肯定它是什么。"谓：所以谓，名也。

【译文】

"谓"，就是因对象的固有属性是什么，而肯定它是什么。

【原文】

不可偏去而二[①]，说在见与俱[②]、一与二[③]、广与修[④]。

无“欲恶之为益损”也[⑤]，说在宜[⑥]。

【注释】

①不可偏去而二：此墨子言物之属性为物质所固有，不可偏去而二。孙诒让云：“凡物有二斯有偏，有偏必可去其一；而体性相合者，则虽二而不可偏去。”

②见与俱：依高亨校为：“见与不见。”此即指《经上》“坚白”见不见之义。“坚白”于一石，“白”可见而“坚”不可见，“坚”可抚而“白”不可抚；但不能因见“白”而否定“坚”，也不能因抚“坚”而否定“白”。“坚白”是石的属性，二者相盈，不可偏去。这是举一例说明“不可偏去而二”。

③一与二：再举一例说明之。“二”这个数，必含一与一。一一相盈而为“二”，不可偏去。

④广与修：还举一例说明之。一平面，必含广与长，不可偏去。以上三例均说明物之属性为物质所固有，不可偏去，如果偏去其一，那就“石”不成其“石”“二”不成其“二”“面”不成其“面”了。

⑤欲：欲望、爱好。恶：厌恶。

⑥宜：指欲、恶应适宜。

【译文】

物质的固有属性不可偏去。比如：“石”必含坚与白，“二”必含一与一，“面”必含广与长，这些都不能偏去。

没有“欲之为益、恶之为损”的，欲、恶应适宜。

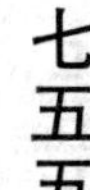

【原文】

不能而不害[①]，说在害[②]。

损而不害[③]，说在余。

【注释】

①害：妨害。

②害：从谭戒甫校为“容”。谭云：“疑因二字形似及涉上句‘害’字而误。”容：兼容、相互调剂。

③损：减损。

【译文】

人有不能做的事，这并不妨害其为能。以其互相兼容、调剂的缘故。

减损而没有害处，因为减损的是多余的。

【原文】

异类不吡[①]，说在量。

知而不以五路[②]，说在久[③]。

【注释】

①吡：比较。

②知：认识事物。以：凭借、用。五路：梁启超云：“五路者，五官也。”即目、耳、口、鼻、心五种感觉器官。

③久：时间。此指人的“时间感”。

【译文】

不同类的事物不能相比，因为其衡量标准不同。

认识事物也有不凭借五官的，比如：时间久远的事物。

【原文】

偏去莫加少，说在故[①]。

必热[②]，说在顿[③]。

【注释】

①偏去句：梁启超云：“加少，增减也。莫，犹无也。偏去者，二去一，然所去者一，所存者一，两俱为兼体中之一体，所函之属性无变，故无增减也。两皆如其旧，故曰：‘说在故’。几何公理所谓‘各分量之和等于其全量’也。”此《经》已有现代物理学中守恒定律的含义了。一个物体损去一部分，对剩余的那部分说，是“损”了，但就整个物体说，并没什么减少，物质总量依然如故。

②必热：谭戒甫校为：火热。此《经》是墨子驳辩者“火不热”之说。《庄子·天下篇》载公孙龙等言“火不热”，即火能使我热，但火本身不是热的。墨子在此强调：火是热的，火本身具有热的性质。

③顿：屯的繁文，屯集。

【译文】

偏去是没有增减的，因为物质总量依然如故。

火本身是热的，因为火体屯集着热。

【原文】

假必誖[①]，说在不然[②]。

知其所以不知[③]，说在以名取[④]。

【注释】

①假：虚假。誖：《说文·言部》云："誖，乱也。或作悖。"

②不然：不是本来面目。

③知其所以不知：依章炳麟校为："知其所不知"，即能知道那些不知的事物。

④名：名称、概念。取：取舍、选择。

【译文】

虚假必致悖乱，因为不是本来面目。

能知道那些不知的事物，因为可按事物的名称来取舍。

【原文】

物之所以然[①]，与所以知之[②]，与所以使人知之[③]，不必同[④]，说在病[⑤]。

无不必待有[⑥]，说在所谓[⑦]。

【注释】

①所以然：所以如此的原因。

②知之：知道它的原因。

③使人知之：使人知道它的原因。

④不必同：指以上三者不必定相同。下面从三方面来看：其一，同一事物，其所以然不必同。例如：人们得的病同是肺病，但每个得病的人为什么得病的原因，就不尽相同了。其二，同一事物的原因，不同的人探求它的方法是不必同的。如医生诊断肺病，中医就用诊脉的方式，西医则用 X 光一照便一目了然。其三，同一事物的原因，要使人知之的方法也不必同。有的用口传授讲解，有的用检查实物以示之等。同时，所以知之与使人知之也不必同，如不少医生自

已探求病因是很有经验的，但要使人知之就很困难了。通过以上分析，可见三者不必同。

⑤病：与《说》中的“伤”同义。

⑥无不必待有：老子、庄子都有“有生于无”“有无相生”之说。谭戒甫云：“名家谓‘无不必待有’，似即驳其说。”待：相待相生。

⑦说在所谓：谭校为：“说在有‘无’。”即因为原本就有一个“无”。

【译文】

事物所以如此的原因，与所以知道是如此的原因，以及所以使人知道是如此的原因，不必定相同。比如伤病就是这样。

“无”不必与“有”相待相生，因为本来就有一个“无”。

【原文】

疑，说在逢、循、遇、过①。

擢虑不疑②，说在有无③。

【注释】

①逢、循、遇、过：孙诒让云：“言疑含此四义。”

②擢：《说文》：“擢，引也。”虑：詹剑峰云：“虑，大率也。‘擢虑不疑’者，谓援引彼事以推此事，大率可定。”

③说在有无：谭戒甫校为：“说在所谓”。“有无”与上条“所谓”错简。《经上》“知”条云：“所谓，实也。”又《经下》“一偏弃之”条《说》云：“有之实也而后谓之，而之实也则无谓也，无谓则疑也。”此处“说在所谓”，即指有事实是这样。

【译文】

怀疑，有逢疑、循疑、遇疑、过疑四种。

援引彼事以推此事大率可定，不致疑惑，是因为事实如此。

【原文】

合与一[①]，或复否[②]，说在拒[③]。

且然，不可正，而不害用工[④]，说在宜[⑤]。

【注释】

①合：合数力。一：一力。

②复：重复。否：不重复。

③拒：抗拒力。

④且然句：孙诒让云：“‘工’与‘功’古字通用，工犹言从事也。质定，故不可正，而因时乘势，正可从事，故不害功。”

⑤说在宜：指因时乘势，适于时宜。

【译文】

或者可以合数力而重复为一力，或者不可合数力为一力。因为力与力之间有抵抗力。

将要这样的，不能质定，但不妨害努力从事之，因为适于时宜。

【原文】

欧物一体也[①]，说在俱一惟是[②]。

均之绝不[③]，说在所均[④]。

【注释】

①欧：王闿运云：“欧即区。”即区分。物：指万物。体：部分物类。

②俱一：属性相同的一类。惟是：单独的实体。

③均之绝不：方孝博云：“所谓‘均’，代表物质的一种极为均匀的状态，也就是物体全部都在同一聚集状态，不发生变化。‘绝’是这个均匀状态的破坏，也就是物体的聚集状态在某一点发生了突变。”不：孙诒让云：“吴抄本作‘否’，古通用。”

④所均：指均衡的物体。

【译文】

区分万物为部分，有类别和单个实体之分。

物体的均衡状态被打破和不被打破，在于均衡物体是否均衡。

【原文】

宇或徙[①]，说在长宇久[②]。

尧之义也[③]，生于今而处于古[④]，而异时[⑤]，说在所义。

狗，犬也，而杀狗非杀犬也，可[⑥]，说在重[⑦]。

使，殷、美[⑧]，说在使。

【注释】

①宇或徙：孙诒让云：“《说文·戈部》云：‘或，邦也。’或从土作域，此即邦域正字。《庄子·庚桑楚》云：‘有实而无乎处者，宇也；有长而无乎本剽者，宙也。’宇者，弥互诸方，其位不定，各视身所处而为名，若处中者，本以南为南，假令徙而处北，则复以中为南，更益向北，则向所为北者，亦转而成南矣。四方随所徙而易并仿此。然方位虽屡徙不同，而必实有其处，故云：‘徙而有处’；《庄子》云：‘无乎处’者，则据其转徙无常者言之，与此文义不相碍也。”

②长宇久：范耕研云：“此条以‘域徙’释‘宇’，与《经上》‘动，或徙也’相同，则知宇之意与动相关，盖不动则不能知空间也，然动者必赖时间之绵延而后显，故曰‘长宇久’，言宇之长因乎久也。此明宇久两者之关系。”此

言空间的变迁和时间的流动是紧密联系的。

③尧之义：指尧的事功。在“尧之义”“狗，犬也”“使、殷、美”三条之后，分别有“二，临鉴而立”“鉴位”“鉴团景一”等三条，孙诒让云：“以下三《经》皆说鉴，当与说景诸条类列，疑皆传写乱之。”据孙说，将以上三条移至“景之小大，说在地击远近”之后。

④生于今而处于古：王树枏云：“《经说下》云‘尧之义也，是声也于今，所义之实处于古。’据此则‘生于今’，当为‘声于今’。言有义之声于今，而义之实则处于古也。”声：声名。

⑤异时：指古今异时。

⑥可：据伍百非校为：“不可”。

⑦重：重同。即指狗、犬二名一实。

⑧使、殷、美：此《经》错字太多，依谭戒甫校为：“使、役、义”。使：令使，指上级号召征用。令使，分役使和义使两种。谭戒甫云：“禹治洪水，兴人徒以傅土，行山表木，定高山大川，(《史记·夏本纪》）义之使役也。秦始皇三十五年，营作朝宫于渭南上林苑中，先作前殿阿房，隐宫徒刑者七十余万人（《秦始皇本纪》）不义之使役也。”由是观之，“义使”指正当的使役。

【译文】

宇，就是区域的迁移流动，因为空间的迁徙和时间的流动是紧密联系的。

唐尧的事功，声名在今天而事实出现在古代，古今异时，所指的“尧义”是有不同时代特征的。

狗，就是犬。说杀狗不是杀犬，是不可以的。因为狗、犬二名一实。

令使，分为“役使”和“义使”两种，都是使役。

【原文】

不坚白，说在[①]。

荆之大[②]，其沈浅也[③]，说在具[④]。

【注释】

①此处《经》文错简缺脱甚多。其一，此条错简至“鉴团景一”之后，依说移至此。下面几条依《说》同移。即“二临鉴而立”“鉴位”“鉴团景一”三条移至“景之小大”条后。其三，“说在”下面有脱文，故造成本条无法译。

②荆：楚地。

③沈：孙诒让云：“‘沈’当为‘沆’。”即大泽。

④具：孙云：“‘具’，《说》作‘贝’，并当为‘有’，皆形之误。”“有”，指沆泽为荆楚拥有。

【译文】

（缺）

楚地广大，它的沆泽浅狭，因为沆泽为楚地拥有。

【原文】

无久与宇，坚白[1]。说在因[2]。

以槛为抟[3]，于“以为”无知也，说在意[4]。

【注释】

①无久与宇，坚白：此句言一块“坚白石”在时间上和空间上不断地分割，分到“无久”“无厚”之时，坚白仍相盈。

②因：因循连合。

③槛：孙诒让云：“‘槛’当为‘楹’。”曹耀湘云：“楹，柱也。抟，圆也。”

④意：臆断。

【译文】

“坚白石”不断地分割，分到“无久”“无厚”时，坚白仍相盈。这是因为它们相因连合的缘故。

以为柱子是圆的，对于这个“以为”来说，是事先并不知道，因为这是臆断。

【原文】

在诸其所然未者然①，说在于是推之②。

意未可知③，说在可用过仵④。

【注释】

①在：谭戒甫云：“在，假为察。”所然：所以是这样的事物。未者然：孙诒让云：“‘未者然’疑当作‘诸未然’。”诸未然：指那些其所以不是这样的事物。

②推之：推断出它们的结论。

③意：臆断。

④可用：指有的臆断是正确的可用。过仵：毕沅云：“仵，即午字异文。”孙诒让云：“此仵当即啎之异文。”《说文》云：“午，啎也。啎，逆也。”因此，过仵，即指有的臆断错误不可用。

【译文】

观察那种种事物其所以是这样或其所以不是这样，由此可以推知这些事物的结论。

臆断正确与否，是不可预知的。因为有的臆断正确可用，有的臆断则错误不可用。

【原文】

景不徙，说在改为[①]。

一少于二，而多于五[②]，说在建住[③]。

【注释】

①景：孙诒让云："此景谓日光所照光蔽成荫。"即"影"。此《经》说明阴影移动的物理实质。即说明光与影的关系，实质是物体运动而影不动。墨者指出阴影是不移徙的。但是，我们有时见到影子在移动，那是因为"改为"，即物体移动，新影不断生成，旧影不断消失，这个变化过程迅速，人们就产生了影子移动的错觉。

②一少于二，而多于五：俞樾云："数至于十，则复为一，故多于五。"

③说在建住：据曹耀湘校为："说在建位。"孙诒让谓"住"当作"位"，但将"建""位"分开，将"位"字作下一条《经》文的首字，误。曹云："建，立也。位，上下左右之位也。"故谭戒甫云："本条是说明算术的建位法。"即同一个数字，处在个位、十位、百位等，它的数值就不同。比如"一"，处在个位，它就比"二"小；当它处在十位时，它就大于"五"了。所以"一小于二，而大于五"是因为建位不同的缘故。

【译文】

阴影是不移动的，我们见到的影动，是因为物体移动或光源改换的缘故。

一比二少，而比五多，是因为建位不同的缘故。

【原文】

景二[①]，说在重。

非半勿斫[②]，则不动，说在端。

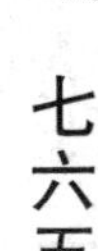

【注释】

①景二：此处“景二”前，原有“住”字，据曹耀湘说，已移至前文“说在建”后面。影子有本影和半影两种。方孝博释此条云：“这一条说明重影的现象及其原理，也就是区别了本影和半影。本条中‘景’仍指阴影。两个阴影相互重叠的区域，叫作重影。重影的产生，必因有两个光源的存在，从两个光源发出的光使一个物体在壁上形成两个阴影。在适当的条件下，这两个阴影可以有一部分相互重叠，形成更为深暗的重影。在光学上这个重叠部分叫作物体的本影，而本影的周围仅由某一光源所构成的阴影，其暗度较浅者，叫作半影。如图所示（S_1 与 S_2 就是两个点光源）。这就是《经》言‘景二，说在重’的含义。如图：

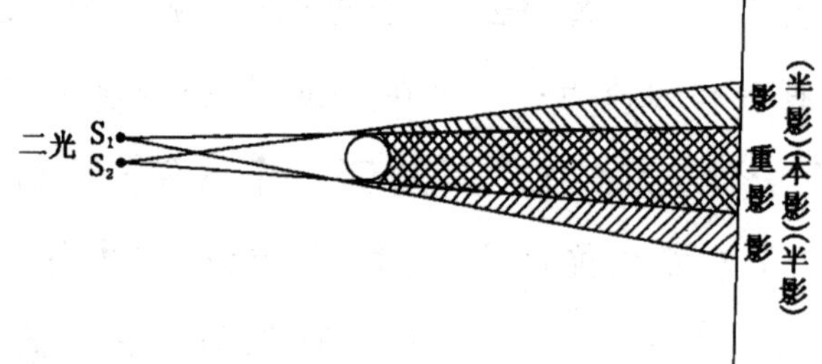

②斫：用刀斧砍，此处有剖析义。“非半勿斫，则不动，说在端。”方孝博云：“‘端’相当于几何学的‘点’。……本条的意义则在说明‘端’的本质……‘端’是‘体之无序而最前者’，没有广狭厚薄大小，不可能有什么‘半’，也就不可能斫取其半而去之。因为‘非半勿斫’、‘斫必半’，《经》和《经说》都特别强调这一点。既然‘非半勿斫’，而‘端’不可能有半，无从取其半而斫之，因而‘端’是永远不会被斫去的，所以《经》言‘非半勿斫，则不动’。‘不动’，犹言‘不消灭’、‘不竭’。”

【译文】

影子有重影、半影两种，是因为影子有重叠的缘故。

不可能分成两半，也就不可能斫取其半而去之的，则不动。因为已是端点了。

【原文】

景到[①]，在午有端与景长[②]，说在端[③]。

可无也[④]，有之而不可去，说在尝然[⑤]。

【注释】

①到：同“倒”。此条说明针孔成倒像的现象，说明光是直线进行的性质。

②午：刘岳云曰：“古者横直交互谓之午。《仪礼》‘度而午’，注云‘一纵一横曰午。’是也，其形为X，X者光线之交点。”端：即“点”，此处指小孔。景长：指物体与影像间要有一定长度（距离）。此句说明形成倒像的原因是：光线交点处有一小孔，同时物体与影像间有一定距离。（见下图）

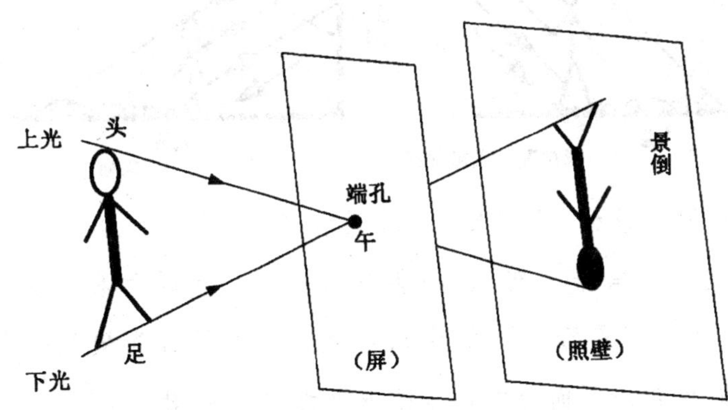

③说在端：在形成倒像的两个原因中，最主要的条件是屏上的小孔，因为孔愈小影像愈清晰，故言“说在端”。

④可无：本来可以没有的事物。

⑤尝然：曾经是这样。

【译文】

倒影的形成，在于光线交叉处有一小孔，同时物体与影像之间有一定的距离。最重要的还是点状小孔。

本来可以没有的事物，一旦有了就不可否认，因为事实曾经如此。

【原文】

景迎日[①]，说在抟[②]。

缶而不可担[③]，说在搏[④]。

【注释】

①景迎日：人站在日光中，人影一般是背着太阳的。"景迎日"，指影子迎着太阳，即影子在人与太阳之间。(见下图)

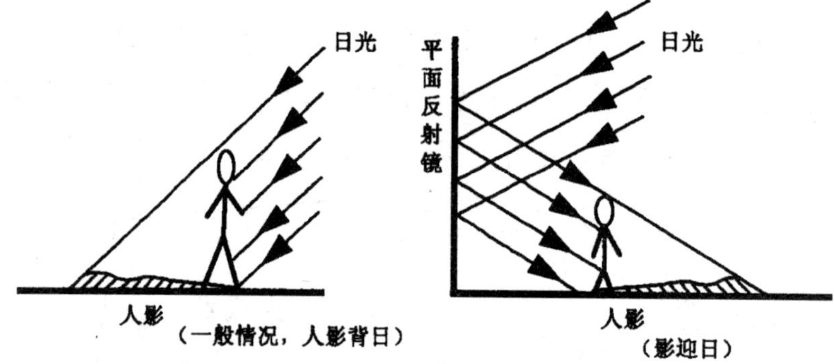

（一般情况，人影背日）

（影迎日）

②说在抟：孙诒让云："'抟'，道藏本作'博'，吴抄本作'博'，亦并难通。以形声校之，疑当作'转'，谓鉴受日之光，转以射人成景，亦即反烛之义也。"此条是说明"景迎日"的现象产生，是由于日光被某一平面反射镜所反射，光线则向反转，因而影的位置改变而迎日。见图。

③缶而不可担：方孝博云："'担'和'擔'通，是'定'的意思。"邓高镜解释此句说："圆形的物体，随所置而正，然常圆转不定，故曰'正而不可定'。无论所处位置如何，其重心之垂直线恒中县也。"

④搏：《说文·手部》云："搏，圜也。"

【译文】

影子迎着日光，这是由于日光被反射的现象。

物体虽圆转不定，然随所置而端端正正，因为它是圆形物体故。

【原文】

景之小大，说在地缶远近④。

宇进无近②，说在敷③。

【注释】

①地：孙诒让云：“‘地’当为‘杝’，杝即迤之叚字。杝、正文正相对。言景随地而易也。《说》亦云‘远近杝正’，是其证。”

②宇进无近：宇徙，不能在宇内树立坐标，所以在空间位移无远近可言。

③敷：谭戒甫云：“敷，尃的繁文。尃，训为‘布’，此谓分布步履，即举步行走之义。”

【译文】

物体影子有时大有时小，其原因是物体有时斜有时正，光源有时远有时近。在空间位移是没有远近的。它不像人们举步行走。

【原文】

二①，临鉴而立，景到②，多而若少③。说在寡区④。

【注释】

①二：此“二”字，多数学者将其属上“说在所义”为句，孙诒让将“二”移入此《经》，并云：“谓二人”。综合参考各家之说，我们认为方孝博先生解释以下三条《经》甚是。此条是总论两种球面反射镜的特点。下一条是分述凹面反射镜成像的实验记录。再下一条是分述凸面反射镜成像的实验记录。因此，此“二”的含义，应是孙说的二人。即二人，一人站在凹面镜前，一人

站在凸面镜前。

②景：影。此“景”和下两条中的“景”，都是指照在镜中的“像”。

③多而若少：即言大而若小。物体大而在镜中所成的像缩小，这是凸面反射镜成像的特点。

④说在寡区：方孝博说：“由于光的反射定律没有发现，所以形成这些现象的原因在当时是不能彻底了解的。墨经作者试图说明其原因，认为是由于镜面和躯体都收到镜里面去，所以发生这些奇异的现象，这就是‘说在寡区’的意思。‘寡’就是少，‘区’是区域的意思。”

【译文】

二人正面对着一个凹面镜和一个凸面镜站立。对着凹面镜站着的，在镜中的影像是倒立的；对着凸面镜站着的，镜中的影像则比原人缩小了。这是因为镜面区域小的缘故。

【原文】

鉴位[①]，景一小而易[②]，一大而缶[③]。说在中之外内[④]。

【注释】

①鉴位：毕沅云：“当云鉴立，古位立字通。”此“鉴”应指凹面镜。

②景一小而易：指镜中的物像一是缩小而变易成倒像。

③一大而缶：指镜中的物像一是变大而正立。

④中之内外：“中”，指球面镜中心和焦点的混合物。钱临照云：“当烛炬在凹面镜前自无穷远处向凹面镜移到凹球面中心之前，镜中所成的烛像小而倒，‘易’就是倒的意思，这似乎可通的。但当烛炬过球面中心更向镜面前移，在达焦点之前，烛像是比物大而倒；烛炬自焦点更向镜面前移动，于是方见一个物大而正立的像成于镜后。照此说来，在‘一小而易’之后和‘一大而正’之间，应当有一句‘一大而易’的文字，方与实验相符；而‘中之内外’四字更

难于理解了。其实不然。墨经这条实验记载是丝毫没有错误的，只是当时做实验的人没有用烛炬作为发光体而把他自己的脸做发光体，把自己的眼睛做观察的仪器罢了。现在我们试立在凹面镜前的远处行向镜面，就看见自己的小而倒的人像自焦点迎面而来，等人走近球面中心时，人像仍小、仍倒，但逐渐模糊，以至不辨。这时因为像成在离人目不及25厘米地方，这样已小于人的视距，所以看不清楚了。待人到达球面中心时，此时像也成在此处，好比把东西放在我们眼球上面，当然是看不到了。人要是更向前进，大而倒的像就成在人的后面，更无从得见。但人走过焦点再向镜面而去，则大而正立的像又可见到在镜后面了。所以当人从远处走向凹面镜时，初见是小而倒的像，当人行进球面中心和达焦点之前，像由模糊至毫无所见；过焦点，大而正的像又可见了。这样说来，《经》文的‘一小而易，一大而正’是一个真实的实验记录，并没有遗失记载什么啊！因此，下面的‘说在中之外内’的‘中’字应是指球面中心和焦点的混合物了。凹面镜的焦点和球面中心是两个很重要的因素，可惜当时观察的人没有能用一根烛炬和一张纸屏来做实验，因此，球面中心和焦点没有能分别出来，他只能用一个‘中’字来概括这两个不同性质的点了。”（图见《说》）

【译文】

立在一凹面镜前，影像一是缩小而变易成倒像，一是变大而正立。这是因为人或物体一个在球面中心之外，一个在球面中心（焦点）之内。

【原文】

鉴团①，景一②。
行循以久③，说在先后④。

【注释】

①鉴团：《说文》：“团，圆也。”圆，即球形，此处“鉴团”，即凸面反射镜。

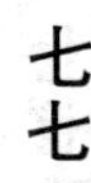

②景一：此言人体立在凸面反射镜前，只出现在镜后成正立的缩小的影像一种情况。

③行循：张惠言云："'循'当为'脩'。"孙诒让云："'脩'，吴抄本并作'修'，'脩'叚字。"修，长也。行修，指人们行走很长的路。以：用。

④先后：指时间的先后。

【译文】

站立在凸面反射镜前，只有一种影像出现。

人们行走很远，需要很长的时间，因为时间有先后之分。

【原文】

贞而不挠[①]，说在胜[②]。

一法者之相与也尽[③]，若方之相合也，说在方。

【注释】

①贞：孙诒让云："当为'负'。"即负重。挠：偏翘。此条论述利用杠杆造桔槔的原理和功用。(图见《说》)

②胜：胜任。

③一法：同一法则。与：《广雅》："与，如也。"相与，即相类似。尽：孙诒让云："'尽'下当脱'类'字。"尽类，即皆同类。

【译文】

负重而不偏翘，因为能够胜任。

同一法则的模型相似，是因为都同类。如像方形物体彼此互相符合，因为都是方类。

【原文】

天而必舌，说在得[①]。

【注释】

①得：指“权”的位置得宜。

【译文】

称衡必须使其秤杆处于水平状态，关键在于“权”的位置得宜。

【原文】

契与枝板[①]，说在薄[②]。

狂举不可以知异[③]，说在有不可[④]。

【注释】

①契与枝板：张惠言云：“‘契’当为‘挈’，‘枝’当为‘收’，‘板’字亦误。”孙诒让云：“‘板’疑当作‘仮’，仮，反同。谓挈与收二力相反也。”《说文》：“提，挈也。”提挈，指用力把重物向上提升。《广雅·释诂》：“收，取也。”收取，即自下拽之。故“挈”与“收”这两种动作恰相反。

②薄：孙诒让云：“疑当为‘权’之误。”此《经》说明应用滑轮装置以升降重物的原理。故此“权”应指滑轮一端捆绑的石头之类的重物。滑轮升降重物的关键在绳的一端挂了一个“权”。“权”比物重，则物即被“挈”而上升；“权”比物轻，则物被收而下降；“权”与物相等，则物不上不下而停止。所以言“说在权”。

③狂举：妄说。

④有不可：指事物有可、又有不可。

【译文】

滑轮的提挈与收取相反，关键在绳的一端挂了一个“权”。

妄说是不能辨清事物的差别的，因为事物有可、又有不可。

【原文】

牛马之非牛，与可之同①，说在兼②。

【注释】

①可：前句言“牛马之非牛”，此“可”即言“牛马是牛”。同：相同。

②兼：兼名，即指牛马这个整体概念。

【译文】

说牛马不是牛，与说牛马是牛相同。因为牛马是一个整体概念。

【原文】

倚者不可正①，说在剃②。

循此循此与彼此同③，说在异④。

【注释】

①倚：偏倚、倾斜。

②剃：孙诒让云：“《说》云‘车梯’。则‘剃’当作‘梯’。”

③循此循此：据曹耀湘、梁启超校为：“彼彼此此”。即彼是彼、此是此。

④异：言彼此有别，不可又是“此”，又是“彼”。

【译文】

倾斜的面和力量不能端正，例如车梯。

彼是彼、此是此与彼此相同，因为彼、此有别。

【原文】

推之必往[①]，说在废材[②]。

唱和同患[③]，说在功[④]。

【注释】

①推之必往：孙诒让云：“‘推’依《说》当作‘柱’。‘往’，疑当作‘住’。盖谓凡物楮柱之，则住而不动。……住即不下之义。”

②废：放置。材：材料。

③唱和：《说文》：“唱，导也。和，相应也。”即倡导与和应。患：谭戒甫云：“患，串的繁文。”即贯穿。

④功：功绩。本条以“唱和”比拟“教学”。

【译文】

凡建筑物一定有支撑物就不会下落，因为上面要置放材料。

倡导与应和同条共贯，二者相互为功。

【原文】

买无贵[①]，说在仮其贾[②]。

闻所不知，若所知，则两知之[③]，说在告。

【注释】

①买无贵：谭戒甫云：“此买兼卖说，贵兼贱说。”

②仮：反的繁文。贾：價的省文。此句言货币的价值与物价之间有反复。

③两知之：言“所不知”的和“所知”的，两者都知。

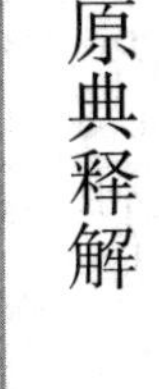

【译文】

买卖是没有贵贱的，因为货币的价值与物价之间有反复。

听得所不知的如同所知的，那么，不知和已知两者皆知了。因为有人相告。

【原文】

贾宜则雠[①]，说在尽[②]。

以言为尽誖[③]，誖，说在其言[④]。

【注释】

①贾：同“价”。宜：适宜。雠：毕沅云：“‘售’字古只作‘雠’，后省。”

②尽：见后《经说下》。义为：种种不能售出的原因尽数去掉。

③誖：错误、荒谬。

④其言：指“言为尽誖。”意思是：错就错在这句话本身。

【译文】

价格适宜就出售，因为“尽”。

认为所有的言论都是错误的，这种观点是荒谬的，它错就错在这句话本身。

【原文】

无说而惧[①]，说在弗心[②]。

唯吾谓非名也则不可[③]，说在仮[④]。

【注释】

①说：解说、解释。

②弗心：心里不明白。

③唯：答应、应诺。非名：假名，即不正确的概念。

④仮：同反。

【译文】

没有人解说而感到恐惧，是因为心里弄不明白。

应诺我所说的假名，那是不可以的。因为彼此相反的缘故。

【原文】

或[1]，过名也[2]，说在实[3]。

无穷不害兼[4]，说在盈否[5]。

【注释】

①或：域。

②过名：过误的名称。

③实：事实。

④兼：兼爱。

⑤盈：充满。

【译文】

方域是过误的名称，因为事实是这样。

地域无穷并不妨害人的兼爱，因为天下人有充满与否的问题。

【原文】

“知知[1]之，否之，足用也。”谆[2]。说在无以也[3]。

不知其数而知其尽也[4]，说在明者[5]。

【注释】

①知：詹剑峰云："《经》第一个'知'字是名词，指吾人的知能。"第二个"知"字为动词，知道。

②谆：张惠言云："'谆'宜为'諄'。"諄，谬误也。

③以：詹剑峰云："'以'，因也，由也，犹言理由也。"

④不知其数：不知道天下的人数。

⑤明：孙诒让云："此'明'当作'问'。"

【译文】

有人说："人的智能知道客观事物，同时又不知道客观事物"，并以为是可行的，这是荒谬的。因为自语相违、没有理由。

不知道天下的人数而知其尽爱，是因为有询问了解的缘故。

【原文】

谓辩无胜[①]，必不当，说在辩。

不知其所处，不害爱之，说在丧子者[②]。

【注释】

①辩：辩论。

②丧子者：丧失子女的父母。

【译文】

说辩论不会胜的，一定是不恰当的，因为在于辩论本身是否辩。

不知道人们所居住的地方，但不妨害去兼爱他们。如同失去子女的父母，虽不知其子女之所处，但不妨害其爱子女之心。

【原文】

无不让也[①]，不可，说在始[②]。

仁义之为内外也[③]，内[④]，说在仵颜[⑤]。

【注释】

①让：礼让。礼让是我国古时伦理中的一种美德。但墨子不主张凡事都礼让。

②始：孙诒让云："'始'疑当作'殆'。"殆：《荀子·荣辱篇》："巨涂则让，小涂则殆。"杨倞注："殆，近也。"谭戒甫云："盖谓大路广阔，人行可让；小路狭仄，只能单行，后者当尾追赶及前者，不暇相让了。"

③仁义之为内外：本条是批驳"仁内义外"之说的错误。

④内：曹耀湘校为"冈"，古"罔"字，诬罔、歪曲。

⑤仵颜：谭戒甫云："谓认识乖忤。"

【译文】

什么都要礼让，是不可以的。例如小路狭仄就不能相让了。

说仁是内、义是外，这是歪曲。因为认识乖忤模糊的缘故。

【原文】

于一有知焉[①]，有不知焉，说在存[②]。

学之益也，说在诽者[③]。

【注释】

①一：指一块石头的坚、白两种属性。

②存：客观存在。

③诽者：诽谤学习的人。

【译文】

对于一块石头的坚、白两种属性，有的被理解，有的不被理解。但它却是客观存在的。

学习是有益的，诽谤者的言行证明了这一点。

【原文】

有指于二[①]，而不可逃[②]。说在以二絫[③]。

诽之可否[④]，不以众寡，说在可非。

【注释】

①二：指石头坚、白两种属性。

②逃：脱离。

③絫：张惠言云："'絫'当为'参'，或兼指，或参指。"参：三。

④诽：批评。

【译文】

有指示出坚、白两种属性，但不能脱离石头这一整体。因为坚、白兼指为二，合石而为三之故。

批评的对与不对，不能以批评的多少来衡量，关键在应不应该批评。

【原文】

所知而弗能指[①]，说在春也、逃臣、狗犬、贵者[②]。

非诽者谆[③]，说在弗非。

【注释】

①弗能指：不能确指其实。此条与上条都是申说“于一有知焉，有不知焉”之义。张纯一云：“上章言指其名，而不能尽知其实。此章言知其名，而不能确指其实。”

②说在句：贵：遗的省文。此句言所知的事物不能确切指示出来的有下列四种：春、逃臣、狗犬、遗者。四者含义见《说》。

③谆：张惠言云：“‘谆’当为‘誖’。”

【译文】

所知的事物而又不能确指出来的，比如：春、逃臣、狗犬、遗者四种。

非议批评的人是错误的，因为不能非议。

【原文】

知狗而自谓不知犬，过也，说在重[①]。

物甚不甚[②]，说在若是[③]。

【注释】

①重：《经上》“同”条云：“二名一实，重同也。”

②甚：“很”，言程度。

③是：谭戒甫云：“是，义为标准。”

【译文】

知道狗，而又自己说“不知道犬”，这是错误的，因为违反重同的规律。

事物有“很”和“不很”的程度区别，因为事物比较是按一定标准的。

【原文】

通意后对[①]，说在不知其谁谓也[②]。

取下以求上也[③]，说在泽[④]。

【注释】

①通意后对：张惠言云："先通彼意，后乃对之。"

②谁谓：即谓谁或谓何。

③取下：取得下面的信任。求上：求得上位。

④泽：此以"泽"善处下为例。谭戒甫云："泽是处下的，当时'惠施之学去尊'，故说'山与泽平'，即儒家《孟子》也有'民为贵，社稷次之，君为轻'的议论，这些都是主张取下的号角。"

【译文】

先通晓他人的意思然后才答对。否则不知道对方说的是谁或是什么。

取得下面的信任才能求得上位，如同水泽善处下位。

【原文】

是是与是同[①]，说在不州[②]。

【注释】

①是是：据《说》的牒经标题应为"不是"。

②州：《广雅》："州，殊也。"

【译文】

"不是"与"是"的判断相同，因为没有殊异。